BKC 강해 주석 25

고린도전·후서

The Bible Knowledge Commentary

BKC 강해 주석 25

고린도전 · 후서

지은이 | 데이비드 라우리   옮긴이 | 김운성
개정2판 1쇄 발행 | 2016. 6. 13

등록번호 | 제1988-000080호
등록된 곳 | 서울특별시 용산구 서빙고로 65길 38
발행처 | 사단법인 두란노서원
영업부 | 2078-3352   FAX 080-749-3705
출판부 | 2078-3332

▌책값은 뒤표지에 있습니다.
ISBN 978-89-531-2572-8 04230
(set) 978-89-531-2540-7 04230

▌독자의 의견을 기다립니다.
tpress@duranno.com   http://www.Duranno.com

▌이 책의 성경 본문은 개역개정판을 사용했습니다.

두란노서원은 바울 사도가 3차 전도여행 때 에베소에서 성령 받은 제자들을 따로
세워 하나님의 말씀으로 양육하던 장소입니다. 사도행전 19장 8~20절의 정신에
따라 첫째 사역자를 돕는 사역과 평신도를 훈련시키는 사역, 둘째 세계선교(TIM)와
문서선교(단행본·잡지) 사역, 셋째 예수문화 및 경배와 찬양 사역, 그리고 가정·상담 사역
등을 감당하고 있습니다. 1980년 12월 22일에 창립된 두란노서원은 주님 오실 때까지 이
사역들을 계속할 것입니다.

BKC 강해 주석 25

고린도전·후서

데이비드 라우리 **지음** | 김운성 **옮김**

두란노

CONTENTS

고린도후서

I. 서론(1:1~11)

II. 사도적 사역(1:12~7:16)

Παῦλος κλητὸς ἀπόστολος Χριστοῦ Ἰησοῦ διὰ θελήματος θεοῦ καὶ Σωσθένης ὁ ἀδελφὸς

τῇ ἐκκλησίᾳ τοῦ θεοῦ τῇ οὔσῃ ἐν Κορίνθῳ, ἡγιασμένοις ἐν Χριστῷ Ἰησοῦ, κλητοῖς ἁγίοις, σὺν πᾶσιν τοῖς ἐπικαλουμένοις τὸ ὄνομα τοῦ κυρίου ἡμῶν Ἰησοῦ Χριστοῦ ἐν παντὶ τόπῳ, αὐτῶν καὶ ἡμῶν·

χάρις ὑμῖν καὶ εἰρήνη ἀπὸ θεοῦ πατρὸς ἡμῶν καὶ κυρίου Ἰησοῦ Χριστοῦ.

The Bible Knowledge Commentary 25

1 Corinthians
서론

서론

그리스 전설에 등장하는 고린도의 왕 시시포스는 거만한 태도로 신들을 무시하다가 거대한 바위를 언덕 꼭대기로 영원히 밀어 올려야 하는 형벌을 받았다. 바위를 밀어 올려 정상에 이르면 바위는 다시 언덕 아래로 굴러 떨어져 그는 계속해서 같은 일을 반복해야만 했다.

20세기의 철학자 알베르 카뮈는 이 전설 속에서 목적 없이 불합리한 삶을 사는 현대인의 모습을 발견했다. 그가 만약 고린도에 보낸 바울의 두 서신을 읽었다면 전혀 다른 모습을 발견했을 것이다. 그것은 방향 없이 사는 사람에게 주어진 목표가 뚜렷한 소망의 메시지이다.

1세기의 고린도 교인들은 그리스 전설의 왕처럼 자기중심적이고 거만했다. 그러나 그들은 변덕스러운 제우스 신을 대신해 은혜롭고 사랑이 많으신 하나님, 그리고 그의 종 사도 바울과 관계를 맺었다.

저자와 수신인

사도 바울이 고린도전서의 저자라는 사실은 의심할 여지가 없다. 아무리 혹독한 비평가라 해도 이 의견에는 이의를 제기하지 않는다. 바울은 제2차 전도여행(갈리오가 총독 직을 수행하기 시작한 AD 51년으로 추정

된다. 갈리오는 이 해 7월부터 총독 직을 수행했다) 중에 고린도를 방문했다(행 18:1~18). 이곳에서 바울은 브리스길라와 아굴라 부부를 만났는데, 이들은 AD 49년 글라우디오 황제가 로마에서 유대인들을 추방했을 때 떠났던 사람들이다. 이들은 바울과 마찬가지로 천막을 제작해서 파는 일을 했다. 성경은 브리스길라와 아굴라 부부의 회심에 대해서 아무런 언급이 없다. 아마도 이들은 바울을 만났을 때 이미 그리스도인이었을 가능성이 크다. 바울과 이들 부부는 영적으로나 민족뿐만 아니라 직업도 동일하였으므로 자연스럽게 밀접한 관계를 맺을 수 있었다.

바울은 그의 관례대로 회당을 방문하여 예배에 참석하면서 사람들에게 예수의 메시아 되심을 증거할 기회를 얻고자 했다. 회당이 문을 닫으면 바울은 회당 옆 디도 유스도의 집을 찾았다(행 18:7). 디도 유스도는 바울의 설교를 듣고 하나님을 믿게 된 이방 신자로, 고린도 지역에서 그리스도를 믿는 사람들 중 한 명이었다.

인간적인 시각에서는 '과연 고린도에서 많은 성도를 전도할 수 있을까?' 하는 의심이 들 수도 있었을 것이다. 고린도는 예로부터 천박한 물질주의로 악명이 높았다. 초기 그리스 문학을 보면 고린도는 부의 도시요,

비도덕의 온상이었다(호메로스, *Iliad* 2. 569-70). 플라톤은 창녀를 언급하면서 '고린도의 여인'이라는 표현을 사용했다(*Politeia* 404d). 극작가인 필레타이로스는 〈호 코린티아스테스〉라는 제목의 해학극을 지었는데, 이는 '호색가'라는 뜻이다(*Athenaeos* 13. 559a). 또한 아리스토파네스는 '고린도인처럼 행동하다'라는 뜻의 헬라어 동사 코린티아조마이(Κορινθιάζομαι)를 '매춘'과 같은 뜻으로 사용하고 있다(*Fragment* 354).

스트라보는 고린도의 부유함과 악은 주로 아프로디테 신전과, 그곳을 섬기는 천여 명의 매음녀들을 중심으로 이루어진 것이라고 말한다(*Geography* 8. 6-20). 이러한 이유 때문에 당시에는 "고린도로 항해하지 말라"는 격언까지 생겼다.

실제로 BC 146년 이후 약 백 년 동안 아무도 고린도로 항해하지 않았다. 고린도는 로마에 항거한 죄로 파괴되었던 것이다. 남아 있는 것이라고는 겨우 아폴로 신전의 기둥 몇 개뿐이었다. 모든 시민은 죽임을 당하거나 노예로 팔려 갔다.

그러나 지정학적으로도 훌륭한 위치에 있었던 이 도시가 그대로 버려질 리는 없었다. BC 46년, 율리우스 카이사르는 고린도를 로마의 식민지로 재건했다. BC 27년 이 도시는 아가야의 행정 수도가 되었다. 후에 바울이 복음을 전파할 수 있도록 허락했던 갈리오가 바로 아가야의 총독이었다. 바울이 방문한 AD 51년의 고린도는 여전히 악행이 성행한 곳이었지만 새로운 국면에 접어들고 있었다.

바울의 고린도 방문과 서신을 보내게 된 경위

바울은 AD 51년 고린도를 처음 방문한 이후에도 몇 차례에 걸쳐서 고린도를 찾았고, 서신도 여러 번 보냈다. 이 만남의 목적과 서신의 성격은 현재 중요한 논쟁거리다. 우리는 성경의 기록을 통하여 사건들이 어떻게 진행되었는가 하는 것을 알 수 있다.

1. 바울이 고린도에 머문 기간은 1년 반이었다. AD 52년 가을에 그는 예루살렘을 방문하는 여정에 에베소에 들렀다. 에베소에서 바울은 브리스길라와 아굴라 부부를 만나 함께 머물면서 알렉산드리아인이었던 아볼로를 가르쳤다. 그 후 아볼로는 고린도에서의 사역를 위해 파송되었다(행 18:18~28).

2. 아볼로가 고린도에서 사역하는 동안(행 19:1) 바울은 제3차 전도여행을 시작하여 AD 53년 가을에 에베소로 되돌아와서 2년 반을 머물렀다(행 19장). 에베소 체류 초기에 바울은 첫 서신을 고린도에 보냈다. 이 서신은 고린도전서 5장 9절에 언급되어 있으며, 고린도 교인들은 이 서신의 내용을 오해하였고(5:10~11), 후에는 분실하고 말았다.

3. 바울은 글로에의 집 사람들을 통하여 이 서신이 오해를 받았다는 것과 고린도 교회에 많은 문제가 발생했다는 사실을 알았다(1:11). 교회 대표로 스데바나, 브드나도, 아가이고가 교회를 분열시키고 있는 실제적인 문제들을 가지고 바울을 찾아온 것이다(16:17). 고린도전서는 바로 이 문제들에 대한 답변으로 쓰여졌으며, 그 시기는 AD 54~55년 경이다.

4. 그러나 이 서신은 고린도 교회의 문제들을 해결하지 못했다. 아마도 이 서신을 고린도에 전달한 사람은 디모데였을 것이다(4:17, 16:10). 결국 바울은 두 번째로 고린도를 방문하기로 작정했는데, 고린도후서 1장 15절과 2장 1절에서는 이 방문을 '괴로운' 방문이라고 부르고 있다(참조, 고후 13:1. 여기에서 언급한 바울의 세 번째 방문은 제3차 전도여행의 마지막 여정이었다). 고린도후서 2장 5절과 7장 2절에서 언급된 고린도 교인들의 행동 때문이었다.

5. 바울은 두 번째로 고린도를 방문하고 에베소로 돌아와 서신을 써서 디도 편에 보냈다. 이 서신을 쓸 때 바울은 큰 슬픔에 빠져 있었다(고후 2:4). 이 서신이 고린도 교인들의 치리에 관한 것이었기 때문이다(고후 7:8~9).

6. 은세공인의 소동이 있은 후, 바울은 디도를 만나기 위하여 에베소를 떠나 드로아로 갔다. 그러나 바울은 디도를 만나지 못한 채 그의 안위를 크게 염려하면서 마게도냐로 떠났다(고후 2:12~13; 7:5). 그리고 마침내 그곳에서 디도를 만날 수 있었다. 디도는 바울에게 고린도 교회의 일반적인 상황이 매우 호전되었으나, 교인들 중 일부는 바울에 대해 반대하고 있다는 소식을 전해 주었다.

7. 바울은 마게도냐에서 고린도후서를 썼으며, 곧 이어 AD 56~57년 겨울 동안에 세 번째로 고린도를 방문하였다(행 20:1~4).

서신의 목적과 성격

에베소서가 보편적인 교회에 관한 것이라고 한다면, 고린도전서는 지역 교회를 강조한다. 교회에서 복잡한 문제들이 발생한다면 고린도전·후서를 읽음으로써 그 문제를 해결할 방도를 얻게 될 것이다. 고린도전서는 AD 1세기의 교회의 한 단면을 보여 주고 있는데, 이 모습은 성도들의 거룩한 신앙생활과는 거리가 먼 것이었다. 이것이 바로 바울이 고린도전서를 쓰게 된 이유이다. 즉 성도가 성화된 신앙생활을 실천하도록 하는 것이다. 고린도 교회에 성령의 은사가 충만했던 것은 사실이지만, 하나님의 영보다는 세상의 영이 더욱 세력을 발휘하고 있었다. 바울은 이러한 상황이 변하기를 원했다. 바울은 전달하고자 하는 메시지를 세 가지 측면으로 나누어서 설명했다.

1. 처음 여섯 장에서 바울은 글로에의 집 사람들을 통해 알게 된 교회 내 분쟁(1:11)을 바로잡는다. 바울은 이 분쟁을 바라보는 관점과 실제의 일치를 가져오고자 하였다.

2. 7장부터는 특정한 질문들에 답변하고 있다. 이 질문들은 '－에 대하여'라는 문장으로 시작한다. 결혼(7:1, 25), 자유와 책임(8:1), 영적 은사와 교회의 질서(12:1), 예루살렘의 가난한 성도들을 위한 연보(16:1) 및 아볼로의 고린도 사역 가능성 여부(16:12) 등이 여기에 포함된다.

3. 15장에서 바울은 몇몇 사람이 부인하고 있는 부활 교리를 다시 한 번 인정, 옹호하고 있다. 바울은 부활을 믿지 못하는 문제가 이상에서 언급된 모든 문제의 원인으로 생각하고, 이 내용을 고린도전서의 클라이맥스에서 다루고 있다.

결국 이 서신의 핵심은 지금까지 다뤘던 많은 문제에도 불구하고 고린도 교회의 존재 자체가 하나님의 능력과 복음의 능력을 증거한다는 사실이다.

The Bible Knowledge
Commentary
1 Corinthians

개요

Ⅰ. 서론(1:1~9)

A. 문안 및 저자와 수신인에 대한 기술(1:1~3)

B. 하나님의 은혜의 결과에 대한 감사(1:4~9)

Ⅱ. 교회의 분열(1:10~4:21)

A. 분열의 양상(1:10~17)

B. 분열의 이유(1:18~4:5)

1. 메시지에 대한 오해(1:18~3:4)

2. 사역에 대한 오해(3:5~4:5)

C. 분열의 치유(4:6~21)

Ⅲ. 교회 내의 무질서들(5~6장)

    A. 죄인 치리의 실패(5장)
    B. 개인적 분쟁 해결의 실패(6:1~11)
    C. 성적 순결을 지키지 못함(6:12~20)

Ⅳ. 교회의 난제들(7:1~16:12)

    A. 결혼에 대한 가르침(7장)
      1. 결혼과 독신(7:1~9)
      2. 결혼과 이혼(7:10~24)
      3. 결혼과 사역(7:25~38)
      4. 재혼과 과부(7:39~40)

B. 그리스도인의 자유에 대한 가르침(8~14장)

　1. 우상의 제물과 관련한 그리스도인의 자유(8:1~11:1)

　　a. 형제 사랑의 원칙(8장)

　　b. 특권의 규제(9:1~10:13)

　　c. 우상의 제물(10:14~11:1)

　2. 그리스도인의 예배와 관련한 그리스도인의 자유(11:2~14:40)

　　a. 예배에 임하는 여자들의 태도(11:2~16)

　　b. 주의 만찬에 임하는 그리스도인들의 태도(11:17~34)

　　c. 영적 은사에 대하여(12~14장)

C. 부활에 대한 가르침(15장)

　1. 육체 부활의 확실성(15:1~34)

　　a. 역사적 논증(15:1~11)

　　b. 논리적 논증(15:12~19)

　　c. 신학적 논증(15:20~28)

　　d. 경험적 논증(15:29~34)

2. 특정 문제에 대한 답변들(15:35~58)
   a. 죽은 자의 부활에 대한 답변(15:35~49)
   b. 살아 있는 자들의 영광에 대한 답변(15:50~58)

D. 가난한 자들을 위한 연보에 대한 가르침(16:1~4)
E. 앞으로의 방문 계획(16:5~12)

V. 결론(16:13~24)

A. 바른 행위에 대한 권면과 칭찬(16:13~18)
B. 문안, 기원 및 축복(16:19~24)

Παῦλος κλητὸς ἀπόστολος Χριστοῦ Ἰησοῦ διὰ θελήματος θεοῦ καὶ Σωσθένης ὁ ἀδελφὸς

τῇ ἐκκλησίᾳ τοῦ θεοῦ τῇ οὔσῃ ἐν Κορίνθῳ, ἡγιασμένοις ἐν Χριστῷ Ἰησοῦ, κλητοῖς ἁγίοις, σὺν πᾶσιν τοῖς ἐπικαλουμένοις τὸ ὄνομα τοῦ κυρίου ἡμῶν Ἰησοῦ Χριστοῦ ἐν παντὶ τόπῳ, αὐτῶν καὶ ἡμῶν·

χάρις ὑμῖν καὶ εἰρήνη ἀπὸ θεοῦ πατρὸς ἡμῶν καὶ κυρίου Ἰησοῦ Χριστοῦ.

The Bible Knowledge
Commentary 25

1 Corinthians
～ 주해 ～

The Bible Knowledge
Commentary

주해

Ⅰ. 서론(1:1~9)

일반적으로 바울의 서신들의 서론은 후에 전개될 내용들을 위한 개관적 기능을 한다. 고린도전서의 서문도 예외는 아니다. 바울은 여기서 그리스도께서 자신을 사도로 세우심과, 고린도 교인들을 성도 되게 하심, 그리고 그리스도 안에서의 일치에 대해 언급하고 있다.

A. 문안 및 저자와 수신인에 대한 기술(1 : 1~3)

1:1 고린도전서에는 바울의 사도직의 정당성에 대한 몇몇 사람의 반대가 암시되어 있으며(9장), 고린도후서에서 바울은 자신이 사도가 된 것이 정당함을 분명하게 주장한다. 고린도전서의 가장 첫 부분에서 바울은 자신의 사도됨은 하나님의 뜻에 의한 것이며, 자신을 위한 것이 아니라 그리스도를 위한 것임을 주장하고 있다. 여기에서 바울이 함께 언급한 소스데네

는 아마도 그에게 도움을 주고 유대인들에 의하여 재판 자리 앞에서 채찍질 당한 회당장일 것이다(행 18:17). 그렇다면 소스데네야말로 믿는 자들이 최악의 상황에 처했을 때 하나님께서 어떻게 궁극적인 승리로 이끄시는지를 보여 주는 증거가 될 것이다.

1:2 교회는 하나님께 속한 것이지 인간에게 속한 것이 아니다. 만약 고린도 교인들이 이 사실을 인정했더라면 교회 분열의 문제는 발생하지 않았을 것이다. 고린도 교회 공동체는 하나님의 소유로 구별되어 거룩한 상태가 되었다. 바울이 서신에서 강조하는 것은 고린도 교인들의 실제 신앙생활이 거룩한 하나님의 소유의 상태에까지 도달해야 한다는 것이다. 모든 사람은 주님이신 예수 그리스도께 순종해야 한다. 그럴 때 그리스도인은 고린도에서뿐만 아니라 세상 어디에서도 주 안에서 일치를 이룰 수 있다.

1:3 은혜는 성도들을 하나로 묶는 끈이며, 서로 간에 평화를 유지하기 위해서 반드시 필요한 것이다. 고린도 교회에 특히 필요했던 이 은혜는 하나님께서 그를 의지하는 자들에게 주시는 것이다.

B. 하나님의 은혜의 결과에 대한 감사(1:4~9)

이처럼 많은 문제를 안고 있는 교회를 위하여 감사한다는 것이 이상하게 들릴지 모른다. 만약 바울이 자신의 능력에만 의지했다면, 고린도 교회와 같은 공동체를 개혁하려는 생각은 비관적이었을 것이다. 그러나 하나님께서 역사하고 계신다는 사실이 바울에게는 감사의 조건이 되었다.

1:4 비록 고린도 교인들이 자주 자기 교만에 빠졌지만, 이들은 하나님의 은혜로 그리스도 예수 안에서 그와 한 몸을 이루는 지체가 되었다.

1:5 고린도 교인들이 방언, 예언, 영 분별, 통역과 같은(12:4~11) 모든 언변과 지식에 풍족하게 된 것은 그리스도의 몸의 일부이기 때문이다. 하나님께서 이러한 은사들을 주신 이유는 고린도 교인들이 했던 것처럼 남용하는 것이 아니라 교회의 덕을 세우게 하기 위함이다.

1:6 고린도 교회에 이러한 은사가 함께 했다고 하는 것은 그리스도에 대한 바울의 메시지가 효과가 있었음을 증거하는 것이다. 하나님의 말씀은 비록 약하게 전파되어도(2:1~5) 하나님께서는 당신의 말씀을 은밀히 뿌리내리게 하신다.

1:7~8 이것이 하나님께서 하시는 일이므로 바울은 그 결과에 대해서는 결코 의심하지 않는다. 고린도 교인들은 하나님의 은혜로 의롭게 여

기심을 받았기 때문에, 그리스도께서 다시 오실 때 이들은 흠 없이(아넥클레투스[ἀνεγκλήτους: 책망할 것 없이]. 참조, 골 1:22) 하나님 앞에 서게 될 것이다. 그러므로 이들은 그리스도를 기다릴(아페크데코메누스[ἀπεκδεχομένους]. 이 단어는 신약성경에서 그리스도의 재림과 관련하여 여러 차례 사용되었다. 참조, 롬 8:19, 23, 25; 고전 1:7; 갈 5:5; 빌 3:20; 히 9:28) 수 있다.

1:9 이는 하나님께서 미쁘시므로 고린도 교인들을 부르셔서 그의 아들 예수 그리스도와 교제하게 하셨기 때문에 가능하다. 그러나 우리가 그리스도의 몸을 이루는 다른 형제와 불화하면 그리스도와 교제할 수 없다(마 5:23~24). 이러한 기초 위에서 바울은 하나님께서 과거 행하신 일과 미래에 행하실 일에서부터 고린도 교인들이 현재 해야 할 일, 즉 분열을 치유하는 일에 주목하는 것이다.

Ⅱ. 교회의 분열(1:10~4:21)

바울은 이 서신에서 교회의 분열 문제를 가장 처음으로 다루고 있다.

A. 분열의 양상(1:10~17)

1:10 바울은 가장 강력한 권위를 지닌 주 예수 그리스도의 이름으로 적이 아닌 형제에게 호소한다. 바울은 1장 1~10절에서 열 차례나 그리스도를 언급하는데, 이는 고린도 교회의 일치의 근원과 초점이 그리스도에 있다는 생각 때문이다. 바울은 화합을 말한다. 이것은 다양성을 버리라는 권고가 아니다. 바울은 마치 다양한 색깔과 형태들이 서로 얽혀서 하나의 누비이불을 만들듯이, 모든 부분이 하나의 통일을 이루길 원하고 있다.

1:11~12 그러나 글로에의 집 사람들이 말한 것처럼 고린도 교회는 통일 대신 분열의 현상을 보였다. 그럼에도 바울은 흔들리지 않았다. 오히려 각 파당의 대표가 된 아볼로, 게바와 함께 성도의 본이 되기 위해 노력함으로써 이미 악화된 상황이 더 악화되지 않도록 했다(참조, 4:6).

1:13 본문에서 제기하고 있는 세 질문은 결국 '아니오'라는 대답을 기대하는 수사학적 질문이다. 그리스도의 우주적인 몸은 분열되지 않는 것이며, 각 지역 교회도 분열되어서는 안 된다. 어느 누구도 고린도 교인들에게 구원을 가져다 주지 않았다. 따라서 그들은 그리스도를 제외한 누구에

게도 충성을 바쳐서는 안 된다

1:14~17 바울의 사역을 보면 그가 모든 측면에서 그리스도를 본받았음을 알 수 있다. 요한복음 4장 2절에 의하면 예수께서는 친히 세례를 베풀지 않으시고 그 일을 제자들에게 위임하셨는데, 바울 역시 대개의 경우 그러했다. 바울이 구원에 있어서 세례를 필수적 요소라고 생각했을까? 결코 그렇지 않다(참조, 4:15; 9:1, 22; 15:1~2). 물론 세례 자체가 중요하지 않은 것은 아니다. 세례는 그리스도께서 명하신 것이며(마 28:19), 성만찬과 함께 교회의 예식으로서 초대교회에서 행해졌다. 그러나 여기서 중요한 것은 이 의식이 '무슨 효력을 가지는가' 하는 점이 아니라 '무엇을 증거하는가'이다.

바울의 가장 중요한 사명은 사람의 지혜로운 말이 아니라 복음을 증거하는 것이었다(9:16). 화려하고 유창한 말은 사람들을 감동시킬 수는 있어도 그 영혼을 얻을 수는 없다. 아름다운, 꾸밈이 없는 복음의 말씀은 인간의 기준으로 볼 때 어리석어 보이지만, 성령의 역사로 가장 효과적인 복음 증거의 방법이다.

B. 분열의 이유(1:18~4:5)

인간적인 관점에서, 고난 당하시고 죽으신 예수가 핵심인 복음의 메시지는 매우 어리석고도 모순적이다. 가장 크고자 하는 사람은 모든 사람의 종이 되어야 한다는 원칙도 역시 어리석어 보인다(마 23:11~12). 그러나 이 원칙이야말로 바울이 고린도 교회의 분열 원인을 분석하면서 강조하고자 하는 내용이었다.

1. 메시지에 대한 오해(1:18~3:4)

근본적으로 고린도 교인들은 마음을 새롭게 정립할 필요가 있었다(롬 12:2). 그들은 자기 보존을 궁극적 목적으로 하는 인간적 상식에 근거한 삶, 즉 성화되지 못한 그리스도인의 삶을 영위하려고 하였다. 이러한 삶은 자기 추구적이며, 자기를 섬기는 삶이다. 이는 결국 자기 파멸을 초래한다 (눅 9:24~25).

1:18 십자가의 메시지란 자기중심적인 마음을 제거하는 것이다. 바울은 이것이 구원의 핵심이라고 생각하여 고린도 교인들에게 상기시키고자 했다. 바울은 구원이란, 칭의로 시작해 성화를 통해 더욱 진보하고 마침내 영광스러움의 절정에 달하게 되는 하나의 과정이라고 이해했다. 바울은 특히 18절에서 점진적인 성화를 강조한다. 이것은 고린도전서 전체에 나타나 있기도 하다. 십자가의 도는 자기 부인의 메시지이며, 하나님께 순종을 가르친다. 그리스도는 자신을 겸손히 낮추시고 죽기까지 복종하심으로 이것을 실천하셨다. 그러나 십자가의 도는 자기 파멸로 이끄는 것이 아니라, 궁극적으로는 자기 보존(막 8:34~35)과 높아짐(딤후 2:12; 계 22:5)을 가져온다. 이러한 십자가의 메시지는 고린도전서 여러 곳에서 되풀이되고 있는 주제로서(1:17~18, 23~24; 2:2, 8), 이러한 관점이 '멸망하는 자들'에게는 미련한 생각으로 간주된다는 것을 알 수 있다(참조, 눅 9:23~25).

1:19 바울이 자주 그러했듯이 여기에서도 이스라엘을 예로 들어 설명하고 있다. 이스라엘은 앗수르에 대항하기 위하여 인간적인 지혜를 따라 애굽과 동맹을 맺었다. 그러나 사실상 이스라엘을 구원할 수 있었던 것은 기적적인 하나님의 개입뿐이었다(참조, 사 29:14; 왕하 18:17~19:37).

1:20~21 인간의 지혜로는 하나님의 계획을 이해할 수 없다(사 55:8~9). 아무리 지혜롭고 존경받는 유대 학자나 헬라 철학자라 해도 마찬가지다. 사람들을 좁은 길로 들어가도록 안내하는 것은 자신만만한 인간의 지식이 아니라 자신을 부인하는 신앙이다.

1:22~25 우리에게 필요한 하나님의 능력과 지혜를 발견하는 것은 인간이 노력이 아니라 하나님 손에 달렸다. 하나님께서는 십자가에 못 박히신 그리스도의 가르침을 통해 사람들을 부르시고, 그들의 눈을 밝히셔서 복음을 믿게 하셨다.

1:26~31 고린도 교회의 상황이 그렇게 심하지만 않았다면, 바울은 미소를 띠며 고린도 교인들에게 자신을 돌아보라고 친절히 권면할 수 있었을 것이다. 인간적인 견지에서 보아도 지혜, 영향력, 신분 등은 분명한 한계가 있다. 만약 하나님께서 이러한 기준에 입각해서 사람을 선택하셨다면 고린도 교인들의 곁을 그냥 지나치셨을 것이다. 그러나 하나님께서는 이러한 세상적인 기준들을 다 버리시고 훌륭한 사람보다는 지극히 평범한 사람들을 부르셨다. 아무 육체도 하나님 앞에서 자랑하지 못하고(29절) 오직 그리스도 안에서 자랑하게 하기 위함이었다. 또한 그리스도는 하나님의 지혜로부터 나셨고(30절), 고린도 교인들은 그리스도 안에서 의

로움, 곧 칭의(롬 4:24~25)와 거룩함, 성화(살후 2:13~15)와 구원, 영화(롬 8:23; 엡 4:30)를 경험했기 때문이다. 구원 계획은 하나님의 지혜 안에서 십자가에 달리신 그리스도에 의해 성취되었다. 그리스도는 지혜와 학식이 있는 사람들에게는 감추어졌고, 순진한 어린아이와 같은 신자들에게 나타나셨다(참조, 마 11:25~26).

2:1~5 바울은 또한 인간의 지혜는 하나님의 능력과 지혜와 비교하면 허망할 뿐이라고 주장했다. 이것은 "약하고 두려워하고 심히 떨었노라"라고 묘사되는 그의 사역 자세에서도 나타난다(3절). 이에 대해서 어떤 이들은 당시 바울이 아덴의 철학자들과의 논쟁 때문에 스스로 흔들리고 있었다고 말하기도 한다. 그러나 이것은 잘못된 생각일 것이다. 바울은 이 구절에서 하나님의 권위에 의존하고 순종할 것을 가르치고 있다(참조, 엡 6:5; 빌 2:12). 이것이야말로 바울 사역의 큰 특징이다. 바울의 설교가 인간적인 시각으로 볼 때 인상적이지 못한 것은 사실이다(고후 10:10). 바울은 이 사실을 흔쾌히 인정하고 있으며, 오히려 이 점을 변론을 위한 요점으로 삼기까지 한다. 바울은 당시의 순회 교사들이었던 소피스트들이 즐겨 사용한 유창한 웅변이나 설득력 있는 말들을 설교에 사용하지 않았다. 오히려 구원을 주실 수 있는 유일한 분이신 '십자가에 달린 그리스도'를 꾸밈없이 증거하고 있을 뿐이다. 믿음은 인간의 교묘한 재주나 풍부한 수사학적 표현을 통해서가 아니라, 성령의 능력으로 생겨나는 것이다. 바울은 고린도 교인들의 믿음이 사람의 지혜가 아닌 하나님의 능력에 근거한 것이 되기를 원했다.

2:6 인간의 지혜를 포기한다는 바울의 말이, '하나님은 무지함을 귀하게

여기시고 그 어떤 지혜도 거절하신다'는 뜻은 아니다. 성령께서는 지혜를 가르치신다. 바울은 이 서신을 읽는 성도들이 지혜를 굳게 붙들기를 원하고 있다. 고린도의 몇몇 성도들은 이 지혜를 소유했다(바울은 언젠가 모든 사람이 이 지혜를 소유하기를 기대했다). 바울은 이 지혜를 소유한 이들을 가리켜서 '온전한 자'라고 말하고 있다. 아마도 16장 15~18절에 언급된 사람들일 것이다. 바울은 이들을 '신령한 자'라고 부르기도 한다(13, 15절). 이 시대의 지배자들(참조, 1:20)이 하나님께서 주시는 지혜를 이해하지 못하는 이유는 성령을 받지 못했기 때문이며(14절), 따라서 이들의 모든 것은 수포로 돌아가게 된다.

2:7 바울이 선포한 메시지는 하나님의 비밀스러운 지혜이며 오직 하나님의 계시에 의해서만 알 수 있는 것이다(마 11:25). 이 지혜의 핵심은 창세 전에 우리의 영광을 위하여 예비된 구원의 계획이다(엡 1:4).

2:8 요한복음과 마찬가지로(요 17:1), 바울은 십자가에 달리신 그리스도와 영광의 개념을 서로 연관짓는 작업을 한다. 자각하지 못하는 유대인이나 이방인들에게는 그저 역설로 보일 뿐이다(1:23; 눅 23:34). 그러나 바울의 이러한 개념은 하나님의 구원 계획에서 중심 역할을 수행한다.

2:9~10 구원의 복은 성부 하나님이 준비하신 것을 그의 아들 예수 그리스도가 수행하고 성령이 일하셔서 모든 성도에게 주어졌다(엡 1:3~14). 이로써 우리는 하나님을 사랑하게 된다(요일 4:19). 고린도 교회가 이것을 아는 유일한 방법은 성령의 도우심뿐이다. 성령께서는 구원에 관한 하나님의 모든 깊은 것을 아시고 계시하시기 때문이다.

2:11 바울은 타인의 생각을 완전히 헤아릴 수 없는 인간의 한계성을 설명한다. 하나님의 생각을 알기 위해서 성령의 역사가 얼마나 필요한 것인지를 다루기 위함이다.

2:12 하나님께로부터 오신 성령은(요 16:13) 몇몇 그리스도인들에게만 임하는 것이 아니라, 모든 그리스도인에게 임하신다(12:13).

2:13 바울이 선포하고 점점 심화하고 있는 개념이 바로 이 구원의 메시지이다. 이 메시지는 사람이 아니라 하나님에 의한 것이며, 성령께서 가르치시는 것이다. 바울이 언급하는 것은 지혜의 메시지인 영적 진리들이다(6절). 여기에 사용된 헬라어 프뉴마티코스(πνευματικός: 영적)는 중성 명사로서 '영적 말씀들'이라고 번역될 수도 있다(expressing spiritual truths in spiritual words: 영적 말씀들 안에 있는 영적 진리들, NIV). 또는 남성 명사로서 '영적인 사람들'이라고 옮길 수도 있다(interpreting spiritual truths to spiritual men: 영적인 사람들에게 영적인 진리들, NIV 난외 참조). 이처럼 두 가지의 의미가 모두 가능하다. 하지만 바울이 "온전한 자들"(6절)에게 지혜의 메시지를 말하고 있다는 맥락을 고려해 볼 때, 그의 초점이 '어떻게' 지혜의 메시지가 수용되는가 하는 점이 아니라 '누가' 수용하는가에 있음을 알 수 있다. 즉, 13절은 6절과 평행구를 이루고 있으며, 한 분류를 이루어 훌륭한 헬라어 문체를 보여 주고 있다.

2:14 오직 영적인 사람만이 영적 진리들을 받아들이기 때문에, 육에 속한 중생하지 못한 사람은 그의 지적 능력과 성취에 관계없이(1:20) 지혜의 메시지를 받지 않고, 받을 수도 없을 것이다. 하나님의 말씀에 대하여 중

생하지 못한 사람들의 비판은, 마치 청각장애인이 바하를 비평하거나 시각장애인이 라파엘의 그림을 비평하는 것과 같은 것이다.

2:15~16 한편, 성령을 소유하고 성령에 의해 인도하심을 받는 사람은 성령께서 보여 주시는 모든 것을 평가하고 적용할 수 있다(10절). 또한 신령한 사람은 오직 하나님으로부터만 심판 받을 뿐이며(4:3~5), 결코 중생하지 못한 사람이나 육신에 속한 그리스도인(3:1~3)의 심판을 받지 않는다. 그리스도의 마음을 소유한다는 것은 고린도 교회 내의 영적인 사람들처럼 하나님의 계시에 순종하는 것을 말하는 것이다(빌 2:5~8).

3:1~4 그러나 고린도가 실제로 이러한 신앙을 가진 것은 아니었다. 바울이 고린도에서 그리스도를 전파했을 때 고린도 교인들은 복음을 믿었다. 그들은 믿음으로 의롭다 하심을 받았으며, 하나님과 화목하게 되었다(롬 5:1~2). 바울은 고린도 교인들에게 '젖'으로 비유하곤 했던, 그리스도인이 받을 수 있는 축복에 대해 가르쳤다. 이 당시 고린도 교회의 생각과 삶은 변화의 초기 단계에 불과했다(롬 12:2). 그들은 여전히 세상적인 사유와 행위에 영향을 받는, 아직 그리스도 안에서 어린아이에 불과했다.

그러나 '십자가의 메시지'(1:18)는 의롭게 되는 것 이상의 내용을 담고 있다. 이것은 성화의 개념도 포함한다. 성화는 하나님의 계시에 응답하는 생활 태도와 행위의 갱신을 요구하는 것이다. 이것은 생각과 행위의 의를 요구한다(히 5:11~14). 또한 고린도 교인들은 '밥', 즉 '그리스도께서 십자가에 못 박히셨다'는 메시지(2:2)를 거부했다. 이들은 여전히 육신에 속해 있었던 것이다(3절). 성숙한 행위란 겸손과 타인에 대한 관심 및 하나님께 대한 순종으로 나타나는 것이다. 하지만 고린도 교인들은 유치한 행위와 이기심만을 지향했기에 그 결과 분열을 초래했다(4절. 참조, 1:12). 그들은 겸손한 생활 대신(4:9~13) 왕 노릇 하기만을 원했다(4:8). '그리스도께서 십자가에 못 박히셨다'는 메시지가 칭의뿐 아니라, 성화의 메시지이기도 하다는 사실을 이해하지 못했기 때문이다(참조, 빌 2:1~8). 이러한 오해가 고린도 교회의 분열의 원인이 되었으며(참조, 1:10; 3:4), 바울은 이러한 잘못을 바로잡고자 하였다.

2. 사역에 대한 오해(3:5~4:5)

고린도 교회 분열의 두 번째 원인은 사역과 관련이 있다. 오직 복의 근원은 하나님이시며(3:5~9), 사역자들은 단지 하나님의 역사하심에 따라 수행해야 할 책임을 지닌 종들이다(3:10~17). 그러나 고린도 교인들은 주변 사람들에게만 집중할 뿐이었다. 교인들이 사람들에게만 집중할 때 사역자는 사람들의 칭찬에 신경 쓰게 된다. 고린도 교회에서 몇몇 지도자들은 하나님의 칭찬을 얻기 위하여 충실하게 일하기보다는(4:1~5), 사람들의 칭찬을 받기 위한 일들을 하고 있었다(3:18~23).

3:5~9 아볼로와 바울은 그리스도께 부름받아 사역자가 되었다(엡 4:11). 이들은 고린도 교인들의 믿음을 위해 주님께서 택하신 도구들이었으며, 결코 그 반대는 아니었다(참조, 2:4~5). 결과를 가져오시는 분은 오직 하나님뿐이다. 하나님만이 씨를 자라게 만드신다(6절). 그러므로 영광을 받아야 할 분은 오직 하나님뿐인 것이다(7절). 바울과 아볼로는 하나님의 종으로서 서로 경쟁하지 않고, 오히려 서로의 사역을 보완해 주었다(8절). 이들의 목적은 교회가 그리스도의 장성한 분량이 충만한 데까지 성

숙하도록 하는 것이었다(엡 4:12~13). 이들에 대한 평가는 바로 이 과제에 얼마나 충성했느냐에 달렸다(참조, 4:2~5). 어느 사역자든 마찬가지다. 사역자는 교회를 위해 봉사하더라도 기본적으로는 하나님께 대한 책임이 있는 사람들이기 때문이다. 바울과 아볼로는 하나님께 속한 동역자로서 교회라는 '밭'에서 하나님을 위해 일하는 사람들이었다(9절).

3:10 바울은 교회를 건축물에 비유한다. 바울은 다양한 방법으로 그리스도인 개인, 혹은 공동체를 하나님이 거하시는 성전에 비유한다. 일찍이 예수께서는 자신의 육신을 가리켜서 성전이라고 말씀하신 적이 있다(요 2:19~22). 다른 서신에서 바울은 이와 같은 형상을 영적인 그리스도의 몸, 즉 보편적인 교회(엡 2:21)에 비유하기도 하였다. 그는 또한 그리스도인 개인의 육체를 성전이라고 부르고 있다(6:19). 본문에서 바울은 지역 교회를 가리켜서 하나님의 영이 거하시는 성전이라고 말하고 있는 것이다(16절).

또한 바울은 사역자의 책임에 관한 주제를 더욱 발전시키고 있다(8절). 비록 고린도 교회의 성도들이 최소한 하나의 은사 혹은 능력을 받아서 다른 성도들을 섬기고 있었다고는 하지만, 바울의 진정한 관심은 아볼로나 자신과 같은 지도자적인 사역자들의 역할에 있었다(참조, 21~22, 5절).

그러나 모든 사역자가 건축 과정에서 똑같은 영향을 미치는 것은 아니다. 바울은 십자가의 메시지를 바탕으로 고린도에 기초를 놓았다. 아볼로 역시 고린도에서 효과적으로 사역했다(행 18:27~28). 바울이 '게바'라고 부르는 베드로 역시 고린도를 위해 공헌했음이 틀림없다(22절; 1:12). 이밖에도 고린도 교회에는 많은 사역자들이 있었으며, 바울의 이러한 언급은 일종의 경고의 기능을 띠었다.

3:11 예수 그리스도만이 구원의 기초이시다(행 4:12). 그러나 어떤 이들은 고린도에서 다른 복음을 가르쳤다(고후 11:4). 바울이 이 서신을 쓰고 있을 무렵 고린도에 이러한 거짓 복음이 나타났던 것으로 보인다.

3:12 12~17절에서 바울은 세 부류의 사역자들에 대하여 언급하고 있다. 지혜로운 사역자(14절. 참조, 10절), 미련한 사역자(15절), 파괴적인 사역자(17절)이다.

여기에서 말하는 건축 재료의 의미는 최소한 네 가지로 설명할 수 있다. 첫째로 금, 은, 보석은 건축자의 지속적인 노력을 의미하는 반면에 나무, 풀, 짚은 일시적이며 무가치한 노력을 나타낸다. 13절의 '공적'과 14절의 '그 위에 세운 공적'은 이러한 견해를 뒷받침하고 있다. 둘째로 금, 은, 보석은 값비싸고 귀한 재료들로서 건축자가 사람들의 마음의 터 위에 세우고 있는 건전한 교리를 의미하며, 나무, 풀, 짚은 무가치한 재료들로서 잘못된 교리를 의미한다. 셋째로 금, 은, 보석은 건축자의 선한 동기를 나타내며, 나무, 풀, 짚은 무가치한 동기를 나타낸다(참조, 4:5). 마지막으로 금, 은, 보석은 교회를 구성하는 신자들을 의미하며(참조, 엡 2:2; 딤후 2:20; 벧전 2:5), 나무, 풀, 짚은 교회 안에 미처 중생하지 못한 사람들을 의미한다(코르톤[χόρτον: 풀]은 야고보서 1장 10절에서 비신자를 뜻하는 말로 사용했으며, NIV성경은 이것을 '야생화'[wild flower]로 번역했다).

3:13 심판의 날이 오면 그리스도께서 그의 종들을 공적에 따라 심판하실 것이다(고후 5:10). 이 심판은 선물로 주어지는 구원이나(롬 6:23), 개인

의 행위에 관한 문제(엡 2:8~9)가 아니다. 이것은 봉사에 관한 문제로 양이 아닌 질의 차원에서 판단되는 것이다. 인간의 노력과 지혜에 의하여 상당한 성취가 가능한 것은 사실이지만(참조, 2:4), 하나님의 계획과 능력에 의한 것이 아니라면 결코 계속될 수 없다(시 127:1).

3:14~15 불의 이미지를 그리스도의 재림과 관련해 사용하는 것은 신약성경의 다른 곳에서도 발견된다(살후 1:7; 계 18:8). 지혜로운 건축자에게 주어질 상급에 대한 자세한 언급은 없지만, 이 상급 중에 칭찬이 포함될 것은 확실하다(4:5). 어리석은 건축자의 공적은 사라질 것이며, 비록 그 자신이 구원을 받더라도 이 구원은 마치 불붙는 나무를 불 속에서 움켜쥐는 것과 같을 것이다(암 4:11; 유 1:23). 심판이 있기 전까지는 다양한 재료들이 구별되지 않고 섞여 공존할 것이다(참조, 마 13:30).

3:16~17 그러나 지역 교회는(본문에서 '너희'는 복수이다) 구조가 너무 약해져서 완전히 붕괴하거나 단지 이름만의 교회로 전락할 수도 있다. 바울은 고린도 교회가 이런 지경에 처하게 되지 않을까 염려했다(고후 11:3, 13). 만약 교회가 이렇게 된다면 잘못 이끈 사역자도 하나님으로부터 같은 심판을 받게 될 것이다(이것은 구약의 '탈리오 법칙'이 적용되는 것이다. 참조, 창 9:6; 고후 11:15). 파괴자도 역시 파멸되고 만다(마 13:41~42). "알지 못하느냐"란 구절은 본서에서 모두 10번 나타나며, 여기서 처음으로 등장하고 있다(참조, 5:6; 6:2~3, 9, 15~16, 19; 9:13, 24. 이러한 수사법은 각각의 경우에 있어서 논란의 여지가 없는 내용을 말할 때 사용된다).

3:18~23 그러므로 바울은 사역자들과(18~20절) 고린도 교회를 향해 날카롭게 경고하고 있다(21~23절). 사역자들은 자신의 사역을 과신하는 데서 비롯되는 자기기만을 피해야 한다. 또한 이 세상의 지혜는 사탄의 마음을 반영하는 것으로서(엡 2:2) 하나님께서 보시기에 어리석은 것이라는 사실을 인지해야 한다(19절). 바울은 이 사실을 뒷받침하기 위하여 욥기 5장 13절과 시편 94편 11절을 인용하고 있다. 교인들은 사역자들을 자랑하는 것이(21절) 자기중심적인 생각의 표현일 뿐이라는 사실을 명심할 필요가 있다. 오히려 하나님을 자랑하는 것이 마땅하다(참조, 1:31). 하나님은 모든 복의 근원이시며(참조, 1:30), 모든 사람은 하나님께 속해 있기 때문이다(23절. 참조, 1:2; 15:28).

4:1 바울은 또한 그리스도를 위하여 사역하는 사람들은 누구나 그리스도께 대한 책임이 있다는 사실을 언급하고 있다. 여기서 일꾼이라고 번역된 휘페레타스(ὑπηρέτας)는 3장 5절에서 사용된 디아코노이(διάκονοι)와 다른 의미이다. 휘페레타스는 상급자에 대한 종속과 책임의 의미가 더욱 강조된 단어이다. 하나님의 비밀은 하나님의 지혜, 곧 성령의 계시에 의해서만 알려지는 십자가의 메시지라는 뜻을 담고 있다(2:7~10).

4:2 즉, 바울은 자기 자신을 포함한 모든 사역자들이 십자가의 메시지를 그리스도의 의도 안에서 충성되게 증거해야 함을 말하고 있다.

4:3~4 세상의 지혜가 이 사역을 배척한다고 해서 바울이 이 사역에서 이탈한 것은 아니다. 그는 사역의 동기나 가치에 대해서 세상의 지혜로부터 평가받을 필요가 없었다. 어찌 타인이 이러한 문제를 결정할 수 있겠

는가?

4:5 그러므로 성급한 판단은 사역자들을 칭찬하는 내용이든(3:21) 비방하는 내용이든(10절), 그 여부에 상관없이 잘못된 것이다. 오직 하나님 앞에서 모든 것은 드러나며 은혜로 나타날 것이다. 모든 신실한 사역자들은 하나님으로부터 칭찬을 받게 될 것이다.

C. 분열의 치유(4:6~21)

바울은 교회 분열의 원인은 교만이라는 것을 분명하게 지적하면서 이 부분을 결론짓고 있다(6절). 아울러 그는 교회 분열이라는 문제를 실질적으로 치유하기 위하여 자신을 본받을 것을 권고하고 있다(16절).

4:6 바울은 고린도 교회 분열의 문제를 논의하면서 이 문제에 책임이 있는 특정 인물을 드러내지는 않았다. 그 대신 이 문제를 아볼로와 자기 자신에게 적용해서 설명하고 있다(베드로와 그리스도에 적용하기도 했다. 참조, 1:12; 3:4~6, 22~33). 여기서 바울과 아볼로는 성경의 기록에서 벗어나지 않은 사람들이라는 권위 아래 고린도 교회의 문제에 대한 해결책으로 제시된다. 그들은 자신의 생각이나 세상의 견해를 따르지 않고 하나님의 말씀에 순종했다. 바울은 고린도 교인들이 바울과 아볼로의 삶을 통하여 겸손을 배우기 원했다('배우다'라는 동사는 마테테[μάθητε]를 번역한 것이며, 이에 관련된 마테테스[μαθητής]는 명사로서 '제자' 혹은 '배운

바를 실행하는 사람'으로 번역된다). 겸손의 교훈은 매우 어려운 것임에 틀림없다. 왜냐하면 그리스 사람들은 겸손이 노예적인 비열한 속성이며, 위대한 사람에게는 어울리지 않는 연약함의 표현이라고 믿었기 때문이다 (플라톤, *laws* 6. 774c).

4:7 하나님과 관계를 맺고 있는 사람이라면 겸손한 태도를 취하지 않을 수 없다. 하나님은 다양한 선물을 주시는 은혜로우신 분이며(7절상), 찬양 받으실 분이시다(7절하. 참조, 1:4~9). 바울이 일련의 수사학적인 질문을 던지면서 강조한 것은 바로 이러한 진리들이었다.

4:8 모든 그리스도인은 겸손한 태도를 가져야 한다. 바울은 빌립보 교인들에게 그리스도의 삶의 방식을 설명했다(빌 2:5~11). 그리스도의 삶은 겸손과 높임을 받는 승리의 삶으로 특징지을 수 있다. 고린도 교인들에게 부족한 것은 겸손이었다. 그들은 더 이상의 질병이나 고통, 고난 없이 즉각적으로 영광스럽게 되기만을 원했다. 그러나 이것은 바울이 자기기만에 빠져 있는 고린도 교인들에게 서신을 썼을 당시나 지금이나 마찬가지로 불가능한 일이다. 그럼에도 여전히 많은 사람들이 그렇게 되기를 기대하고 있다.

고린도 교인들은 자신들이 원하는 모두 것을 가지고 있다고 생각했다 (고전 4:8a). 그러나 그들은 실질적으로 의에 주리고 목마르며, 매우 궁핍한 자들이었다(마 5:6). 고린도 교인들은 자신들이 아무 것도 필요치 않은 왕이나 되는 것처럼 생각했으나, 사실 동화 속에 등장하는 어리석은 왕에 불과했다. 벌거벗었음에도 좋은 옷을 입었다는 착각으로 신하들 앞에서 당당한 체하는 동화 속 왕의 모습이다(참조, 계 3:17~18).

4:9~13 바울은 결코 바보가 아니었다. 그 역시도 고난은 좋아하지 않았다. 바울은 고린도 교인들이 바르게 서길 원했다. 그러나 그들은 그렇지 못했다. 사도들은 그리스도께서 가신 겸손의 길을 뒤따랐다. 그리스도께서 죽음의 길로 나아가신 것처럼 사도들도 그 길을 갔다(참조, 고후 2:14). 그리스도께서 멸시와 수난을 당하셨던 것을 그의 제자들도 따랐다. 제자들은 성령 안에서 여러 고통들을 은혜로 인내했다(눅 23:34). 사도들은 십자가의 메시지를 삶으로 실천했다. 그러나 고린도 교인들은 자기만족을 추구하였으며, '왕궁의 신학'으로 스스로를 위로하고 있었다(참조, 암 6:1~7).

4:14~17 바울은 고린도 교인들을 사랑하는 마음으로 경고하고 있다. 바울이 앞의 몇 절에서 고린도 교인들을 신랄하게 비판한 목적은 단순히 고린도 교인들을 부끄럽게 하려는 데 있지 않았다. 물론 그들 역시 바울의 비판에 부끄러워하기는 커녕 냉담하게 반응했다. 바울의 목적은 그들의 마음과 삶의 태도를 변화시키는 것이었다. 바울은 자식을 대하는 아버지의 사랑으로 그들을 대했다. 많은 사역자들이 고린도 교인들에게 서신을 보내고 충고하며 가르칠 수 있었지만, 그들을 생명으로 인도할 복음의 씨를 심은 사람은 오직 한 사람뿐이었다. 어떠한 지도자(갈 3:24) 이상으로 바울은 고린도 교인들을 염두에 두고 있었다. 이런 이유 때문에 그는 자신을 본받도록 고린도 교인들을 권고하고 있는 것이다(16절. 참조, 9~13절). 바울에게는 실제로 그를 본받은 영적 아들인 디모데가 있었다(빌 2:20). 디모데는 고린도 교인들에게 그리스도 안에 사는 바울의 삶의 방식을 상기시켰다. 고린도 교인들이 디모데에게서, 디모데가 바울에게서 배우는 것은 결국 주님을 본받는 것을 배우는 것이었다.

4:18~21 바울은 고린도 교회의 모든 사람이 그의 호소에 귀를 기울일 것이라고 생각하지는 않았다. 이름이 밝혀지지 않은 몇몇 지도자들 (5, 15절)은 교만했으며 이것이 고린도 교회 분열의 원인이었다. 이들은 바울의 권고에 영향을 받을 사람들이 아니었다. 이들은 행동을 요구했다. 바울은 성령의 능력으로 자신이 이들에 대처할 수 있음을 알았다(행 13:9~11). 고린도 교인들에게 설교할 때, 바울은 자신의 능력이 아니라 성령의 능력을 의지했다(2:4~5). 또한 고린도 교인들을 치리할 때에도 마찬가지다(고후 10:4~6). 이것이 바로 하나님의 통치의 권위이다(참조, 행 5:3~11). 바울은 고린도 교인들을 사랑했기에, 더더욱 자녀를 사랑하는 아버지와 같이 그들을 엄격히 치리하는 일에 소극적이지 않아야 한다는 사실을 알았다(참조, 히 12:7). 만약 필요하다면, 그는 기꺼이 매(라브도스[ῥάβδος])를 들었을 것이다. 그레코로만적 개념으로 볼 때, 매는 권위를 가진 사람의 치리를 의미하는 것이다. 바울은 수차례에 걸쳐서 매질을 당했다(행 16:22~23; 고후 11:25). 그러나 바울이 진실로 원했던 것은 사랑과 온유한 영의 마음을 가지고 고린도 교인들에게 나아가는 것이었다.

Ⅲ. 교회 내의 무질서들(5~6장)

　　고린도 교인들을 사랑하면서도 한편으로 치리의 필요성을 느끼고 있는 바울은, 교회 내 분명히 드러나는 무질서를 해결하는 일에 집중하기 시작한다. 여기서 다루고 있는 문제는 비도덕적인 형제를 치리하지 못한 것(5장), 개인적 분쟁을 경건히 해결하지 못한 것(6:1~11), 성적 순결을 지키지 못한 것(6:12~20) 등이다.

A. 죄인 치리의 실패(5장)

　　교만은 사랑에 반대된다. 왜냐하면 사랑이 타인의 필요에 관심을 기울이는 데 반해서, 교만은 자기 자신에게만 관심을 가지기 때문이다. 고린도 교인들의 교만은 교회의 분열뿐만 아니라, 교회 안에서의 치리에 대한 무관심을 초래했다.

5:1 여기서 다루고 있는 문제는 어느 고린도 교인이 계모와 근친상간을 저지른 것이었다. 이것은 구약성경(레 18:8; 신 22:22)과 로마법(키케로, *Cluentes* 6. 15; 가이우스, *Institutis* 1. 63) 양쪽 모두에서 금지하고 있는 것이다. 여기서 바울이 이 여인의 치리에 대해서 언급하지 않는 것을 미루어 봤을 때 이 여인이 그리스도인이 아니었음을 알 수 있다.

5:2 고린도 교인들은 이 부끄러운 일에 대해 조금도 개의치 않은 듯 보

인다. 오히려 이 일은 그들의 자만심을 더욱 부풀게 했을지도 모른다. 만약 그들이 신앙적으로 대처했다면, 이 형제에 대해 깊이 슬퍼하면서(참조, 12:26; 갈 6:1~2) 그가 회개하기까지 그를 치리하여 회중으로부터 내보냈을 것이다(참조, 마 18:15~17).

5:3~5 고린도 교인들이 무관심했기 때문에 바울은 이 사안에 개입해야만 했다. 사도적 권위를 가지고 바울은 죄를 지은 자를 판결했다. 그리고 고린도 교회가 다음 모임에서 이 문제를 처리하도록 촉구했다. 여기서 바울이 앞서 언급한 능력의 예가 나타나고 있다(4:20~21). 이 능력을 발휘함으로써 무엇이 성취되었는가 하는 점은 확실하지 않다. 사르코스(σαρκός)라는 헬라어 단어는 인간의 죄 된 본성을 뜻하는 것으로서, 인간의 육신적 욕망은 허망해질 것을 나타내는 것이다. 그러나 이 단어가 물리적인 고통이라는 또다른 치리를 의미한다는 것을 보여 주는 사례도 있다. 이 때 사르코스는 '몸'으로 이해된다(NIV 난외 참조). 물론 이 단어를 어떻게 이해하든지 간에 인간이 정결케 되어야 함을 뜻하는 것은 마찬가지이다. 우선 사르코스가 '몸'이란 의미로 쓰일 때는 일반적으로 인간의 내·외적인 존재, 즉 전인을 나타내기 위하여 영과 함께 나란히 사용되는 경우이다. 둘째로 이 단어가 인간의 죄 된 본성의 의미, 즉 '허무하게 된', '파괴된'(올레트론[ἄλεθρον])으로 사용되며, 이때는 매우 강한 의미를 가진다. 올레트론의 명사 형태인 올레트류투(ἄλεθρευτοῦ)는 고린도전서 10장 10절에 등장하고 있으며, 사람들을 멸망시키는 '파괴하는 천사'로 번역되고 있다. 셋째로 바울은 죽음으로 이끄는 치리에 관해서 언급했는데(11:30), 이것 역시 사람의 궁극적인 보존(11:32. 참조, 딤전 1:20; 요일 5:16)이라는 동일한 목적 하에 이루어지는 것이었다.

아마도 바울은 해당 범죄를 저지른 사람을 교회 공동체로부터 추방하고, 그가 지금까지 누리던 하나님의 보호(참조, 욥 1:12)로부터 추방되어 세상으로 내보내져야 함(요일 5:19)을 보여 주고자 했던 것으로 보인다. 그가 내던져질 세상은 사탄이 가져온 죽음이 득실거리는 곳이다. 그러므로 이러한 치리는 자기중심적인 무관심에 빠지는 것의 대가가 얼마나 고통스러운 것인가를 보여 주고, 성도가 하나님의 성전으로서 거룩을 유지해야 한다는 사실을 강하게 상기시키는 기능을 한다(3:17; 6:19).

5:6 이러한 치리에 대해 고린도 교인들이 보일 감정적인 행동은 용인될 수 없다. 바울은 그들이 이미 알고 있으면서도 실천하지 못했던 한 진리, 즉 적은 누룩이 빵 전체를 부풀게 한다는 사실을 상기시킨다. 작은 질병이 결국은 몸 전체를 죽이는 것이다. 교회 안에서 치리가 이루어져야 하는 이유가 여기에 있다.

5:7~8 무교절 동안에는 집 안에서 모든 누룩을 치워야 하듯이(출 12:15~20; 13:1~10), '교회 무교절' 기간 동안에 하나님의 집인 교회에서 죄는 제거되어야만 한다. 그리스도인의 무교절은 유월절 어린양으로서 단번에 모든 사람을 위하여 십자가 위에서 희생 제물이 되신 그리스도를 믿는 이들이 계속해서 지켜야 할 것이다(참조, 요 1:29; 히 10:10, 14). 특히 이러한 희생적인 행위를 기념하는 예식인 성만찬에 있어서 더욱 그러하며, 성만찬이야말로 그리스도인들의 교제의 정수라고 할 수 있다. 바울은 이러한 중요성 때문에 진정으로 회개하지 못한 그리스도인들은 성만찬에서 배제하는 것으로 보인다.

5:9~10 바울은 이전의 서신에서 음행의 문제에 대하여 썼는데, 고린도 교인들은 이 가르침을 교회 밖에 있는 사람들에게만 적용했다. 바울은 그와 같이 말씀을 잘못 적용하려면 차라리 세상 밖으로 나가야 할 것이라고 말하면서, 고린도 교인들의 생각이 모순됨을 지적하고 있다. 바울은 결코 수도원주의(혹은 개신교 내의 분리주의적 경향)를 옹호한 것은 아니었다.

5:11 바울이 요구하는 것은 교회 안에 있으면서도 계속적으로 죄악 된 생활을 하는 형제의 치리이다. 이러한 사람들은 다른 형제들과의 사귐으로부터 배제되는 치리를 받아야만 한다. 본 치리의 범주는 성만찬에 참여하지 못하게 하는 책벌에까지 확대된 것이 분명하다. 아마 그 밖의 다른 사회 관계까지도 거부되었을 것이다. 그러나 이런 치리의 대상이 된 사람들이 공동체의 모든 공회에서 배제된 것은 아닌 듯하다. 왜냐하면 교회는 이런 사람을 납득시키고 회개하게 만드는 사역까지도 감당해야 했기 때문이다(14:24~25).

5:12~13 교회 밖의 사람들을 판단하는 것은 바울이 할 일이 아니었다(참조, 1절. 바울은 남자 교인과 함께 음행을 저지른 여인에 대해서 침묵했다). 그러나 고린도 교인들에 대해서 판단하는 것은 바울이 할 일이었다. 마찬가지로 교회 안에서 범죄한 자를 치리할 책임은 고린도 교회에 있었다.

세상에 속한 사람들을 판단하실 분은 하나님이시다(참조, 행 17:31). 그러나 교회 안에서 회개치 않은 영을 소유한 사람이 계속해서 죄를 범하고 있다면, 그를 치리하여 내보내는 것은 교회가 할 일인 것이다.

바울은 고린도 교회를 괴롭히고 있는 또 다른 무질서에 대해서 언급하고 있는데, 여기서도 판단의 문제가 등장하고 있다. 비도덕적인 형제를 다루는 사안에서 드러난 것과 같은 문제점이 교인들 사이의 분쟁을 다루는 데에서도 나타나고 있다. 고린도 교회는 교인들 사이의 문제에 대해 판단을 내리려 하지 않았다. 이것은 고린도 교회를 괴롭히던 분열의 영이 다른 형태로 표출된 것이었다.

바울은 처음 부분에서 '너희가 알지 못하느냐?'라고 함으로써 고린도 교회가 진리의 작용을 통해 문제의 발생을 사전에 차단했어야 할 것을 지적하고 있다. 이러한 표현은 6장에서만 여섯 차례나 등장한다(본 서신서 6장을 제외하면 이 구절은 신약성경 전체에서 세 번 더 등장할 뿐이다). 바울은 이 표현을 고린도전서 3장 16절, 5장 6절에서 사용했고, 추가로 9장 13절과 24절에서 같은 용도로 사용하고 있다. 이러한 일들을 사전에 알고 있어야 마땅했을 것이라는 바울의 암시가 자신의 지혜와 지식에 도취되어 있는 교회에 충격을 주었을 것이 틀림없다.

6:1 바울은 이 문제로 매우 격분했다. 교회가 더욱더 분열되었을 뿐만 아니라 고린도의 비신자들 가운데서의 하나님의 사역도 방해를 받았기 때문이다(참조, 10:32). 믿음의 사슬로 연결되어 있는 고린도 교인들은 자신들 사이의 분쟁을 형제처럼 해결해야지, 원수처럼 해서는 안 되는 일이었다(참조, 창 13:7~9).

6:2 6장에서 여섯 차례나 등장하는 '너희가 알지 못하느냐?'란 구절들(참조, 3, 9, 15~16, 19절) 가운데서 첫 번째는 세상을 판단할 때의 성도의 역할에 관한 것이다(참조, 요 5:22; 계 3:21). 바울이 이 문제를 논란의 여지가 없는 문제로 인정하고 있는 것을 볼 때, 아마도 이 교리는 그가 고린도에 교회를 설립할 때에 가르친 것으로 보인다.

6:3 성도들은 초자연적인 존재들까지(타락한 천사들. 참조, 벧후 2:4; 유 6절) 심판하게 될 것이므로, 성도들은 이 세상의 일 정도는 충분히 처리할 수 있어야만 한다.

6:4 카티제테(καθίζετε: 세우다)란 헬라어는 진술(직설법)이거나 혹은 명령(명령법)일 수 있다. NIV성경은 이것을 명령어로 보고 "경히 여김을 받는 자들"이란 구절이 교회 안에서 지혜를 가졌지만 그다지 존경을 받지 못하는 이들을 가리키는 것으로 보고 있다. 그러나 바울은 이들을 판단하는 과제에 더욱 적합한 사람들을 지칭하고 있다.

그러나 여기서 동사 카티제테(καθίζετε)는 5절과의 관계 속에서 해석해야 한다. 이 맥락에서 볼 때 "경히 여김을 받는 자들"이라고 번역된 분사는 교회 안에서 '아무런 지위도 가지지 못한 사람들', 즉 그리스도인이 아닌 사람들을 말하는 것이다. 교회 안의 분쟁을 불의한 자들 앞에서 고발하고 성도 앞에서 하지 않는 안타까운 상황에 대한 지적은 6절에서도 등장한다.

6:5~6 5절의 말씀은 틀림없이 몇몇 지혜로운 고린도 교인들의 얼굴을 붉히게 했을 것이다. 바울은 교회 내 법적 분쟁이 고린도의 복음에 방해

가 된다는 사실을 염두에 두고 있었음에 틀림없다(9:23). 법적 분쟁은 결코 하나님께 영광이 될 수 없는 것이다(10:31~33).

6:7~8 바울은 법적 소송을 행하는 이들의 탐욕이 하나님을 모욕한다고 생각했다. 그렇기에 분쟁이 시작되기도 이전에 이미 중요한 손실이 발생했다고 결론짓고 있다. 바울은 법적 분쟁으로 영적 피해를 당할 바에야, 차라리 세속적인 손해를 감수하는 것이 낫다는 결론을 내렸다. 고린도 교회의 법적 분쟁은 잘못된 것을 바로잡거나, 혹은 교회 공동체원의 희생을 통해서 개인적인 만족을 얻는 것으로 정의를 달성할 수 있는 문제가 아니었다. 고린도 교회의 진정한 문제는 최악으로 치닫는 '육적 삶'이었다.

6:9~10 바울의 세 번째 '너희가 알지 못하느냐?'의 지적(참조, 2~3절)은 4절의 내용을 보충하기 위한 것으로 보인다. 여기서도 고린도 교인들의 미래의 위치와 현재의 행실 사이의 간격이 드러난다. 불의한 자들은 하나님의 미래의 왕국에 참여할 수 없다. 왜냐하면 이들은 상속자(참조, 막 12:7)이신 그리스도와 아무런 관련이 없기 때문이다. 불의한 자들은 미래 어느 날에는 그 자신들의 행실에 따라서(계 20:13) 성도들에 의해 심판을 받게 될 것이다(2절). 그러나 성도들의 경우는 다르다.

9절에서 '불의한 자'로 번역된 아디코이(ἄδικοι)는 1절에서도 사용되고 있는데, 이 단어는 '불경건한 자'로 번역될 수 있다. 그런데 이 단어의 동사형인 아디케이테(ἀδικεῖτε: 악을 행하다)는 8절에서 고린도 교인들의 행위를 지적하는 데 사용되고 있다. 고린도 교인들의 장래의 역할은 현재의 행위에 근본적인 영향을 미쳐야 할 것이다(참조, 요일 3:3). 바울이 경고한 대로, 고린도 교인들이 이 문제에 대하여 다른 생각을 가지고 있다면 이들은 스스로 속고 있는 것이다(참조, 5:11; 계 21:7~8; 22:14~15).

9절과 10절에 열거한 불의를 행하는 자들의 종류는 앞서 5장 10~11절에서 언급된 것과 유사하다. 이러한 악들은 고린도뿐만 아니라 당시의 대도시에 만연했다(참조, 엡 5:3~6). 예를 들어 동성애와 남창은 그레코로만 사회를 특징짓는 것이었다. 플라톤은 《향연》에서 동성연애를 찬양하고 있다(181b). 바울이 고린도전서를 쓰고 있을 당시 황제인 네로는 스포루스라는 소년과 결혼하려고 했다(수에토니우스, *Lives of the Caesars* 6. 28). 이런 일은 단지 형식적으로만 이상한 일로 생각되었을 뿐이었고 실제 생활에서는 그렇지 않았다. 로마의 처음 황제들 15명 가운데 14명이 동성애자이거나 양성애자였다.

6:11 고린도 교인들 가운데 일부(전부는 아니었다)는 앞서 9~10절에서 언급된 악을 행했던 사람들이었다. 그런데 하나님께서 이 문제에 개입하셨다. 고린도 교인들은 성령 안에서 죄의 씻음(참조, 딛 3:5)과, 그리스도의 이름으로 거룩함(참조, 1:2)과, 하나님 앞에서 의롭다 하심(참조, 롬 8:33)을 받았다. 이러한 칭의의 사실이야말로 법률적으로 트집 잡기 좋아하는 고린도 교인들에 대한 적절한 답변일 것이다.

C. 성적 순결을 지키지 못함(6 : 12~20)

바울은 고린도 교회를 괴롭혔던 또 다른 문제를 언급하고 있는데, 여기서도 율법적 정당성이라는 주제가 계속 전개되고 있다. 특히 성관계에 있어서 구약의 율법으로부터의 자유가 쟁점이었다. 바울은 대화 형식으로 문제를 다루면서 고린도 교인들을 격렬하게 비판하고 있다. 이러한 어조는 고린도 교인들에게 이미 익숙한 것이다. 바울의 비판은 이 서신의 남은 부분에서 주제의 전개와 문제에 접근하는 과정을 용이하게 해주었다. 이 서신에서 바울의 주된 관심사는 고린도 교회 안에서 제기된 문제들과 바울에게 반기를 들고 있는 사안들에 대답하고 대처하는 것이다.

자유의 한계 문제(12절)는 8~10장까지 발전적으로 논의되고 있다. 이 문제는 11~14장까지에서 다뤄지는 공적 예배에 관한 논의에도 상당한 영향을 미치고 있다. 8장에서는 그리스도인들이 음식에 대해서 어떤 태도를 취하여야 할 것인가의 문제(13절)가 다뤄지고 있다. 그리스도의 부활(14절)은 15장에서 심도 있게 취급되고 있다. 그리스도의 몸으로서의 교회(15절)는 12장에서 광범위하게 논의된다. 바울은 성의 존엄성의 문제도 다룬다(16절). 그는 창세기 2장 24절을 언급함으로써 결혼은 하나님께서 친히 세우신 제도임을 밝히고 성의 존엄성을 주장한다. 이는 7장에서 그가 관심 있게 다룰 주제이다.

6:12 "모든 것이 내게 가하나"라는 말은 고린도의 몇몇 비도덕적인 사람들을 감싸는 슬로건이 되었다. 이 말은 옳지만 제한이 필요하다. 바울은 '이웃과 자신에 대한 사랑'이라는 원칙(참조, 막 12:31)을 통하여 자유를 제한한다. 자유는 사랑하지 않는 사람들(8:1; 10:23)에게는 유익하지 않고 오히려 해로운 것이기에 이런 사람들에게 자유가 주어져서는 안 된다. 마찬가지로 노예가 된 자유(나는 어떤 무엇에 의해서도 지배받지 않는다는 생각)는 자신에 대한 사랑이 아니라 증오인 것이다.

6:13~14 "음식은 배를 위하여 있고 배는 음식을 위하여 있으나"라는 말은 고린도 교인들의 비도덕성을 정당화하는 또 다른 슬로건이었다. 그들은 음식이란 즐거운 것이면서도 필요한 것이라고 주장했다. 배고프다는 느낌이 위로부터 전달되면 이를 만족시키기 위하여 음식물을 섭취해야 한다. 이와 마찬가지로 성행위도 즐거운 것이면서도 필요한 것이다. 성적 욕구가 있을 때면 충족되어야 한다. 그러나 바울은 위와 몸을 날카롭게 구별한다. 몸(소마[σῶμα])은 육체적인 것 이상의 의미를 담고 있다(참조, 고후 12:3). 이것은 육체(물질)와 영(비물질. 참조, 고후 2:13; 7:5)이 합쳐져서 이루어진 전인격체를 말하는 것이다. 몸은 소멸되는 것이 아니라 영원한 것이다(6:14). 따라서 여기서 몸은 성적인 비도덕성(포르네이아[πορνεία])을 의미하는 것이 아니라 주님과 상호적인 연합(15~17절. 참조, 엡 1:23)을 의미하는 것이다. 몸의 영원성과 개인의 운명은 그리스도의 부활을 통해 확실해진다(14절. 참조, 15:20).

6:15~17 그러므로 성령의 사역(참조, 12:13)은 그리스도인의 현재의 운명에 영향을 미치며 그리스도와 연결시켜 주는 역할을 한다(15절). 그리스도를 슬퍼하시게 만들지 않을 그리스도인의 비도덕성이란 것이 존재할까(참조, 12:26)? 결코 그럴 수는 없다.

두 사람의 연합은 단순한 육체적 접촉 이상의 것이다. 비록 일시적인 것이더라도 두 사람을 변화시키는 것은 인격의 결합이다(16절). 바울이 창세기 2장 24절("둘이 한 몸을 이룰지로다")을 인용한 것은 한 남자와 한 매춘부의 결혼한 사실을 확인해 주기 위함이 아니라 죄의 심각성을 나타내기 위함이다(참조, 엡 5:31~32).

이와 마찬가지로 그리스도인과 그리스도의 연합도 양쪽 모두 영향을 미치는 것이며, 서로 영향을 미치지 않고 행동할 수는 없다.

6:18 비도덕적인 문제에 직면했을 때 고린도 교인들은 요셉이 그랬던 것처럼(창 39:12) 그 상황을 피해 달아났어야 마땅했다. 성적인 타락으로부터 피해야 했던 것이다. 비도덕적인 성적 범죄가 중한 죄이기는 하지만 가장 심각한 죄는 아니다(참조, 마 12:32). 그러나 이러한 성적 범죄 행위는 행위자 자신과 그와 관련된 사람들에 대한 범죄다.

"사람이 범하는 죄마다 몸 밖에 있거니와"라는 말은 일부 고린도 사람들이 자주 사용하던 세 번째 변명의 구호로 작용한다(참조, 6:12~13). 그러므로 바울의 답변("음행하는 자는 자기 몸에 죄를 범하느니라")은 고린도 교인들의 기존 생각을 직접적으로 거부한 것이다. 이 부분의 헬라어 문법 구조는 13절의 구조와 유사하다.

6:19~20 바울을 슬프게 만든 사람들에게도 성령께서 거하신다. 성령께서는 모든 그리스도인 안에 내주하시기 때문이다. 19절의 "너희 가운데 계신 성령"이란 구절이 이것을 말해 준다(참조, 12:13; 요일 3:24). 비도덕적인 그리스도인으로 인해 하나님께서도 슬퍼하신다. 하나님께서는 값을 치러 구원하신 사람들로부터(참조, 7:23) 영광 받으시기를 원하는 것이지(참조, 마 5:16), 결코 수치를 원하시지 않기 때문이다. 하나님께서 치르신 값은 '그리스도의 보배로운 피'였다(벧전 1:19).

Ⅳ. 교회의 난제들(7:1~16:12)

바울은 "그런즉 너희 몸으로 하나님께 영광을 돌리라"는 말로 6장을 끝맺는다. 이것은 고린도전서의 네 번째 부분을 지배하는 원리가 된다. 고린도전서의 네 번째 부분에서 바울은 고린도 교회의 몇 가지 문제들, 곧 결혼(7장), 개인의 자유(8:1~11:1), 교회의 질서(11:2~14:40), 교리(15장)에 관해 다루고 있다.

A. 결혼에 대한 가르침(7장)

1. 결혼과 독신(7:1~9)

바울은 6장에서 혼외 성관계가 가져오는 위험성에 대해 언급했다. 7장에서는 결혼한 이들의 성적 의무에 대해 이야기한다. 고린도 교회에 발생한 비도덕 문제는 아마도 부부간의 의무를 회피하려는 태도에서 비롯된 것으로 보인다.

7:1 영어 성경 중에는 "남자가 여자를 가까이 아니함"을 '결혼하지 않는 것'으로 번역한 사례도 있는데, 이것은 헬라어 본문을 과대 해석한 것이다. 이 부분은 개역개정 성경의 번역이 더 원문의 의미에 가깝다. 아마도 바울은 '성교'를 완곡하게 말하기 위해 이러한 표현을 사용한 것으로 보인다(참조, 창 20:6; 잠 6:29). 남자가 여자를 가까이 하지 않는 것이 좋다는

바울의 주장은, 결혼한 사람이라고 할지라도 성관계를 삼가야 한다고 생각했던 몇몇 고린도 교인들로부터 지지를 받았다(참조, 6:12~13). 이에 대한 바울의 답변은 독신이란 좋은 것이지만, 함부로 독신을 추구함으로써 그 가치를 절하시켜서는 안 된다는 것이다.

7:2 그리고 결혼 자체가 성관계와 매우 밀접하게 관련이 있다. 그러므로 하나님께서 주신 은사(참조, 7절) 없이 독신을 지키려고 하는 것은 자칫 비도덕적 범죄를 초래하기 쉽다. 이러한 이유 때문에 바울은 사람들에게 결혼할 것을 권유하는 것이다.

7:3~4 바울은 남편과 아내가 서로를 만족시켜 주어야 할 책임이 있음을 강조함으로써 성관계에 있어서 둘 사이의 동등함과 상호성을 주장하고 있다.

7:5 몇몇 고린도 교인들은 결혼을 했음에도 불구하고 독신을 실천하려고 했다. 이러한 성관계의 억제는 부부 상호간이 아니라 한쪽의 일방적인 결정이다(3~4절). 이러한 독신 실천은 또 다른 성범죄를 초래할 가능성이 있다(5절하. 참조, 2절). 바울은 다음의 세 가지 조건이 충족되지 않는 한 독신 실천은 중단해야 한다고 말한다. 첫째, 성관계의 억제가 남편과 아내 상호 간의 결정에 의한 것이어야 한다. 둘째, 다시 성관계가 재개될 시기에 대한 합의가 서로에게 있어야 한다. 셋째, 이러한 성관계의 억제는 당사자들이 기도하는 일에 온전히 집중하기 위함이어야 한다.

7:6 바울은 이상의 조건이 만족될 경우에는 부부간에 일시적으로 성관

계를 억제할 수 있다고 말한다. 그러나 바울은 이것이 부부 간의 허락을 통해 받아들여지길 원했고, 결코 명령으로써 이뤄지는 것을 원하지 않았다. 그러나 바울이 결혼을 '허락'이라고 말하는 것은 성경 속에 나타난 인간에 대한 최초의 명령인 창세기 1장 28절의 견해와는 어울리지 않는 것이다. 또한 바울의 생각은 그가 성장한 유대 전통과도 맞지 않는다. 유대 전통에서 결혼은 성적으로 장애가 있는 경우를 제외한 모든 사람에게 부여된 의무라고 가르치고 있기 때문이다(미쉬나, *Niddah* 5. 9).

7:7 그러나 바울은 혼자 거하는 행위에 어떤 불명예가 덧붙여지는 것도 원치 않았다(1절). 바울은 독신을 긍정했다. 사실 독신이 매우 훌륭한 것임을 인정하지만, 바울은 모든 사람이 각자의 입장에 서서 독신의 장점들을 따져봐야 한다고 생각했다. 그러나 바울은 결혼을 하는 것, 혹은 독신으로 있는 것이 단순히 이해를 따져서 결정할 문제가 아님을 분명히 말했다. 그것 역시 하나님의 은사이기 때문이다. 그리스도인들을 결혼하게 하시는 분도 하나님이시며, 독신으로 있게 하시는 분도 하나님이다(참조, 마 19:12).

7:8~9 바울은 혼인하지 않았으나 성경험을 가지고 있는 고린도 교인들에게 이미 1~2절에서 언급했던 충고를 적용시킨다(참조, 25절. "처녀"). 여기서 "결혼하지 아니한 자들"이란 과부와 홀아비 모두를 지칭하는 것이다(참조, 39~40절). 바울은 이들에게 하나님의 은사가 있다면 독신으로 지내는 것이 더 적합하다고 권면하고 있다(7절). 바울은 탁상공론만 일삼는 신학자들과는 달리 '사람이 독신으로 지낼 수 있는지 여부를 어떻게 알 수 있는가' 하는 실제적인 문제를 다루고 있다. 바울은 다음과 같이 충고

했다. '만약 절제할 수 없다면 독신의 은사를 받지 못한 것이므로 결혼해야 한다.'

2. 결혼과 이혼(7:10~24)

바울은 결혼한 그리스도인들에게 충고한다. 먼저 그리스도인 부부에 대해서(10~11절), 비신자와 결혼한 그리스도인에 대해서(12~16절), 또한 그리스도인에게 있어서 외적인 육체의 상태와 부르심에 대해(17~23절) 언급한 이후에 24절에서 최종 결론을 내리고 있다.

7:10~11 그리스도인 부부에 대한 바울의 충고는 예수께서 주셨던 가르침과 같다(막 10:2~12). 즉, 이혼하지 말라는 것이다(참조, 마 5:32). 아내에 대하여 사용된 '갈리다'(코리스테나이[χωρισθῆναι])라는 단어(10절)와 남편(11절)에 대하여 사용된 '버리다'(아피에나이[ἀφέναι])라는 단어의 언어적인 차이점은 '갈리다'(코리조[χωρίζω])로 번역된 단어가 방언에서 흔히 '버리다'라는 뜻으로 사용되곤 했던 데에서 비롯된 것으로 보인다(William F. Arndt and F. Wilbur Gingrich, *A Greek-English Lexicon of the New Testament*, 4th ed. Chicago: university of Chicago Press, 1957, p. 899). 그리스도인의 결혼에 어떤 문제가 발생한다면, 그 해답은 이혼이 아니라 화해(참조, 엡 4:32)에서 찾아야만 한다.

7:12~13 "그 나머지 사람들"이란 비신자들과 결혼한 그리스도인들을 말한다. 예수께서는 그의 공생애 기간 중 이 문제에 대해서 언급하신 적이 없다(참조, 10, 25절). 바울은 비록 권위를 가지고 말하지는 않았지만

이 문제에 대해 언급했다(참조, 25절). 일부 사례에서는 이혼이 용인되었던 것으로 보인다. 아마도 이것은 포로 이후에 예루살렘에서 이방인 배우자와 이혼하도록 했던 에스라의 명령에 기인한 것으로 보인다(스 10:11). 바울은 그리스도인 부부의 경우와 마찬가지로, 그리스도인과 비신자 사이의 결혼에 있어서도 역시 이혼은 금지되어야 한다고 주장했다. 그리스도인 남편은 비신자인 아내를 버려서는(아피에토[ἀφιέτω]) 안 되며, 또한 그리스도인 아내도 비신자인 남편을 버려서는 안 된다.

7:14 그리스도인 배우자가 비신자 배우자에게 은혜의 통로가 될 수도 있기 때문에 이혼은 금지해야 한다. '한 몸'을 이뤄 한 그리스도인에게 임한 하나님의 축복이 가족 전체에게 미치게 된다(야곱으로 인해 라반의 가정에 복이 임했다[창 30:27]. 요셉으로 인해 보디발의 집에 복이 임했다[창 39:5]. 참조, 롬 11:16). 이러한 의미에서 믿지 않는 배우자가 거룩하게 되며 자녀들도 깨끗하게 될 수 있다.

7:15 그러나 이혼 금지 규정에는 예외가 있다. 만약 믿지 않는 자가 갈라기를 원한다면 그것은 허용해야 한다. 이런 일이 생긴다면 그리스도인은 이 결혼을 유지하도록 강요해서는 안 되며, 그는 자유로이 다시 결혼할 수 있다(참조, 39절). 바울은 그가 11절에서 말한 것처럼 '결혼하지 말고 지내라'고 하지는 않았다(그러나 몇몇 성경 연구가들은 "구애될 것이 없느니라"는 말은 그리스도인이 이혼을 막을 의무가 없다는 것이 아니라, 다시 결혼할 자유를 주지 않는다는 것을 의미한다고 해석한다).

15절의 두 번째 부분, "그러나 하나님은 화평 중에서 너희를 부르셨느니라"는 구절은 독립된 문장으로 이해할 수 있다. 15절의 서두에서 사용된 것과 동일한 접속사 '그러나'(데[δε])가 반복되어 사용되고 있는데, 이것은 그의 논리가 비약적으로 전개되어 이 단락의 핵심으로 되돌아오고 있음을 보여 주는 것이다. 즉 그리스도인 배우자는 비신자 배우자 사이에서 '화평'을 유지하면서 결혼관계를 지켜 나가야 한다는 것이다(마 19:9에서도 이혼에 대해 언급하면서 비슷한 비약이 나타난다). 바울의 주장의 핵심은 결혼이란 일방적인 관계가 아니라 쌍방의 문제이며, 그리스도인은 화평 속에서 연합을 유지하기 위하여 노력해야 한다는 것이었다.

7:16 바울은 그리스도인이 비신자인 배우자와의 결혼관계를 유지해야 하는 두 번째 이유를 이야기한다. 하나님께서는 그리스도인을 축복의 통로(참조, 14절)로 사용하셔서 믿음이 없는 배우자가 궁극적으로 십자가의 메시지를 믿고 구원을 체험하게 하신다(참조, 벧전 3:1~2).

7:17 그리스도인이 자신의 결혼관계를 어떻게 결정할 것인가 하는 문제를 다루면서 바울은 보편적인 원칙, 간단히 말해서 '그대로 행하라'는 원칙을 세 차례 언급하고 있다(17, 20, 24절. 참조, 26절). 회심은 각 개인의 영적인 관계를 급격하게 변화시키지만, 육적인 관계에 대해서는 그것이 비도덕적인 관계만 아니라면 아무런 영향도 미치지 않는 것이다.

7:18~19 외부적인 할례의 유무나 이와 유사한 신체의 일부의 제거(참조, 외경 마카베오1서 1:15~16)는 하나님의 계명을 지키는 일에서 너무도 보잘것없는 것이다. 우리가 하나님의 계명을 지키는 것은 성령으로 이루어지는 것이다(참조, 롬 2:25~29).

7:20~23 마찬가지로 부여 받은 사명의 지위가 어떠한가 하는 점도 크게 문제 되지 않는다(만약 지위가 변화되었다면 그것으로 좋은 것이며, 그렇지 않더라도 걱정할 일이 아니다). 중요한 것은 그리스도인이 자신을 그리스도의 종으로 인식하고 그에게 순종하는 것뿐이다. 어떤 소명을 부여 받았든지 순종을 통해서만 주님을 섬길 수 있는 것이다(참조, 엡 6:5~8).

7:24 하나님께서는 각 사람을 부르셨고, 우리가 이 부르심 속에서 충실히 섬기기를 원하신다. 이러한 사실이 일하는 사람과 그가 하는 일 모두를 거룩하고 고상하게 만든다. 그러므로 그리스도인은 부르심 속에서 "화평 중에" 거하면서(15절) 하나님께 책임 있는 존재로서 주어진 일을 수행할 수 있는 것이다.

3. 결혼과 사역(7:25~38)

바울이 언급하는 기본 원리는 현 상태로 계속 지내는 것으로, 이것은 한 번도 결혼한 적이 없는 사람들에게 적용된다. 이는 바울에게 던진 질문에 대한 답변으로 제시한 것이다. 바울은 다음의 세 가지 이유 때문에 독신으로 지낼 것을 계속해서 권하고 있다. 첫째, 그리스도를 위한 환난의 때가 가까웠으며(26~28절), 둘째, 그리스도의 재림이 임박했고(29~31절), 셋째, 흐트러짐 없이 그리스도를 섬기는 기회를 얻기 위해서이다(32~35절).

7:25 바울이 말하는 '처녀'란 한 번도 결혼하지 않았음은 물론, 성경험이 전혀 없는 사람을 의미한다. 예수께서는 결혼 자체의 타당성 여부에 대해

특별히 말씀하신 적이 없다(참조, 마 19:10~12, 29). 그러나 바울은 이 문제에 대한 자신의 판단을 제시함으로써 가치 있는 충고를 하고 있다. 물론 그는 성령의 영감에 따라서 이 서신을 쓴 것이며, 따라서 그의 의견은 그리스도의 말씀처럼 권위가 있는 것이다(참조, 7:40).

7:26~28 현재의 위기란 당시에 고린도 교인들이 겪고 있던 어려움이거나(참조, 요 16:33; 딤후 3:12; 벧전 4:12), 곧 그들에게 닥쳐올 것이라고 바울이 예상한 어려움일 것이다(이 경우에 현재의 위기는 '임박한 환난'으로 번역된다). 고린도전서에는 고린도 교회가 당하고 있던 환난에 대한 언급이 없는 것으로 보아서 아마도 바울은 곧 다가올 환난을 염두에 둔 듯하다(참조, 4:8. 고린도 교인들의 상황이 매우 유복했음을 암시). 그런데 바울은 일단 박해가 닥쳐오면 이 무서운 공격에 대해서 결혼한 사람들보다는 독신자들이 더 훌륭히 대처할 수 있을 것이라고 확신했다. 순교에 대한 생각(참조, 13:3)이 독신자들에게 아무리 두려운 것이라 하더라도 배우자와 자녀가 있는 사람들보다는 덜할 것이다. 그렇다고 이런 상황 속에서 결혼이 옳지 않은 것은 아니다. 바울은 결혼해도 죄 짓는 것이 아니라고 말한다("장가 가도 죄 짓는 것이 아니요"). 단지 불편해질 뿐이다.

7:29~31 바울이 독신으로 있는 것이 좋다고 느끼게 된 두 번째 이유는 일시적인 세속으로부터 거리를 둘 수 있는 잠재된 본성 때문이다. 그는 세상적인 것들로부터 멀리할 것을 권하고 있다. "그 때가 단축하여진 고로"라는 말은 주님의 재림을 의미하는 것이지만(롬 13:11), 일시적인 것이 아닌 영원한 것을 위해 산다는 바울의 삶의 철학을 반영하는 것이다(참조, 고후 4:18). 일시적인 것을 멀리해야 한다는 것은 모든 그리스도인들에게

적용되어야 할 것이지만, 결혼한 그리스도인들에게 더욱 복합적인 문제이다(참조, 막 13:12). 결혼한 그리스도인들은 주님을 섬기는 일을 삶의 우선순위에 두어야 한다(눅 14:26). 그렇다고 바울이 결혼에 따른 모든 의무를 포기하라고 권한 것은 아니다(참조, 7:3~5).

바울은 곧 지나가 버리는 이 세상의 제도들, 가치, 일에서 벗어나서(31절), 영원한 것에 헌신하라고 촉구한다. 독신 생활은 이러한 헌신을 훨씬 더 쉽게 해주는 것이다.

7:32~35 독신으로 지낼 것을 주장하는 세 번째 이유는 두 번째 이유로부터 비롯된 것이다. 독신은 결혼한 상태보다 방해가 적으며 정신을 산만하게 만드는 요소도 적다. 그러므로 독신 생활을 하면 다른 곳으로 마음을 나누지 않으면서 주님께 헌신 할 수 있다. 예수께서는 산상수훈에서 하나님께 헌신하는 데 방해가 되는 세상의 물질적인 것에 관심을 두지 말 것을 제자들에게 가르치셨다(마 6:25~34). 가난한 과부는 자신이 가진 모든 물질을 하나님께 바침으로써 헌신했다(막 12:44). 결혼한 남자나 여자는 가정생활에 대한 염려로 주님께 헌신하는 것이 쉽지 않을 것이다. 가정에 대한 여러 의무에 매여 있는 사람보다는 별 다른 의무가 없는 독신자가 주님께 더 많은 시간과 재물을 드리고 자신을 헌신하기 쉽다는 것이 바울의 요점인 것이다.

7:36~38 이 구절은 번역과 해석에 있어서 어려운 점이 있다. 우선 36절의 부정대명사인 '누가'가 아버지를 가리키는 것인지 장래 결혼할 신랑을 지칭하는 것인지 분명치 않다. NIV성경은 현대의 대부분의 주석에 따라 후자를 채택하고 있으나, NIV 난외에는 전자의 견해도 함께 기술하고 있

다. 신랑으로 보는 견해의 강점은, 본 구절에서 사용된 동사들의 주어를 통일성 있게 유지해 준다는 것이다. 그러나 NIV성경에서는 "getting along in years"(혼기도 지나고)의 주어를 'virgin'(처녀)으로 간주함으로써 이 강점을 상실했다. NIV성경의 번역이 이렇게 된 데에는 아마도 신랑이 부적절하게 처신하고 있다고 생각되는 이유(신랑이 결혼을 지연시킴으로써 점점 혼기를 잃어 가는 처녀의 결혼에 부정적인 영향을 미칠 수 있는 처신)를 설명하기 위해서일 것이다.

그러나 이 구절의 주어를 신랑으로 보는 견해는 결혼에 관계된 두 단어, 즉 가메오(γαμέω)와 가미조(γαμίζω)의 의미로 볼 때 어울리지 않는다는 문제가 있다. 이 견해가 성립되기 위해서는 두 단어를 '결혼하다'를 뜻하는 실질적인 동의어로 이해해야 한다. 그러나 이 두 단어가 함께 쓰이고 있는 신약성경의 다른 구절들을 살펴보면 가미조는 '결혼시키다'라는 뜻으로 쓰이고 있으며, 가메오는 단순히 '결혼'의 뜻으로 쓰이고 있다(마 24:38; 막 12:25). 이러한 의미의 차이는 2세기의 작품에서도 찾아 볼 수 있다(아폴로니우스, *Syntax* 3. 153). 그러므로 NIV 난외에서 덧붙이고 있는 대로 주어를 '아버지'로 보는 견해가 더 옳은 듯하다.

바울은 아버지 독자에게 충고하고 있다. 1세기경의 아버지들은 가정 문제를 결정하는 데 있어서 결정적인 힘을 가지고 있었다. 아버지들은 바울이 25~34절에 언급한 것과 유사한 이유로 딸들을 시집 보내지 않기로 결정할 수도 있었다. 그러나 그들은 이러한 결정 때문에 딸들이 독신으로 지낼 수도 있다는 사실을 고려하지 않았다. 자신의 딸에게 독신의 은사(7절)가 없을 수도 있다. 바울은 그럴 경우에는 독신 권유에 대한 의무감을 가질 필요 없이 딸을 결혼시키라고 권유하고 있다. 그러나 다음의 세 가지 조건을 충족시킨다면 아버지는 자신들의 확신에 따라서 딸을 독신으로 머물게 할 자유가 있다(37절). 첫째, 아버지가 딸의 독신의 타당성에 대하여 확신하고 있을 경우다. 둘째, 그가 아버지로서의 권위를 자유롭게 행사할 수 있는 위치에 있을 경우다. 즉, 노예 신분과 같이 주인의 결정에 따라 딸의 운명이 변화될 가능성이 없는 상태를 말한다. 셋째, 딸의 결혼을 승낙해야 한다는 강요가 있는 상황, 즉 자신의 딸이 결코 독신으로 지낼 수 없으며, 결혼하는 편이 더 나을 것이라는 증거들이 존재하는 상황이 아닐 때이다. 이상의 조건이 충족되는 경우라면 딸을 결혼 시키지 않는 편이 더욱 낫다.

4. 재혼과 과부(7:39~40)

7:39~40 앞서 바울은 과부들에게 독신으로 살 것을 권고했다(8~9절). 그러나 모든 과부들이 그렇게 해야 한다고 하지는 않았다. 재혼하기를 원하는 과부에게 바울이 부여한 한 가지 조건은 그리스도인 남자를 찾아 결혼하라는 것이었다(반드시 그리스도께 속한 사람이어야 한다). 바울이 직접적으로 밝히지는 않았지만 이것은 배우자를 찾는 모든 사람에게 적용되는 것임에 틀림없다. 그러나 본 구절은 과부에 초점을 맞추고 있다. 재혼하기를 원하는 과부들은 본인들이 원하는 사람을 만나 결혼해 행복을 얻을 수 있다. 물론 바울은 과부들이 독신으로 남아 있다면 더욱 행복할 수 있다고 덧붙이고 있다. 이러한 충고는 바울 자신의 것이기보다는, 독신이든 결혼했든 간에 상관없이(7절) 각자 주어진 역할을 감당케 하시는 하나님의 영으로부터 나온 것이다.

고린도 교인들이 안고 있던 또 다른 문제는 우상의 제물을 먹는 문제였다. 이 문제에 대한 바울의 답변은 광범위한 반응을 불러일으켰다. 바울은 우상의 제물을 먹을 것인가에 관한 이 특별한 문제는 고린도 교인들의 자기중심적 성향이 반영된 것이며, 이로부터 교회 내 유사한 다른 문제들이 파생되었다고 생각한 것 같다.

고린도 교인들의 견해를 요약해서 보여 주고 있는 두 단어는 자유(엘류테로스[ἐλεύθερος], 9:1, 19; 엘류테리아[ἐλεύθερια], 10:29)와 권리(에쿠시아[ἐξουσία], 8:9; 9:4~6, 12, 18)이다. 본 단락에서 바울은 이 단어들을 사용해서 자신들의 유익(쉼페로스[συμφέρος], 10:24, 33; 12:7. 참조, 6:12)을 구하는 사람들을 사랑하는 일의 중요성을 강조했다. 그들을 사랑하는 방법은 강하게 해주고 세워 주는 것이었다(오이코도메이아[οἰκοδόμεια], 8:1, 10; 10:23; 14:3~5, 12, 17, 26). 8~14장에서는 '자기 우선' 혹은 '타인 우선'이라는 주제와, 이교 예배 및 기독교 예배와 관련한 주제를 일관적으로 다룬다. 참고로 바울은 '자기 우선'이라는 태도 때문에 궁극적으로 하나님으로부터 버림을 받게 되며(아도키모스[ἀδόκιμος], 9:27), 징계를 받게 될 것이라고 덧붙이고 있다(10:5~10; 11:30~32).

1. 우상의 제물과 관련한 그리스도인의 자유(8:1~11:1)

일반적으로 그리스인들과 로마인들은 희생 제사를 드릴 때, 제물 중 일부를 향연에서 사용하기 위하여 일부러 선별해 놓고 나머지를 불살랐다. 때때로 남겨진 고기들이 시장에 매매되는 경우도 많았다. 우상의 제물과 관련하여 고린도 교인들이 가지고 있던 질문은 다음과 같은 것들이었다. 첫째, 희생 제물의 고기를 사서 먹는 것은 허용될 수 있는가? 둘째, 손님으로서 이웃집에서 희생 제물의 고기를 먹는 것이 허용되는가? 셋째, 이교의 사원에서 행해지는 희생 제사와 향연에 참여하여 함께 식사하는 것은 허용될 수 있는가? 바울은 이러한 문제에 각각 대답한다.

a. 형제 사랑의 원칙(8장)

바울은 본문 서두에서 '사랑은 지식보다 우월하다'는 기본 원칙을 제시하면서 문제의 핵심을 파고든다(참조, 13장).

8:1 결혼에 관한 문제를 다룰 때와 마찬가지로, 바울은 고린도 교인들에게 익숙한 '우리가 다 지식이 있다'는 표현을 사용해 논리를 전개한다. 바울은 이러한 표현에 기본적으로 동의하면서도 그 의미를 제한하고 있다. 지식은 여러 문제들에 바르게 대응하기 위하여 필요한 것이지만, 이 지식을 소유하고 있다고 생각했던 사람들은 바울의 지적대로 문제에 바르게 대응하지 못했다.

8:2~3 첫째로, 하나님에 대한 지식은 항상 부분적일 수밖에 없다 (13:12). 둘째로, 참된 지식은 하나님께 이르게 하며, 하나님을 사랑하는 것은 이웃에 대한 사랑으로 나타나야만 한다(참조, 요일 4:20~21).

8:4 우상의 제물을 먹는 독특한 문제에 대한 해결은 이 원칙 아래에서 이뤄져야 한다. 우상은 세상에서 아무 것도 아니며, 하나님은 한 분밖에 없다는 두 가지 진술은 이미 고린도 교인들이 인정하고 있던 내용이자 바울도 전적으로 동의한 사실이다. 오직 한 하나님만 계실 뿐이므로(신 4:35, 39) 우상은 사실상 '아무것도 아니다'(시 115:4~8). 그러므로 우상에게 희생 제물로 바쳐진 음식을 먹는 것도 본질적으로는 그다지 중요한 문제가 아니다.

8:5~6 여러 신비 종교들의 '신들'과 '주님들'을 차치하더라도, 그리스와 로마의 판테온 신전에는 수없이 많은 신들이 있었다. 그러나 참 하나님은 오직 한 분뿐이시다(신 10:17). 만물이 아버지로부터 났으며(창 1:1), 이분이야말로 고린도 교인들의 삶의 목표이시다(10:31). 창조는 주 예수 그리스도에서 비롯되었으며(골 1:16), 이분을 통해 고린도 교인들이 살 수 있는 것이다(12:27; 엡 1:23).

8:7~8 모든 고린도 교인들이 우상은 세상에 아무 것도 아니며 또한 하나님은 한 분밖에 없는 줄 알았다면(4절), 아마도 그들은 아무 거리낌 없이 우상의 제물을 먹었을 것이다. 그러나 사정은 그렇지 못했다. 이 지식이 모든 사람에게 다 있었던 것은 아니었기 때문이다. 일부 그리스도인들의 양심은 진리를 소유하지 못한 까닭에 약해졌다. 이들은 아직도 진리에 대해 무지하였으며 아무 거리낌 없이 우상의 제물을 먹을 수 있는 수준에 이르지 못했다. 이들은 우상의 제물은 악한 것이기에 그것을 먹는 것은 죄라고 생각했다(참조, 롬 14:23). 바울은 이들이 양심의 거리낌을 느끼는 것은 정당하지 못한 것으로 간주하고, 이 문제에 대한 해답은 지식이 아

닌 사랑으로부터 얻을 수 있다고 충고했다.

8:9 바울은 사랑을 통해 충분히 갖추어지지 않은 지식이 사람의 행위를 지배하게 되면 영적인 해로움을 초래할 수 있다고 경고한다. 지식에서 나오는 자유함이 때에 따라서는 영적으로 약한 그리스도인들이 하나님과 동행하는 데 장애물이 될 수도 있는 것이다(참조, 13절).

8:10 바울은 지식 있는 형제가 우상의 집에서 먹는 것을 영적으로 약한 형제가 보게 될 경우를 예로 든다. 이때 영적으로 약한 형제는 아직 하나님 앞에서 깨끗한 양심을 가지지 못한 채로 다만 담력을 얻어서 우상의 제물을 먹게 될 지도 모른다.

8:11 이러한 일이 생긴다면 영적으로 약한 형제의 양심이 마비되어(참조, 딤전 4:2) 옳고 그른 것을 분별하지 못하게 되고(참조, 딛 1:15), 결과적으로 영육 간에 멸망하게 될 것이다(참조, 10:9~10; 롬 14:15). '멸망하다'는 뜻의 아폴뤼타이(ἀπόλλυται)는 종종 육체적 죽음의 의미로 사용되었다(마 2:13; 행 5:37). 그리스도께서 보이셨던 이기심 없는 마음이야말로 지식 있는 자의 표상이다. 그리스도께서 약한 형제를 사랑하셔서 자신의 영광된 자리를 버리고 죽으셨는데(빌 2:6, 8), 강한 형제가 연약한 형제를 위하여 우상의 제물을 먹는 권리를 포기할 수 있어야 하는 것은 당연한 일인 것이다.

8:12 연약한 형제에 대하여 교만한 마음으로 무관심하게 대하는 것은 단순히 그들에게만 죄를 범하는 것이 아니다. 그들의 약한 양심을 상하게

하는 것이기 때문에(참조, 7절) 그리스도께도 죄를 짓는 것이다. 연약한 형제들 역시 그리스도의 몸의 일부를 이루고 있기 때문이다(12:26~27. 참조, 1:30; 마 25:40, 45). 바울은 다메섹 도상에서 이 사실을 강렬하게 경험했다(행 9:4~5).

8:13 결론적으로 바울은 형제에 대한 사랑이 최우선적인 것임을 밝히고 있다. 바울은 지식 있는 자들에 대하여 그들의 권리를 포기하라고 요구하는 대신에, 형제 사랑의 원칙을 스스로 어떻게 적용하는지를 예시로 보여 줬다. 바울은 어느 누구도 실족하지 않기를 원했다(참조, 9절). 오히려 형제들이 굳게 세워지고(참조, 1절) 지식 있는 자들이 사랑으로 실천하기를 원했다.

8장을 마치면서 우리가 짚고 넘어갈 것이 한 가지 있다. 바울은 결코 지식 있는 그리스도인들 중 '영적' 편식이 심한 사람들을 향해 무례한 편견을 가질 자유조차 포기해야 한다고 말하지 않았다는 사실이다. '약한 형제'(11절)란 지식 있는 그리스도인들에 대해 불평하면서 특별한 행동 양식을 따르도록 강요하는 사람들이 아니라, 다른 그리스도인이 보이는 모범을 따르는 사람들인 것이다. 또한 바울은 연약한 형제들이 지식 있는 그리스도인들의 자유를 영원히 속박할 것이라고 생각지도 않았다. '약한 형제'는 언제 어디서나 나타나 괴롭히는 유령과 같은 존재가 아니라, 교육을 통하여 함께 자유를 누리도록 인도되어야 할 사람들인 것이다(갈 5:1).

b. 특권의 규제(9:1~10:13)

(1) 바울의 긍정적인 예(9장)

바울은 고기를 먹음으로써 형제를 실족케 한다면, 차라리 채식주의자가 되어서 형제들이 다치지 않도록 하겠다고 말하면서 자유에 관한 그의 충고를 마무리 지었다(8:13). 이어서 바울은 먹고 마시는 권리에 있어서 그가 가르쳤던 것을 어떻게 스스로 실천하고 있는가를 예증한다. 그의 사도성에 대한 의심이 생겨나기 시작한 상황을 보여 주는 듯하다. 바울은 다음 서신에서 자신의 사도성을 강하게 옹호한다(참조, 고후 10~13장). 그는 고린도전서 8장에서 제시된 원칙을 그의 사도성에 대한 논쟁과 관련해 솜씨 있게 다루고 있다. 바울의 사도성에 대한 논쟁의 씨앗은 그가 양육했던 사람들이 보내오는 물질적 후원을 계속해서 거부한 행동에서 비롯됐다. 바울은 그의 사역이 돈에 대한 욕심 때문이라는 비난이 없도록 물질적 후원을 거절했다(참조, 고후 2:17).

9:1~2 바울은 사도로서 자신의 위치가 자유와 권리를 누리던 지식 있는 그리스도인들의 위치와 비슷하다고 확신했다. 1절의 네 가지 질문은, 일부 고린도 교인들이 그 중 한 가지 이상을 부인하기는 했지만 수사학적으로 긍정적인 대답을 예상하고 제시한 것이다. 셋째와 넷째 질문은 사도의 권위에 관련된 것인데, 바울은 특히 넷째 질문을 셋째 질문보다 훨씬 더 중요하게 생각했음이 분명하다. 왜냐하면 고린도후서에서 사도직에 대한 변호 중, 바울은 주를 본 것(참조, 행 1:21)에 대해서는 한 번도 언급하지 않고 9장 2절의 주제인 '그리스도인들이야말로 그의 사도직을 증명하는 것'이라는 주장을 펼쳤기 때문이다(고후 3:1~3; 5:12; 7:14~16; 8:24).

9:3 자신의 사도직에 대한 바울의 변호는 뒤로 후퇴하는 것(1~2절은 그가 의도적으로 포기한 권리가 그에게 본래 있었던 것임을 보여 주는 것이다)이 아니라 계속 전개되고 있었다(4~23절). 바울의 변호는 그가 교회의 물질적인 후원을 받을 권리가 있었음에도 불구하고 왜 이 권리를 포기했는지를 설명하고 있다(1~2절). 이것은 마땅한 권리를 가지고 있는 지식 있는 형제들이 그들의 권리를 어떻게 누려야 할 것인가에 대한 긍정적인 예이기도 하다(8장).

9:4~6 여기서 사용된 권리라는 단어는 8장 9절에서 자유라고 번역된 것과 동일한 단어인 에쿠시아(ἐξουσία)이다. 9장은 우상의 제물이 아닌 일반음식에 대해서 다루고 있지만, 이 단어가 8장과 9장을 내용적으로 서로 연결하고 있다. 이러한 수사학적인 의미가 더 밝혀지려면 4~5절에 '교회의 비용으로'라는 어구가 덧붙여져야 한다(참조, 마 10:10~11). 당연한 권리를 포기한 것은 바울뿐이 아니다. 바나바도 같은 행동을 취하고 있었다. 바울과 바나바의 이러한 행위는 이들의 제1차 전도여행의 성격을 보여 준다(행 13~14장). 바울과 바나바가 결별한 후에도 이와 같은 관행이 여전히 지속되었음이 분명하다.

9:7 여기서 바울은 사도들뿐 아니라 교회 안의 모든 사람에게 적용되는 유지의 권리를 하나의 원칙으로 제시한다. 그는 여섯 가지 면에서 이것을 보여 주고 있다. 첫째는 관습적 측면이다. 병정, 농부 및 목자는 자신의 일에 대한 정당한 대가를 받게 되어 있다.

9:8~10 둘째로, 구약성경 자체가 보상의 원칙을 밝히고 있다. 여기서

바울이 인용하고 해석한 내용은 많은 주석가들에게 혼란을 가져다 주었다. 바울은 "곡식을 밟아 떠는 소에게 망을 씌우지 말라"는 구절을 인용한 후, "하나님께서 어찌 소들을 위하여 염려하심이냐"라고 묻는다. 그 이유는 무엇인가? 그가 구약성경의 의미를 바꾸어 사용한 것은 아닐까? 루터는 소들은 글을 읽을 수 없고 말씀 또한 읽을 수 없으므로, 이 구절은 소에게 해당된 것이 아니기에 바울의 견해가 옳다고 논증했다. 그러나 이로써 모든 문제가 해결된 것은 아니다. 아마도 이 문제의 해답은 바울이 인용한 신명기 25장 4절의 전체 맥락에서 얻을 수 있을 것이다. 신명기 25장은 짐승들을 기르는 문제에 대한 설명이기보다는 인간관계를 설명하고 있는 것이다. 그러한 맥락에서 곡식을 밟아 떠는 소에게 망을 씌우지 말라는 것은 보상에 관한 격언적 표현이며, 이에 대해 바울처럼 이해하고 해석하는 것이 적합하다. '늙은 개에게 새 기술을 가르칠 수는 없다'라는 현대의 격언이 정말 개에 대해서 말하는 것이 아니라 다른 상황에 적용되는 것과 마찬가지이다.

9:11 바울이 제시하는 셋째 근거는 신명기 25장 4절에 대한 논의와 10절에서 파생된 것으로서 공동체의 상호성이라는 기본 원칙에 관련된 것이다. 공동체의 상호성 원칙이란, 유익한 봉사는 보상하는 것이 마땅하다는 것을 뜻한다. 바울이 고린도 교인들에게 영적인 부유함을 가져다 준 것이 사실이라면(1:5), 이에 대한 물질적 보답을 기대하는 것은 결코 지나치지 않다는 것이다.

9:12 바울은 넷째로 다른 그리스도인들의 선례를 들고 있다. 바울은 앞에서 이미 베드로(게바)의 사역을 암시했다(5절). 확인된 것은 아니지만,

베드로가 고린도에서 사역한 적이 있으며(참조, 1:12; 3:22; 15:5) 그 기간 중에 고린도 교회의 물질적 지원을 받았음을 짐작해 볼 수 있다. 아볼로 의 경우도 마찬가지다(1:12; 3:4~6, 22; 4:6; 16:12). 고린도 교회가 베드로 와 아볼로를 물질적으로 후원한 것이 사실이라면, 고린도 교회의 설립자 인 바울이 물질적으로 부양받을 권리가 있음은 너무나 당연한 일이다.

그러나 바울은 사람들이 그리스도의 복음에 이르는 데 아무런 장애 가 없게 하기 위하여 이 권리를 행사하지 않았다(참조, 8:9). 바울이 자신 의 사역에 대하여 물질적인 보상을 받았다면, 몇몇 사람들은 바울이 물 질적 이익을 추구하는 순회 전도사에 불과하다고 비꼬면서(참조, 고후 2:17) 그에게 배우기를 거절했을 것이다. 그 누구에게도 "걸려 넘어지게 하 는 것"(8:9)이 되기를 원치 않았으므로, 바울은 자신이 양육했던 사람들 로부터 지원받을 권리를 포기했던 것이다.

9:13 바울은 경제적 보상를 받을 권리의 근거들을 제시하는 일을 잠시 멈춘다. 그리고 그리스도의 다른 종들이 누리고 있는 이 권리를 왜 자신 은 거절하였는가에 대해 설명했다(5절). 바울은 자신의 권리를 뒷받침하 는 보상의 예로서 제사장들의 관행을 언급하고 있다. 구약의 제사장들은 자신들의 섬김에 대한 보수를 받았으며(민 18:8~32), 이 관행은 고린도 교 인들에게 친숙한 이교도 제사장의 경우에도 존재했다(참조, 8:10).

9:14 바울은 자신의 권리를 뒷받침하는 여섯 번째의 근거를 가장 비중 있게 다루고 있는데, 그것은 복음을 전하는 자들은 복음으로 살 것이라 는 예수의 교훈이다(눅 10:7).

9:15 경제적 보상을 받을 수 있는 권리에 대한 논증과 함께, 바울은 고린도 교회와의 관계 속에서 자신의 권리를 확실하게 규정하고 있다. 그런데 바울은 자신이 이 권리를 거부하고 있음을 다시 한 번 강조하였다(참조, 12절). 바울은 12절에서 자신이 그 권리를 거부하는 이유 중 하나가, 그의 사역이 물질적인 동기에서 출발했다는 오해의 어떠한 구실도 주지 않기 위함이라고 밝혔다. 15절에서는 첫째 이유와 관련한 두 번째 이유를 제시한다. 자신의 헌신적인 사역의 진실됨을 인정받고자 함이다(참조, 고후 11:9~12). 바울에게 자랑이 있다면, 그가 마음으로부터 우러나오는 기쁨과 자유함 속에서 사역했다는 사실이다(참조, 고후 2:17).

9:16 바울이 사역을 감당하게 된 '소명'은 매우 독특한 것이었다. 다른 이들이 자발적으로 그리스도를 따르라는 부르심에 응답한 것에 반해(막 3:13; 요 1:37~39), 바울은 이 부르심 앞에서 거의 죽을 지경이 될 만큼 고생을 겪었다(행 22:6~10). 요나처럼 바울은 억지로 설교하게 되었으며(참조, 1:17), 요나처럼 이 사명으로부터 도피할 때 화를 얻은 것이다.

9:17 "내가 내 자의로 이것을 행하면"이라는 조건은 바울에게는 타당하지 않은 것이다. 그래서 바울은 자신에게 주어진 진리의 말씀을 선포한 이래로 특별한 보상을 결코 요구하지 않았던 것이다(참조, 눅 17:10).

9:18 그렇다고 해서 바울에게 아무런 보상도 없는 것인가? 그렇지 않다. 첫째로 그는 값없이 복음을 전한 일을 자랑스럽게 여겼고(15절), 이 사실을 그 누구도 부인할 수 없었다(참조, 고후 11:9~10). 둘째로 바울은 자신이 복음을 전한 사람들 사이에서 복음의 사역이 크게 일어나고 있는 것

을 보았고(19, 23절), 그렇게 해서 믿는 자들이 생겨나는 것 자체가 곧 바울의 상급이었다(참조, 고후 7:3~4). 여기서 '상'으로 번역된 미스토스(μισθός)는 '급여'를 의미하기도 한다. 바울이 비록 경제적인 보상을 거부하기는 했지만 그의 수고에 대한 대가가 없는 것은 아니었다. 그는 추수하는 기쁨을 누리고 있었던 것이다. 영적 추수의 양을 늘리기 위해서 바울은 경제적 보상을 받을 권리를 기꺼이 포기했다. 바울의 목적은 자신의 사역에 대한 긍지와 사역의 열매를 만끽하는 데 있었기 때문이다(참조, 요 4:36).

9:19 바울이 그의 권리를 유보한 것은 단지 먹고 마시는 데만 국한된 것은 아니었다. 바울은 지식 있는 그리스도인들은 영적으로 연약한 형제를 위하여 사랑으로 자신들의 권리를 유보하는 태도를 취해야 한다고 말한 바 있다(8:9~13). 바울의 이러한 태도를 그의 사역의 여러 부분에 적용했다. 그래서 그는 자유의 몸이었으나(엘류테로스[ἐλεύθερος]. 참조, 9절 8:9) 스스로 종이 되었다(참조, 빌 2:6~7). 이는 더 많은 사람을 얻고자 함이었다(22절; 10:33).

9:20 비록 바울이 이방인의 사도이기는 하나(갈 2:8), 결코 자기 동족의 구원에 대한 관심을 버린 적이 없었다(롬 9:3). 바울은 유대인을 얻기 위하여(롬 1:16) 방문하는 도시에서 반드시 유대인의 회당을 찾곤 했다(행 17:2). 회심 사건 전후를 통틀어서, 이 본문만큼 바울의 자의식을 완벽하게 설명해 주는 구절이 없다. 그리스도를 만나기 이전 바울은 율법의 의에 관해서 흠이 없는 유대인(유대인들이 생각하는 전형으로서의 유대인)이었다(빌 3:6). 그러나 그리스도를 만난 이후 바울은 새사람이 되었으며

(고후 5:17; 갈 2:20), 그리스도 안에서 그가 찾던 진정한 의를 발견했다
(1:30; 롬 10:4). 그는 여전히 히브리인이기는 하였으나(고후 11:22; 빌 3:5),
더 이상 율법에 따라 살지 않는 유대인이었다("내가 율법 아래에 있지 아
니하나"). 그러나 바울은 유대인들에게 복음을 전하고 그들을 그리스도
께로 인도하기 위하여, 유대인들이 그리스도 신앙을 받아들이는 데 갖는
망설임(참조, 행 21:23~36)을 존중하고 맞춰 주었다. 그러나 바울이 구원
은 행위가 아닌 믿음을 통하여 얻어진다는 사실(갈 2:16; 엡 2:8~9)과 율
법으로부터의 자유(갈 2:4~5)라는 복음의 정수를 포기하고 타협한 것은
결코 아니었다.

9:21 이방인들은 율법 아래에 있던 유대인들(20절)과는 대조적으로 '율
법 없는 자들'이었다. 이방인들 속에서 바울은 도덕적으로 대수롭지 않
은 규제들, 예를 들어 우상의 제물을 먹어서는 안 된다는 것과 같은 규제
들(10:27. 참조, 행 15:29)을 포기했다. 이방인들을 그리스도께로 인도하
기 위함이었다. 비록 그가 자유를 강력히 옹호하기는 하였으나(갈 5:1), 도
덕적, 종교적으로 무분별한 자유주의를 옹호한 것은 결코 아니었다(참조,
6:12~20). 바울은 그리스도의 권위 아래 있기는 했지만, 구약의 율법에
매여 있지는 않았다. 그는 하나님에 대한 책임(참조, 3:9)과 그리스도에 대
한 책임(참조, 4:1)을 지고 있었으며, 성령의 도움으로 사랑의 율법을 실천
하고 있었다(롬 13:8~10; 갈 5:13~25). 이것은 법이 없는 상황과는 반대의
상태였다(참조, 마 24:12, 율법은 사랑을 식게 하기 때문에, 율법이 폐하
는 곳에 사랑이 생긴다). 그리스도의 법(갈 6:2)이란 하나님과 사람을 사
랑하는 법이며(막 12:30~31), 이 법이야말로 바울이 복종해야 할 법이다
(10:31~33).

9:22 바울은 유대인과 이방인에 대해 언급하면서 비신자들에게 복음을 전하기 위하여 자기 스스로 자유를 억제한다고 말했다. 그가 말한 '약한 자들'은 비신자인 유대인과 이방인을 모두 지칭하기에, 22절이야말로 앞서 바울의 확신을 요약하는 것이라는 견해가 있다(참조, 롬 5:6. 약한 자들은 '경건하지 않은 자'를 지칭한다). 그러나 바울이 여기에서 염두에 두고 있는 것은 8장 9~11절에서 언급한 연약한 고린도 교인들이라고 보는 것이 더 타당할 것이다(바울은 10장 32절에서 "유대인에게나 헬라인에게나 하나님의 교회에나"라고 언급하고 있다). 바울의 관심은 믿음이 없는 유대인이나 이방인들이 칭의에 이르는 것보다는(9:20~21), 고린도 교인들이 그리스도 안에서 성숙하고 성화되는 것에 있었다(참조, 마 18:15). 곧 그들의 삶 속에서 하나님의 역사가 계속 될 수 있도록 그들을 구원하는 것이었다(참조, 5:5; 8:11). 바울은 '모든 사람'(19절)의 관습과 규약에 스스로 복종했지만, 이것은 그때그때의 판단에 따라 이뤄졌다. 유대인과 이방인의 기호를 동시에 만족시킨다는 것은 불가능했기 때문이다.

9:23 바울이 자발적으로 이러한 태도를 취한 이유는, 복음을 최대한 넓게 전파함으로써 사람들이 하나님의 동역자로서 복음의 소식을 듣고 축복을 나누고자 함이었다(3:9). 이 축복은 많은 이들을 그리스도께로 돌아오게 하는 기쁨이 넘치는 추수인 것이다(참조, 요 4:36).

9:24~25 사역에 대한 이와 같은 바울의 헌신은 결코 쉽게 이뤄지지 않았다. 바울의 헌신은 자기 분야에서 우승을 얻고자 하는 운동선수의 경우처럼 엄격한 자기 훈련이 필요했다(참조, 15:10), 이 목표에 도달하기 위하여 바울은 자신의 특권들을 포기했으며 그 결과 상을 얻게 되었다.

바울에게 주어진 상은 사람들에게서 받는 일시적인 면류관(스테파논 [στέφανον])이 아니다(고린도 근방에서는 2년에 한 번씩 경기가 개최되었으며, 여기에서 주어진 면류관은 소나무 가지로 엮은 것이다). 그리스도께서 주시는 영원한 면류관이다(3:13~14; 고후 5:10). 이 면류관은 바울이 부분적으로 누렸던 보상들의 완성이며(18절), 그가 그리스도께 인도한 사람들은 그리스도 앞에서 그의 자랑이 될 것이다(고후 1:14; 빌 2:16; 살전 2:19).

9:26~27 "여러 사람에게 여러 모습이 된 것"(22절)이라는 바울의 표현은 지조 없는 사람의 막연한 굴복으로 이해될 수도 있다. 그러나 사실은 이와 정반대이다. 그의 모든 경주는 상을 얻기 위한 목적에 초점을 맞추고 있었다(참조, 빌 3:13~14). 바울 자신에 대한 모든 채찍질은 곧 그의 적에게 일격을 가하는 것이었으며, 적들이 비틀거리며 물러나게 만드는 것이었다(참조, 엡 6:12; 약 4:7). 이 목적을 위해서 바울은 육체가 자신을 지배하지 못하도록 했다(참조, 6:12). 바울은 더 큰 유익을 위해서(10:33) 그의 위치에서의 정당한 특권들과 육체의 즐거움을 요구하지 않았던 것이다(8:9).

바울은 혼자서만 훌륭한 경주자로 단련한 것이 아니다. 많은 이들을 자신의 경주에 동참하도록 촉구했다('전파한'으로 번역된 케뤼사스 [κηρύξας]는 경쟁자에게 경주에 출전할 것을 요청하는 전령을 나타내는 명사이다). 그러나 이것이 바울에게 영광스러운 승리를 보장하는 것은 아니었다. 그는 오히려 자신이 상에서 제외될 수 있음을 인정했다. 아도키모스(ἀδόκιμος)는 문자적으로 '승인되지 않은'을 의미한다. 이 단어는 다른 문맥에서 구원받지 못한 사람들을 지칭하고 있다(참조, 롬 1:28; 딛 1:16).

여기서 바울이 염두에 두고 있는 것은 구원이나 상에 관한 문제가 아니다. 바울은 계속해서 경주에 임할 수 있을지에 대해 염려했다. 비도덕적인 문제에 빠졌던 형제들처럼(5:1~5), 바울의 삶도 하나님의 징계의 채찍으로 짧게 종료될 수 있는 것이었다. 과거에 징계하신 하나님(10:6~10)께서는 현재도 징계하고 계시며(11:30~32), 곧 다가올 미래에도 징계하실 것이다(5:5). 바울은 언젠가 "선한 싸움을 싸우고 나의 달려갈 길을 마치고 믿음을 지켰으니"(딤후 4:7)라고 고백하지 못하고, 하나님의 징계에 의하여 믿음의 경주에서 제외될 수도 있다는 사실을 염려했다.

(2) 이스라엘의 부정적인 예(10:1~13)

10:1 고린도 교인들은 자신들처럼 복을 받은 사람들은 하나님의 궁극적인 징계를 받지 않을 것이라고 생각했다(1:5). 이에 바울은 하나님으로부터 엄청난 복을 받았지만, 동시에 하나님으로부터 철저한 징계를 받았던 한 민족을 예로 든다. 바로 이스라엘이다. 애굽의 전제정치로부터 벗어나 영육 간의 자유를 얻은 옛 이스라엘은 무모하고 무절제했다. 그 결과 하나님께서는 많은 이스라엘 백성을 멸하시는 큰 징벌을 내리셨다. 이스라엘 백성은 모두 경기에 임했지만(9:24), 그들의 특권에도 불구하고 거의 모두가 중도 탈락했다(9:27).

이스라엘에게 주어진 특권은 다섯 가지였다. 첫째, 출애굽 가운데 모든 이스라엘 백성은 구름 기둥을 통한 초자연적인 인도하심(출 13:21)과 보호하심(출 14:19~20)을 경험했다. 고린도 교인들도 이와 유사한 하나님의 인도(참조, 눅 1:79)와 보호(참조, 벧전 1:5)를 체험했다. 둘째, 모든 이스라엘 백성이 바다를 육지처럼 건넜으며 자신들의 생명을 앗아가려는 적들로부터 기적적으로 구원을 받았다(출 14:21~28). 고린도 교인들도 구원이라는 기적적인 체험을 경험했다(참조, 히 2:14~15; 갈 1:4).

10:2 셋째, 모든 이스라엘 백성은 모세에게 세례를 받았다. 즉, 그들의 영적 지도자인 하나님의 종 모세와 연합하여 여호와를 믿게 되었다(출 14:31. 참조, 요 5:45). 고린도 교인들도 세례를 받아 그리스도와 한 몸이 되었으니(12:13), 그리스도야말로 머리이시며(엡 1:22) 그들의 신앙의 대상이었다(마 12:21; 엡 1:12).

10:3 넷째, 이스라엘 백성은 하늘로부터 온 초자연적인 신령한 음식을 먹었다(출 16:4, 15). 이와 마찬가지로 고린도 교인들도 하늘로부터 주어진 음식을 먹었다(참조, 요 6:31~34).

10:4 다섯째, 이스라엘 백성은 광야에서 신령한 음료를 마셨다(출 17:6). 바울은 그리스도께서 이러한 초자연적인 음료의 근원이시라고 한다. 바위에서 물이 솟아난 사건은 이스라엘의 광야 생활의 시작(출 17:1~7)과 마지막(민 20:1~13)을 의미하는 것이다. 바울은 광야 생활 동안 신령한 음료의 근원 되신 그리스도께서 그들과 동행하신 것이라고 결론짓는다. 그리스도는 고린도 교인들에게 초자연적 생수의 근원이 되시는 것이다(참조, 요 4:10~14).

바울은 이스라엘이 누린 다섯 가지 축복을 통하여 세례(1~2절)와 성만찬(3~4절) 의식을 암시한 것으로 보인다. 고린도 교인들은 세례와 성만찬이 신비 종교의 의식처럼 마술적인 힘을 가지고 그들을 보호한다고 생각했던 것 같다. 고린도 교인들은 세례와 성만찬에 대하여 왜곡된 견해를 가지고 있었을 뿐만 아니라 잘못 집행하고 있었으므로(참조, 11:17~34;

15:29) 시정될 필요가 있었다.

10:5 구약의 이스라엘 백성은 초자연적인 복을 누리고 있었지만, 그 복이 경주에서의 자동적 성공을 만들어 주는 것은 아니었다. 그들의 다수(여호수아와 갈렙을 제외한 모든 사람)가 특별한 권리들이 있음에도 하나님의 진노를 받아서 광야에서 멸망했던 것이다(민 14:29). 이러한 맥락에서 봤을 때 스스로를 단련한다는 바울의 고백(9:27)은 진정성이 있다. 모세조차도 상급을 얻지 못했기 때문이다(민 20:12).

10:6 자기 훈련의 필요성을 느끼기는커녕 자기만족에 도취되어 방종에 빠져 있던 고린도 교인들에게 즉각적인 치료가 필요했다. 과거의 이스라엘의 예에서 볼 수 있듯이 그리스도인의 자유는 방종을 의미하기보다는 사심 없는 봉사를 뜻하는 것이었다(참조, 갈 5:13).

바울은 애굽으로부터 벗어나 새로운 자유를 누리던 이스라엘 백성의 다섯 가지 축복을 언급하면서, 이들이 당시에 저지른 다섯 가지 실패를 지적했다. 우선 바울은 애굽에서의 안락한 삶에 대한 이스라엘의 욕망을 지적한다. 이스라엘 백성은 "우리에게 고기를 주어 먹게 하라"고 불평했다(민 11:4~34, 13절). 하나님께서는 이들이 원하던 고기를 주셨다. 그러나 고기를 미처 씹기도 전에 큰 재앙으로 그들을 치셨다. 이스라엘 백성은 재앙으로 죽은 이들의 공동묘지를 "기브롯 핫다아와"(탐욕의 무덤)라고 불렀다(민 11:34). 이스라엘의 실패의 예가 고린도 교인들에게 적용될 것이라는 사실은 너무나 분명하다(참조, 8:13).

10:7 둘째로 많은 이스라엘 백성은 우상숭배를 함으로써 실패하였고(출

32:1~6), 그들의 생명을 대가로 지불했다(출 32:28, 35). 확실히 몇몇 고린도 교인들은 단순히 이교 신전의 육류에만 관심이 있었던 것은 아니었다. 그들은 이교의 우상숭배에도 관심이 있었다(8:10; 10:4). 바울은 아무런 처벌도 받지 않고 우상숭배에 참여했던 그리스도인들에게 이스라엘의 예를 보여 주었다. 하나님께서 개입하셔서 그들을 심판하시기 전에 그들의 잘못된 행동의 기초들을 무너뜨리기 위함이다(12절).

10:8 특권을 누리고 있던 이스라엘 민족의 세 번째 실패는 성적 비도덕이었다. 이스라엘의 경우 간음죄는 우상숭배와 밀접한 관련이 있었고(민 25:1~2), 고린도전서가 쓰여진 AD 1세기에 성적 문란은 이교 예배 의식의 주요한 특징이었다. 그러나 고린도 교인들의 성적 비도덕은 고린도전서 5장 1절과 6장 18절에서 보여 주는 대로 우상숭배와는 좀 더 다른 맥락에서 발생하였다. 이스라엘 백성 중 성적으로 비도덕한 자들을 멸하신 하나님께서는(민 25:4~9), '모든 것이 가하다'(6:12; 10:23)고 생각하는 방임주의자들을 깨우치시기 위하여 당시 이스라엘 백성에게 하신 것과 같은 일을 고린도에 행하실 수 있었다(5:5).

민수기 25장 9절에 의하면 이 사건으로 죽은 사람의 수가 2만 4천 명인 반면, 바울은 2만 3천 명으로 기록하고 있다. 이 숫자의 불일치를 해결할 수 있는 열쇠는 '하루에'라는 표현에 있다. 모세를 비롯한 대부분의 이스라엘 백성은 재판관들에 의하여 죽임을 당한 사람들(민 25:5)과 역병으로 죽은 사람들을 애도했다. 반면 비느하스가 성적 비도덕을 저지른 이스라엘 남자와 모압 여자를 창으로 죽임으로써(민 25:6~8), 부정한 이스라엘에 대한 하나님의 징계는 멈추고 역병으로 인한 죽음도 그쳤다. 이때까지 죽은 사람이 2만 4천 명이었다. 그러므로 2만 4천 명이라는 숫자는 죽은 자의 총 합인 것이다.

한편 민수기의 2만 4천 명은 숫자가 백성의 지도자를 포함한 수치이며 (참조, 민 25:4), 바울의 기록은 이들을 제외한 숫자라고 해석하는 설명도 있다.

10:9 이스라엘의 네 번째 실패는 가나안으로 인도하시는 하나님의 계획과 목적에 의구심을 던진 것이다. 그 결과 그들은 뱀에게 멸망당했다(민 21:4~6). 고린도 교인들은 하늘로 인도하는 길을 하나님보다도 더 잘 안다고 생각한 것일까(참조, 1:18~3:20)?

10:10 이스라엘의 다섯 번째 실패는 하나님의 사자들인 모세와 아론에게 원망했던 일이다. 이일로 이스라엘 백성은 하나님의 징계를 받아 멸망했다(민 16:41~49). 고린도 교회의 분열이 가중되어 바울도 이와 유사한 상황에 직면한 것은 아니었을까(참조, 1:11; 4:18~19)? 이상에서 언급된 여러 실패들은 모두 고린도 교회가 직면했던 우상의 제물을 먹는 문제에 내포된 것들이다.

10:11 하나님께서 이스라엘을 어떻게 대하셨는가 하는 것은 바울에게는 역사적 호기심 이상의 문제였다. 이스라엘 백성이 당한 일들은 고린도 교인들에게 거울과(참조, 6절) 경고가 되는 것이다. 하나님께서는 이스라엘 백성과 그러셨듯이 고린도 교인들과 관계를 맺고 계시며, 마지막 때에 자기 백성의 삶에 관여할 분이시다. 또한 하나님은 이스라엘 백성을 죽음으로 징계하셨듯이 고린도 교인들을 징계하실 수 있는 분이다(참조, 11:30).

10:12 그러므로 고린도 교인들이 죄 가운데서도 아무런 처벌을 받지 않고 그리스도 안에 서서 자유를 누릴 수 있다고 생각한다면 매우 크게 잘못된 것이다.

10:13 고린도 교인들이 의지하고 있는 거짓 안정성의 기초에 대해 비판한 바울은 고린도 교인들이 의지해야 할 한 분을 제시한다. 고린도 교인들에게 닥친 시험은 사람들이 항상 당해온 것들이다. 고린도 교인들은 미쁘신 하나님을 의지함으로써 이 시험에 대처할 수 있다. 고린도 교인들이 안고 있던 문제 중 하나는, 시험 당한 사람들이 인내함으로써 벗어날 길을 찾지 않고 시험에 빠져드는 데에 있었다.

c. 우상의 제물(10:14~11:1)

10:14~15 바울은 '그런즉'(디오페르[διόπερ])이란 용어를 서두에 내세움으로써 우상의 제물을 먹는 문제에 그리스도인의 자유를 적용하고 있다. 그는 세 가지 면에서 충고하고 있다. 첫째로 우상의 신전에서 고기를 먹는 문제(14~22절. 참조, 8:10), 둘째로 시장에서 파는 고기의 문제(10:25~26), 셋째로 집에서 고기를 먹게 되는 경우(27~30절)이다. 바울의 첫 번째 충고는 "우상숭배하는 일을 피하라"는 단순하고도 명확한 것이었다(참조, 6:18. "음행을 피하라"). 바울은 앞으로의 수사학적 질문들을 통해 고린도 교인들처럼 지혜 있는 사람들(참조, 4:10)이 바울의 의견에 동의하게 될 것이라고 믿었다.

10:16~17 바울은 주의 만찬에 대해 앞서 언급했던 요점들(5:6~8)을 되

풀이하고 있다. 그리스도인들은 주의 만찬에 함께 참여함으로써 자신들의 통일성 및 그리스도의 피와 몸에 참여함(코이노니아[κοινωνία: 친교])을 확인한다. '모든 사람이 한 떡에 참여한다'는 것은 성도들이 그리스도의 한 몸으로서 통일성을 가지고 있음을 나타내는 것이다.

10:18 이스라엘의 제사와 마찬가지로, 제단에 참여하는 사람은 드려지는 제물과 동일시 된다.

10:19~21 이교의 제사도 마찬가지다. 우상은 아무 것도 아니며(8:4. 참조, 시 115:4~7), 이교의 배후에는 궁극적 실체인 사탄이 있는 것이다. 이방인이 드리는 제사는 사탄에게 하는 것이지 하나님께 하는 것이 아니다. 소위 '이 시대의 신'은 자신의 추종자들을 통하여 비신자들의 눈을 어둡게 하고 진리에서 벗어나게 만든다(고후 4:4). 하나님과 벨리알(고후 6:15)은 결코 조화될 수 없다. 그러므로 하나님의 성전인 그리스도인들(3:16; 6:19)은 우상의 성전이 된 사람들을 멀리 해야만 한다(참조, 고후 6:14~18). 물론 우상 자체가 무능한 것이므로 그들과 접촉한다 하더라도 이교도들의 마술적인 힘에 의하여 악한 일을 당하지는 않는다. 그러나 이교도들의 부패한 성품은 믿는 자들에게 큰 피해를 끼치게 될 것이다(15:33). 사탄과 교제한다는 것은 그리스도에 참여하는 자들에게 결코 상상할 수도 없는 일이다(21절. 참조, 16절).

10:22 무엇보다 사탄의 제사에 참여하는 것은 하나님을 노엽게 하는 일이다(참조, 신 32:21). 소위 '강한' 고린도 교인(8:7~10)이야말로 이스라엘이 받은 것과 동일한 징계를 자초하는 것 아니겠는가(7절; 출

32:28, 35)?

10:23~24 6장 12절에서의 '모든 것이 가하다'는 자유의 원칙은 형제 사랑의 원칙에 기반해야 한다. 유익하지 않거나 건설적이지 않은 행위들 및 형제들에게 덕을 세우지 못하는 행위들은 억제해야 한다.

10:25~26 그리스도인이 가정에서 먹을 목적으로 시장에서 고기를 사는 경우에 있어서 바울은 아무런 망설임 없이 자유롭게 선택해서 사도록 권면했다. 모든 것이 하나님께 속하였으므로(시 24:1), 하나님께서 깨끗하게 하신 것을 그 누구도 더럽힐 수 없기 때문이다(참조, 행 10:15).

10:27~30 바울은 그리스도인이 다른 사람의 집에 초대를 받은 경우에는 무엇이든지 묻지 말고 먹으라고 권한다. 그러나 만약 함께 참석한 다른 믿는 형제가 차려진 음식이 우상의 제물임을 주장한다면(참조, 8:7~13), 지식 있는 그리스도인은 약한 형제의 양심을 고려해서 그 음식 먹기를 사양해야 한다. 비록 거리낌 없이 자유롭게 먹는 것이 옳기는 하지만, 그 행동 때문에 아직 양심의 거리낌이 있는 약한 형제가 왜 자유롭게 먹을 수 있는지 미처 깨닫지 못한 채로 따라서 먹게 만들어 죄를 짓게 할 수 있기 때문이다(참조, 롬 14:14~23).

지식 있는 그리스도인은 연약한 형제의 양심에 따라 자신의 영적 확신까지 변경시킬 필요는 없지만(10:29절하), 약한 형제와 자리를 함께 했을 때는 행동을 삼갈 필요가 있었던 것이다. 만약 이렇게 하지 않는다면 약한 형제들이 자신들의 양심에 거리끼는 행동을 해서 해를 입게 될 것이며(참조, 8:11), 영적으로 강한 그리스도인들은 그 책임으로 비난을 면치 못할 것이다. 지식 있는 그리스도인들이 사적으로는 감사함으로 즐길 수 있는 것도 약한 형제들과 함께 한 자리에서는 비난받을 행동이 되었던 것이다("어찌하여 내가 감사하는 것에 대하여 비방을 받으리요". 참조, 8:12; 롬 14:16, 22). 고린도전서 8장 13절이 이 문제에 대한 결론을 내리고 있다.

10:31~11:1 우상의 제물을 먹는 문제에 대한 바울의 가르침을 한 원칙으로 요약한다면, 하나님 사랑과 이웃 사랑이라고 할 것이다. 그리스도인은 하나님의 영광을 위해서 행동해야만 한다. 또한 그리스도인들은 형제들이 구원에 이를 수 있도록 하고(33절하) 구원의 과정(칭의, 성화, 영화. 참조, 1:30)에 있어서 더욱 성장케 함으로써 하나님의 교회를 세워 나가야 한다. 그리스도인들은 유대인에게나(참조, 9:20) 헬라인에게나(참조, 9:21) 하나님의 교회에서나 걸려서 넘어지는 자(참조, 12절)가 되어서는 안 된다 (흥미롭게도 유대인들과 하나님의 교회가 따로 언급되고 있는 것은 신약의 교회가 유대 왕국을 대신한 것이 아님을 보여 준다. 이것은 '전천년설'에서 매우 강력하게 논의되고 있다).

하나님과 이웃에 대한 사랑을 가장 완전하게 실현하신 분은 그리스도이시다(참조, 롬 15:3; 빌 2:5~8). 바울은 그리스도와 같은 정신으로 자신의 사역에 임했으며, 우상의 제물을 먹는 문제에 관해서 자신을 본받을 것을 고린도 교인들에게 권유했다. 고린도 교인들은 형제 사랑의 원칙 속에서 자유를 통제해야 했던 것이다.

2. 그리스도인의 예배와 관련한 그리스도인의 자유(11:2~14:40)

이 부분에서 바울은 교회 공동체의 모임에 영향을 미치는 관행을 다뤘다. 여기에서도 하나님의 영광과 타인의 존재에 대한 필요성을 고려치 않은 개인의 자유 문제(8:1~11:1. 우상의 제물과 관련하여 논의되었던 문제)가 본 단락의 중심 주제가 되고 있다. 마찬가지로 바울은 고린도 교인들의 방종을 책망하고, 하나님의 영광을 드높여야 함의 원칙과 교회 내에서 서로를 세워 주어야 함을 강조했다.

a. 예배에 임하는 여자들의 태도(11:2~16)

바울은 그리스도인의 자유를 언급하면서 그 첫 부분(11:2~16)과 마지막 부분(14:34~35)에서 예배 가운데 여자들의 태도 문제를 다루고 있다. 여기서 바울의 언급이 교회의 공식 모임에 관한 것인지, 혹은 부녀가 기도하거나 예언하는 교회 밖에서의 모임인지에 대해 의문을 제기하는 이들이 있다. 그러나 16절에서 바울이 교회의 관례에 관해 언급하고 있는 점을 미루어 볼 때, 그는 교회의 공식 모임을 염두에 두고 있었던 듯하다. 교회의 공식 예배를 위한 모임과 여타의 모임을 구별하는 최근의 논의들은 성경적 근거보다 편의에 의한 것으로 보인다.

11:2 고린도 교인들은 바울이 전한 믿음의 핵심적인 가르침에 모두 충실했다는 사실(참조, 11:23; 15:1, 3)을 서신이나 대변인을 통해서 바울에게 알렸다(참조, 1:11; 16:17). 이런 이유로 바울은 '너희를 칭찬한다'고 하였다.

11:3 바울은 고린도 교인들이 그에 대해 가지고 있는 호의를 추호도 의심하지 않았다. 그러나 바울이 더욱 원했던 것은 고린도 교인들이 그리스도인으로서 합당한 행위를 하는 것이었다. 그는 권면하기에 앞서 신학적인

기초를 언급한다. 여기서 본문은 머리 됨에 관한 내용을 다룬다. 머리(케팔레[κεφαλή])라는 단어는 종속과 기원의 두 가지 의미를 지니고 있다. 전자는 구약에서 더 일반적으로 쓰이고, 후자는 헬라어적 개념으로 사용된다(헤르도투스, *History* 4. 91). 이 구절에서는 전자의 의미로 사용된 것이며 후자의 쓰임새는 다른 곳에서 발견된다(8절). 하나님께 대한 그리스도의 복종은 이 서신의 다른 부분에서도 언급되고 있다(3:23; 15:28). 아버지께 속한 그리스도께서는 창조에 있어서도 아버지의 대행자로서 일하셨다(8:6. 참조, 골 1:15~20).

11:4 남자는 공개적으로 큰 소리로 기도하거나 하나님으로부터 받은 계시를 예언할 때(참조, 12:10) 머리를 가리면 안 된다. 머리를 보이지 않게 하는 것은 자기 자신을 욕되게 하는 것이요, 또한 그의 영적인 머리 되신 그리스도를 욕되게 하는 것이다(3절).

　NIV 난외에서는 '머리에 쓰는 것'이 아닌 '긴 머리'로 번역하고 있는데, 이는 15절에서 머리에 쓰는 것과 긴 머리가 동일한 기능을 가진 것으로 보는 관점에 근거한다. 그러나 이렇게 옮기는 것은 4절의 의미를 오해하는 것이다(15절 주해 참조).

11:5~6 1세기경에는 여자들이 공공장소에서 머리를 가리는 것이 관행이었음을 보여 주는 증거가 많다. 이것은 유대인에게나(외경 마카비3서 4:6; Mishnah, *Ketuboth* 7. 6; Babylonian Talmud, *Ketuboth* 72a–b) 그레코 로만 사회에서나 마찬가지였다(플루타르코스, *Moralia* 3.232c; 4. 267b; 아풀레이우스, *The Golden Ass* 11. 10). 머리에 쓰는 것의 모양은 다양하였으나(오비디우스, *The Art of Love* 3:135–65), 두건처럼 머리 아래까지 내려

오는 반 외투 모양의 것이 보통이었다.

고린도 교인들의 가장 큰 문제점이었던 '모든 것이 가하나'라는 생각은 교회 모임에도 적용되었던 것으로 보인다. 여자들은 여성 특유의 머리에 쓰는 복장을 하지 않은 채 교회 모임에 참석했다. 당시 머리에 아무 것도 쓰지 않은 채로 참석한다는 것은 여자들이 교회의 권위에(아마도 사회 체제에도) 순종하는 것을 거부한다는 뜻으로 받아들여질 수 있었다. 바울은 여자들의 이러한 행동은 자유를 가져오는 것이 아니라 스스로를 욕되게 하는 것이라고 생각했다. 머리에 아무것도 쓰지 않을 바에는 차라리 머리를 깎는 편이 더 낫다. 사실 머리를 깎는 것도 부끄러운 일이다(아리스토파네스, *Thesmophoriazysae* 837). 여자가 머리에 쓴 것을 벗는 것은 스스로를 욕되게 하는 것이며, 동시에 그녀의 영적 머리인 남자도 욕되게 하는 것이다.

11:7~9 그러나 남자는 머리에 무언가 쓰지 않는 것이 당연하다. 남자는 "하나님의 형상과 영광"이기 때문이다. 바울은 창세기 1장 26~27절에 근거하여 이러한 결론을 내렸다. 여자(아내)의 영광과 형상은 남자(남편)로부터 왔으며(8절), 남자(남편)의 영광과 형상을 보충한다(9절). 그러므로 남자는 하나님의 권위 있는 대리인이며, 여자는 하나님께서 손수 만드신 남자의 동료로서 남자의 영광과 형상을 보충하는 역할을 감당할 책임이 있다(창 2:18~24). 즉, 아내로서의 여자는 남편인 남자의 영광인 것이다. 결혼한 여자가 이러한 역할을 포기한다면 그것은 그녀의 영광을 포기하는 것이다. 바울은 여자가 머리에 쓴 것을 벗는 것이 자신의 영광을 포기하는 것을 상징한다고 생각했다.

11:10 여기서 바울은 왜 여자들이 교회 안에서 절대적으로 순종해야 하는가에 대한 세 번째 이유를 제시했다(첫째 이유는 '하나님-그리스도-남자-여자'로 이어지는 신적인 질서의 존재이며[3~6절], 둘째 이유는 창조의 원리이다[7~9절]). 천사들은 교회를 지켜보고 있다(4:9; 엡 3:10; 딤전 5:21. 참조, 시 103:20~21). 여자가 자신의 권위의 상징(엑쿠시아[ἐξυσία: 해방]. 참조, 7:37; 8:9; 9:4~6, 12, 18), 즉 머리에 쓴 것을 벗는 자유를 행사하여 교회 모임에 참여하게 되면, 이는 하나님의 지혜(엡 3:10)를 모독하는 행위가 될 것이다.

비록 설득력이 약하기는 하지만 어떤 이들은 "천사들로 말미암아"라는 구절을 다음과 같이 설명하기도 한다. 첫째, 악한 천사들이 고린도 교회의 여자들에게 욕망을 심는다. 둘째, 천사들은 소식을 전하는 역할을 하므로 여기서는 사역자를 뜻한다. 셋째, 선한 천사들은 여자들로부터 배운다. 넷째, 선한 천사들은 순종의 모범을 보였다. 다섯째, 선한 천사들이 여자들의 순종하지 않으려는 행위에 유혹 받을 수 있다.

11:11~12 남자와 여자는 상호 의존하고 서로를 보완하며 하나님께 영광을 돌려야 한다(참조, 10:31). 남자나 여자 그 어느 편도 스스로를 독립적으로 생각하거나 상대적인 우월감에 빠져서는 안 된다. 여자가 남자에게 속해야 한다고 해서 여자가 남자에 비해 열등하다는 것은 결코 아니다. 남자라고 해서 존재론적 차원에서 여자보다 우수한 것은 아니다. 하와는 아담으로부터 왔지만, 이 세상의 모든 남자들은 여자의 몸에서 나왔다(12절). 무엇보다 남자와 여자 모두 하나님으로부터 났다(창 1:27; 2:18).

11:13~15 바울은 이제까지 특별 계시에 기초해서 여자가 머리를 가리는 것이 마땅하다고 주장했다. 바울은 여자가 머리를 가려야 할 네 번째 이유를 자연 계시(참조, 롬 1:20)에 근거해서 논하고 있다. 인간은 본능적으로 다양한 방식대로 남자와 여자를 구분하는 성향이 있으며, 이러한 구분 가운데 하나가 머리의 길이에 따른 구분이다. 이러한 일반적인 관행에 예외가 있다면 그것은 필요 때문이거나(아풀레이우스, *The Golden Ass* 7. 6. '도망치기 위한 변장'의 경우), 단순한 심술궂음 때문일 것이다(디오게네스, *Laertiuc Lives* 6. 65). 그러나 남자와 여자에게 적합한 구체적인 머리의 길이가 정해져 있는 것은 아니었다. 예를 들면 스파르타의 남자들의 머리는 어깨까지 내려올 정도로 길었고, 전투할 때는 이 긴 머리를 묶었다(헤로도투스, *History* 7. 208-9). 그러나 아무도 스파르타의 남자를 보고 여자 같다고 생각하지 않았다.

긴 머리는 여자의 영광이다. 그 이유는 긴 머리야말로 그녀가 여자임을 드러내는 시각적 표식이 되기 때문이었다. 바울은 긴 머리는 가리는 것을 위해 주어진 것이라고 생각했다. 자연 계시가 여자들이 머리를 가리는 것의 적절성을 확인해 주었다(키케로, *On Duties* 1. 28. 100). 그러므로 긴 머리라는 자연적인 가리개를 가진 여자들은 공적인 모임에 참석할 때 머리를 가리는 관행을 따라야 마땅한 것이다.

몇몇 성경 학자들은 안티([ἀντί]: '~을 위하여', '~을 예상하여')를 '~을 대신하여'로 번역할 수 있다고 봤다. 이 견해에 의하면 긴 머리는 머리에 쓰는 것 대신에 주어진 것이다. 그런 맥락에서 이 구절의 의미는 여자들이 기도할 때에 짧은 머리가 아닌 긴 머리를 가져야만 한다는 것을 뜻한다. 그러나 이런 견해는 고린도전서 11장 5~6절에 언급된 여자들이 머리에 쓰고 벗는 행위에 대한 서술을 설명해 주지 못한다.

11:16 바울은 머리에 쓰는 관행을 계속 유지해야 할 다섯째 이유를 보편적인 교회의 관행에서 찾았다. 바울은 고린도 교인들에게 새로운 행동 양식을 강요하지는 않았다. 바울은 단지 자유의 명목으로 마음대로 자신의 주장을 관철하고자 하는 사람들에 대하여 현재의 관행을 유지하게끔 했을 뿐이었다. 바울은 우상의 제물을 먹는 문제(8:1~11:1)를 다룰 때에도, 고린도 교인들이 이기적 목적을 좇지 말고 다른 사람의 필요나(10:24) 하나님의 영광(10:31)에 순종해야 할 것을 가르쳤다. 머리에 쓴 것을 벗는 행위는 결국 하나님께 속하지 않으려는 행위로서 하나님을 욕되게 하는 행위라는 것이다.

그렇다면 오늘날 교회에서 섬기는 여자들이 머리에 모자를 써야만 하는가? 이것은 머리를 가려야 했던 1세기의 관행을 현재에 적용할 필요성이 있는지에 대한 문제이다. 대부분의 성경 학자들은 이 구절의 가르침이 머리에 무언가 쓸 것을 명령하는 데 있는 것이 아니라, 순종의 원칙의 현대적인 적용에 있다고 본다. 오늘날 일종의 치장으로서 여자들이 머리에 쓰는 것과 1세기의 관습이 갖는 목적은 경우가 현저히 다르다.

b. 주의 만찬에 임하는 그리스도인들의 태도(11:17~34)

예수께서는 제자들과 최후의 만찬을 가지셨다(마 26:26~29; 막 14:22~25; 눅 22:15~20). 이때 드신 음식은 떡과 포도주였다. 아마도 첫 부분에서 떡을 나누는 일이 있었을 것이며(참조, 24절. "축사하시고"), 잔의 배분은 마지막에 있었을 것이다(참조, 25절. "식후에"). 바울이 이 서신을 썼을 무렵 주의 만찬은 마지막 부분에서 떡을 나누는 것과 잔을 배분하는 두 단계에 걸쳐 진행되었다. 떡과 잔을 나누는 예식을 '유카리스트'

라고 불렀다(*Didache* 9:1; 이그나티우스, *Letter to the Philadelphians* 4). '유카리스트'라는 말은 감사를 의미하는 헬라어 유카리스테오(εὐχαριστέω)에서 온 것이다. 한편 주님의 만찬은 사랑을 의미하는 헬라어 아가페(ἀγάπη)라는 단어로 사용됐다(유 12절; 플리니우스, *Letters* 10. 96. 7).

바울이 고린도 교인들이 지키는 주의 만찬에 대해 언급한 이유는, 아가페 식사가 형제들 사이의 사랑으로 이뤄지지 않고 자기중심적 방종의 행사로 변질됐기 때문이다. 결국 이 예식은 둘로 분리되었는데(이그나티우스, *Letter to the Smyrneans* 8. 1–2; 외경 요한행록 84), 이것은 바울이 이 예식을 아가페와 유카리스트 둘로 나눌 것을 충고했다고 고린도 교인들이 잘못 이해했기 때문일 것이다(참조, 11:22, 34).

11:17 예배에 참석하는 자들의 그릇된 행동에 대한 앞선 기술처럼, 바울은 주의 만찬에 대한 고린도 교인들의 관행에 대해서도 칭찬의 말은 하지 않는다(참조, 2절). 교회를 세우려는 고린도 교인들의 노력은 실제와 정반대의 결과를 가져왔다. "이는 너희의 모임이 유익이 못 되고 도리어 해로움이라."

11:18~19 고린도 교회는 일치를 나타내야 할 예식에서 오히려 분열의 양상을 드러냈다(참조, 10:17). 여기서 언급되고 있는 분쟁이 이미 앞에서 언급된(1:10~4:21) 파당과 관련이 있는 것이라면, 고린도 교회의 분쟁의 한 가지 원인이 경제적 격차 때문임을 알 수 있다(21절).

바울은 고린도 교회의 분쟁에 대한 보고를 믿지 않으려고 했다(18절 하). 물론 바울은 죄란 피할 수 없는 것이며(참조, 눅 17:1), 결코 하나님 앞에서 숨길 수 없다는 것을 알고 있었다. 하나님의 인정(도키모이[δόκιμοι])

의 내용은 앞서 바울이 언급한 것을 요약한 것이다(9:27~10:10). 바울은 9장 27절에서 '인정'의 반대 단어인 '버림받음'(아도키모이[ἀδόκιμοι])이란 단어를 쓰고 있다.

애굽의 노예 상태에서 벗어나서 약속의 땅 가나안으로 향하던 이스라엘 백성 중, 하나님의 인정을 받아 가나안에 들어간 사람은 단 두 사람뿐이었다(참조, 10:5). 대부분의 고린도 교인들은 하나님의 인정을 얻지 못했는데, 이것이 곧 하나님이 그들에게 내린 징계였다(참조, 30~32절). 만약 고린도 교인들이 주의 만찬과 세례 예식을 일종의 마술적인 보호의 차원으로 생각한 것이 맞다면(참조, 10:12; 15:24), 바울의 무서운 질책은 이들에게 두 배의 아픔이 되었을 것이다. 이 예식에 임하는 고린도 교인들의 행동이 도리어 그들이 피하고자 했던 하나님의 징벌을 가져왔기 때문이다(30~32절).

11:20~21 주의 만찬은 세상 사람을 위하여 죽으신 그리스도의 사랑의 행위를 기억하는 예식이어야만 했다. 반면에 고린도 교인들은 이 예식을 이기적인 체험의 기회로 전락시켰으며, 일치의 예식을 시끌벅적한 불일치의 예식으로 만들었다. 어떤 이는 먹을 것이 없으므로 시장하고, 어떤 이는 거하게 취해 버렸기 때문이었다.

11:22 고린도 교인들이 사적인 연회를 원한 것이었다면 자신들의 집에서도 가능했을 것이다. 교회의 모임은 결코 분파주의적 정신의 지배를 받아서는 안 되었다. 더욱이 주의 만찬은 일치의 정신을 담고 있기 때문이다. 다른 형제들의 필요를 무시하는 이기적 행동은 결국 하나님의 교회를 업신여기는 것이다. 하나님의 교회는 생명 없는 돌로 이뤄진 것이 아닌 살아

있는 사람들로 구성되어 있으며, 이들은 매우 심하게 상처 받을 수 있는 사람들인 것이다. 고린도 교인들이 자신들의 방종한 행위에 대해서 칭찬을 기대할 수 있었겠는가(참조, 5:1~2)? 오히려 그 반대이다.

11:23~24 바울은 먼저 고린도 교인들이 이미 알고 있으면서도 행위로는 그렇지 못한 일을 상기시켰다. 바울이 전한 것은 환상을 통해 직접 전해지는 것이든(참조, 갈 1:12), 사람을 통해 간접적으로 전해지는 것이든(참조, 고전 15:1) 주님으로부터 받은 것이었다. 떡은 그리스도의 성육신하신 몸을 나타내는 것으로, 그리스도께서는 아무런 사심 없이 성육신하셨다(빌 2:6~7). 또한 사심 없이 세상 사람들을 위하여 십자가 위에서 자신을 내어 주셨다(고후 8:9; 빌 2:8). 이 사실은 기념되어야 마땅한 것이다(참조, 4:8~13).

11:25 포도주는 그리스도의 피를 상징한다. 피 흘림 없이는 죄 사함이 없었을 것이다(히 9:22). 우리는 이 피를 통하여 깨끗함을 얻고 하나님과의 새로운 관계(언약)를 맺는다(히 9:14~15). '언약'에 있어서 한 당사자는 약정을 세우고 다른 편 당사자는 이 약정을 수용하거나 거절하게 된다. 옛 언약의 초점은 기록된 말씀(출 24:1~8)에 있었다. 반면 새 언약의 핵심은 살아 계신 말씀(요 1:14~18)에 있다. 그리스도께서는 포도주 잔이 당신 자신을 떠올릴 수 있는 상징물이 되길 원하셨다. "이것을 행하여 마실 때마다 나를 기념하라."

11:26 주의 만찬은 일종의 가시적인 설교로서 '십자가의 메시지'(1:18, 23; 2:2, 8), 즉 주의 죽으심의 실재성과 재림의 확실성을 그가 오실 때까지 선

포한다(참조, 요 14:1~4). 비록 주의 만찬 예식에 엄격히 정해진 순서는 없었지만(이그나티우스, *Letter to the Ephesians* 13:1), 주의 만찬이 집전될 때마다 그리스도의 낮아지심과 그 결과로서의 영광의 메시지(빌 2:6~11)가 선포되었다. 모든 성도들, 특별히 고린도 교인들은 성만찬을 통하여 이러한 메시지를 상기시키는 것이 필요했다(참조, 4:8~13).

11:27~29 바울은 공동 식사에서의 고린도 교인들의 무분별한 행위들이 그에 상응하는 결과를 초래할 것이라고 지적했다. 오늘날 이 구절은 주의 만찬에 참여하는 사람들 앞에서 읽는다. 이 말씀은 자신을 돌아보고 조용히 그리스도께 신앙고백 함으로써, 주의 만찬에 불경한 자세로 참여하여 주님의 영적 임재에 죄를 범하는 것을 막는다. 바울은 이를 더욱 구체적으로 적용하고 있다. 아마도 바울의 다메섹 도상에서의 체험(행 9:4~5) 때문인 것이 분명하다. 그리스도의 몸은 개인 신자들로 이루어진 교회이며(참조, 12:12, 27), 그의 몸 된 교회는 공동 식사에서의 떡으로 상징되기 때문이다(5:7; 10:16~17). 그러므로 다른 그리스도인들에 대하여 죄를 범하는 것은 곧 그리스도께 죄를 범하는 것이다(8:12). 주의 몸과 피에 대하여 죄를 저지르는 사람들은 다름 아닌 가난한 형제들의 필요를 무시함으로써 형제를 경시하는 사람들인 것이다(11:21~22). 이들의 분열과 소외를 초래하는 일련의 행위들은 일치와 화해를 가져오신 그리스도를 떠올리게 만든다(참조, 엡 2:15~16). 이들이 자기를 살폈다면(도키마제토[δοχιμαζέτω], 28절), 자신들의 이러한 행위가 하나님께 인정(도키모이[δόκιμοι], 19절)을 받지 못할 것이라는 사실을 알 수 있었을 것이다. 이런 사람들은 자신이 무시했던 형제들을 찾아가서 용서를 빌어야만 한다. 오직 이렇게 함으로써 예배하는 자로서의 참된 자세를 갖출 수 있다(참조,

마 5:23~24; *Didache* 14. 1–3). 이러한 죄에 대한 고백 없이 성만찬에 참여하는 것은 스스로를 심판하는 것이다. 단지 주의 몸을 분별함(디아크리논[διακρίνων: 올바르게 판단하는 것])으로만 심판(크리마[κρίμα])을 피할 수 있는 것이다.

11:30~32 바울은 이러한 심판이 무엇을 가져올지 설명하였다. 간단히 말해서 그것은 병과 죽음이었다(참조, 10:1~11). 해결책은 자신을 살피는 것(디에크리노멘[διεκρίνομεν], 31절. 참조, 28~29절; 5:1~5; 10:12), 자신의 몸을 쳐서 복종시키고(9:27) 일치를 추구하는 것이다. 그렇지 않으면 하나님의 심판(크리노메노이[κρινόμενοι], 32절)만이 존재할 뿐이다. 고린도 교인들은 이미 이 심판을 경험하고 있었다. 이 심판은 생명을 상실케 했지만 구원을 상실케 하는 것은 아니었다(참조, 5:5).

11:33~34 그리스도인들이 자신을 쳐서 복종시키고자 한다면, 그들은 아가페 식사에서 모든 사람이 다 도착할 때까지 기다려야 한다. 즉, 다른 사람들과 함께 식사를 나누는 것을 의미한다(참조, 22절). 만약 배고픈 사람들이 있다면, 그러한 사람들은 모임에 참여하기 전에 미리 집에서 식사를 해야 할 것이다. 주의 만찬에 임하는 시간은 방종의 시간이 아니라 서로를 세워 주는 시간인 것이다(26절). 방종이 계속된다면 하나님께서는 무섭게 질책하실 것이다. 바울은 고린도 교인들이 저지른 잘못들 가운데서, 주의 만찬과 비교했을 때 상대적으로 덜 심각한 것들은 고린도를 재차 방문했을 때 처리할 것을 알렸다(16:5~9).

c. 영적 은사에 대하여(12~14장)

영적 은사의 본질과, 이것을 공적 예배에서 사용하는 문제는 고린도 교회의 무절제한 예배와 관련해서 바울이 해결해야 할 또 하나의 과제였다. 이 사안은 그리스도인의 자유라는 광범위한 주제 아래서 다룰 수 있는 것이다. 바울은 그리스도인의 자유가 형제 사랑의 원칙에 의해서 규정해야 함을 이미 밝힌 바 있었다(참조, 8장). 자유를 사랑의 원칙으로 규제해야 할 필요성은 자명하다. 교회 생활의 다른 부분에서 자유의 원칙을 오염시켰던 방종의 태도는 영적 은사에서도 마찬가지로 나타났다. 그 결과 이기심과 불일치가 조장되고(12:7, 25; 14:4) 교회 내부는 혼란이 더해졌다(14:23, 33, 40).

바울은 은사의 본질과 목적(12:1~30), 사랑의 우월성(12:31~13:13) 및 사랑으로 은사를 사용할 것(14장)을 설명하면서 이 문제를 다뤘다. 다른 분야와 마찬가지로, 교회 안에서 은사를 사용하는 데 있어서 믿는 자들은 자기만족보다는 하나님의 영광과 형제들의 유익을 추구해야 한다.

(1) 은사의 통일성과 다양성(12:1~31상)

12:1~3 영적 은사에 대한 논의에 앞서, 바울은 고린도 교회 내에서 바울의 가르침에 반대하는 자들(참조, 14:37)에 대항하는 것이 필요하다고 생각했다. 3절 내용을 이런 맥락에서 이해해야 할 것이다. 비록 많은 주석가들이 3절을 무시함으로써 문제를 적당히 넘기지만, 이 구절은 상당히 많은 설명이 가능하다.

바울은 고린도 교회가 직면하고 있는 몇 가지 문제들에 대해 고린도 교인들의 육신적 태도(3:3)뿐만 아니라 거짓 교사들에게도 그 책임이 있다고 보았다. 거짓 교사들은 영적 미숙함 때문에 문제들을 더욱 악화시키고 있었다. 고린도 교인들 대부분이 이교적 배경을 가지고 있었으므로(또한 여전히 이교와 접촉하는 사람도 있었다. 참조, 8:10; 10:14, 20~21), 거짓 교사들을 분간하기 어려웠다. 고린도 교인들이 이방인으로 있을 때에 그들은 말 못하는 우상 앞에 그대로 이끌렸다(2절). 생명 없는 우상은 얼마나 무능한 존재인지 모른다(허풍으로 가득 찬 고린도인들은 보통 잘 속는 사람들로 여겨졌다. 참조, 고후 11:1~21. 특히 19~20절 참조).

바울은 그리스도의 인격에 관한 간단한 문제를 제기했다. 거짓 교사들은 자신들의 환상, 계시 및 메시지(참조, 고후 12:1)가 하나님으로부터 온 것이라고 주장하면서도, 그리스도의 인성을 명백히 부인하며 예수를 저주받을 자라고 한다. 이것은 바울이 가르친 '십자가의 메시지'(1:10~4:13)에 대한 고린도 교인들의 반감의 표현일 것이다. 초대교회 당시의 기독론적 이단(가현설)이 그리스도의 신성이 아닌 인성을 부인했다는 사실은 오늘날에는 놀라운 일이다. 몇 년 후 사도 요한은 이 문제를 중요하게 다뤄야만 했다(요일 4:1~3).

바울이 대변하고 복종하기를 원했던 예수(1:1)는, 고난 받으신 분이시며 동시에 지금의 주님으로서 통치하시는 분이다. 믿는 이들은 오직 성령에 의해서만 예수를 주님이라고 고백할 수 있다. 거짓 교사들을 비롯한 모든 비신자들은 그리스도의 절대적 통치권을 인정하지 않는다. 예수의 권위와 그의 말씀을 논박하려는 자들은 결국 괴로움을 당하게 될 것이다(14:38; 16:22).

12:4~6 바울은 3절에서 하나님, 예수님, 성령님을 언급하였다. 이제 바울은 반대의 순서로 하나님의 통일성을 다양한 은사와 관련지어 강조하

고 있다. 성령께서는 다양한 은사들(참조, 7~9, 11절)을 주심으로써 각 개인이 다양한 방식으로(7, 27절) 주의 몸 된 교회를 섬기게 하신다. 동시에 그리스도인들은 하나님의 능력과 보호 아래서 교회를 섬기게 된다(참조, 18, 24절). 은사는 여러 종류(디아이레세이스[διαιρέσεις])이나 성령은 같고, 직분은 여러 종류이나 주님은 같으며, 또 사역은 여러 종류이나 모든 사람 가운데서 이루시는 하나님은 동일하시다.

12:7~10 은사들은 그 근원뿐만 아니라(4~6절) 목적에 있어서도 통일성을 가지고 있다. 은사를 주심은 개인을 위한 것이 아니라(참조, 14:4; 벧전 4:10) 그리스도의 몸을 유익하게 하여 형제들을 세우기 위함이다(10:24; 14:12). 여기서 바울은 몇 가지의 은사를 나열하였다. 이것들 외에도 로마서 12장 6~8절, 고린도전서 12장 28~31절, 에베소서 4장 11절, 베드로전서 4장 10~11절에 여러 은사들을 언급하고 있다.

본문에서는 아홉 가지 은사를 언급하고 있다. 첫째, 지혜는 교리적 진리를 볼 수 있는 통찰력을 의미한다. 바울은 본 서신에서 이 은사를 언급한 바 있다(2:6). 둘째, 지식은 교리적 진리들을 생활에 적용할 수 있는 능력이다. 바울은 이 지식의 은사 또한 본 서신에서 사용했다(12:1~3; 11:3; 참조, 3:16; 5:6; 6:2~3, 9, 15~16, 19; 9:13, 24. '너희는 알지 못하느냐?'의 반복; 참조, 8:1~3, 10~11). 셋째, 신령한 은사로서 믿음은 대부분의 그리스도인들보다 특별히 하나님을 신뢰하는 것을 말한다(13:2). 넷째, 신유란 건강을 회복시키고(참조, 행 3:7; 19:12) 일시적으로 죽음을 유예시키는 능력이다(행 9:40; 20:9~10). 다섯째, 능력 행함은 사탄을 내어 쫓거나(행 19:12) 불구로 만들거나(행 13:11) 죽음까지 이르게 하는 것이다(행 5:5, 9). 여섯째, 예언은 구약의 예언자들처럼 하나님의 메시지를 하나님의 백성에게 선포하는 것이다(14:3). 일곱째, 영들 분별함은 참 선지자가 외치는 하나님의 말씀과 사탄이 하는 말을 구별하는 능력이다(참조, 고후 11:14~15; 요일 4:1). 만약 고린도 교인들이 이 은사를 소유했다면(참조, 1:7) 그것은 선한 목적으로 사용되지 못했을 것이다(참조, 1~3절). 여덟째, 방언이란 통용되고 있는 언어를 배우지는 않았지만 말할 수 있는 능력이다(행 2:11). 아홉째, 통역은 예배 모임에서 표현된 알지 못할 말을 알 수 있는 말로 옮기는 능력이다(14:27).

믿음을 제외하고 나머지 모든 은사들은 교회를 세우는 데 있어서 기초적이며(참조, 히 2:4; 엡 2:20) 일시적인 것들이다.

12:11 은사들은 개인이 선택하거나 요청하는 것이 아니라 성령께서 그 뜻대로 나눠 주시는 것이다. 7~11절까지 '성령'이란 말이 여섯 번이나 등장하고 있다.

12:12 12장의 나머지를 세 부분으로 명쾌하게 요약하고 있다. 첫째, 사람의 몸은 하나이다(참조, 13절. 여기에는 그리스도의 몸의 통일성을 언급하고 있다). 둘째, 인간의 몸은 다양한 필요에 따라 많은 지체를 가지고 있다(참조, 14~20절). 셋째, 인간의 몸 각 부분은 하나로서 기능한다. 각 부분은 밀접한 상호의존성을 가지고 각기 중요한 역할을 감당한다(참조, 21~26절). 마찬가지로 그리스도의 몸은 다양한 각 부분이 함께 작용한다(27~30절).

12:13 다양한 은사를 주시는 분은 성령이시다. 성령 안에서, 성령에 의하여, 성령과 함께(참조, 마 3:11) 통일성이 유지된다. 모든 믿는 자들은 구

원의 순간에(참조, 롬 8:9) 성령의 세례를 체험한다. 성령의 세례에 있어서는 믿는 자가 어떤 민족이든지("우리가 유대인이나 헬라인이나"), 또 그 사회적 신분이 어떠하든지("종이나 자유인이나") 그리스도와 일치하게 되며("다 한 성령으로 세례를 받아 한 몸이 되었고"), 성령께서도 차별 없이 모든 믿는 자들 안에 내재하신다("다 한 성령을 마시게 하셨느니라". 참조, 요 4:14; 7:38~39).

12:14~20 한 몸이 존재하기 위해서는 많은 지체가 필요하다(19절). 그러므로 믿는 자들은 자기 자신에 대해서나 자신의 은사에 대하여 열등의식을 갖거나 다른 사람의 은사를 사모할 필요가 없다. 은사들이란 우연히 나누어진 것이 아니라(참조, 11절), 하나님의 온전하신 뜻에 따라서 세심하게 주어진 것이기 때문이다(18절).

12:21~26 몸을 구성하는 각 부분은 다양하지만 밀접하게 서로 의존하고 있다. 외견상 더 큰 은사를 가진 것으로 생각되는 사람은 자기 혼자서 역할을 감당할 수 있다고 생각해서는 안 된다. 왜냐하면 몸으로부터 분리된 지체는 그것이 무엇이든 상관없이 더 이상 존재하지 못하기 때문이다. 오히려 덜 중요해 보이는 은사를 소유한 사람들에게 더욱 주의를 기울여야 한다(참조, 14:1~5). 마치 우리가 옷을 입을 때 덜 귀해 보이는 부분들에 대해 더 큰 관심을 기울이는 것과 같다(22~24절). 바울은 약한 형제들(22절. 참조, 8:7~13)과 덜 귀히 여기는 것들(33절. 참조, 11:22)에 특별한 관심과 주의를 기울여야 한다고 말하면서, 은사의 문제보다 더 중요한 것에 대해 생각하고 있었을 것이다. 영적인 몸인 교회의 구성원들이 서로 잘 되는 것에 관심을 가짐으로써(25하~26절; 10:24, 33), 모든 대결 관계가

사라지고("몸 가운데서 분쟁이 없고". 1:10; 11:18) 참된 일치와 통일성이 존재하게 된다(26절). 이것 또한 하나님의 계획의 한 부분이다("오직 하나님이 몸을 고르게 하여").

12:27~31상 영적인 몸인 교회를 하나 되게 하시는 이는 그리스도이시다. 그리스도께서는 교회의 머리로서(엡 1:22. 참조, 11:3) 몸을 소유하고 계시며, 절대 주권을 가지고 당신의 뜻을 펼치신다. 그리스도께서는 형제들 사이에서 서로 사랑하라고 명하셨다(요 15:12). 사랑이야말로 다양성 가운데 통일성을 가져오는 힘이다. 바울은 그의 논의를 이 주제로 이끌어 가고 있다(12:31하~13:13).

바울은 세 차례에 걸쳐서 은사가 사람에 의해서 주어지는 것이 아니라 하나님에 의해서 부여되는 것임을 밝혔다(참조, 18, 24, 28절). 바울은 은사의 목록을 나열하면서(여기서 나열된 은사들 가운데서 몇 가지는 7~10절에서 언급된 것이고 몇 가지는 새로운 것이다) 은사를 받은 사람에 관해 언급하고 있다. 12장에서는 두 차례에 걸쳐서 은사의 목록이 등장하는 데, 새로운 것도 있고 중복되는 것도 있다(이밖에도 다양한 구절에서 은사의 목록을 언급하고 있다. 참조, 롬 12:6~8; 엡 4:11; 벧전 4:10~11. 교사의 은사는 이 구절들 모두에서 언급된다). 아마도 완전한 은사의 목록은 없었던 것으로 보인다.

바울이 처음 세 가지 은사에 대하여 순서를 붙여 가며(첫째는… 둘째는… 셋째는…) 이야기한 사실에서 볼 때, 이 세 은사들이 고린도 교회에서 덜 중요한 것으로 간주된 것을 짐작할 수 있다(참조, 21~24절). 사도, 선지자, 교사의 은사는 아마도 방언과 같은 극적인 은사보다는 열등한 은사로 취급 받았던 것으로 보인다. 그러나 이 세 은사는 그리스도의 몸인 교회가 지닌 막대한 가치 때문에 훨씬 중요한 은사였다(31절). 이러한 이유 때문에 바울은 세 은사를 맨 처음에 언급하고 있으며, 교회가 모임에서 이러한 은사들을 받는 일을 더욱 사모하라고 가르쳤던 것이다(31절. 참조, 14:1~5). 사도, 선지자, 교사들은 전체 교회에 봉사하는 특징을 가지고 있으며, 이러한 특징을 바탕으로 교회의 통일성을 진작시키고 형제들끼리 서로를 세워 주는 일을 돕는다. 한편 방언의 은사는 자기 표현과 개인적 사유를 추구하던 고린도 교인들의 성향에 정확히 맞는 것이었다. 이러한 자기중심적 태도 때문에 고린도 교인들은 여러 분야들, 예를 들어 우상의 제물을 먹는 문제, 예배에서의 여성들의 태도, 주의 만찬을 대하는 태도 등에서 교회에 분쟁을 일으켰다. 그러므로 고린도 교회에 가장 필요한 것은 무엇보다도 형제에 대한 사랑이었으며, 바울은 이 사랑의 원칙을 가장 기본적인 속성으로 찬양했던 것이다.

(2) 모든 은사들보다 우월한 사랑의 은사(12:31하~13:13)

12:31하 바울은 영적인 은사들을 높게 평가하기는 했지만, 성령에 의한 삶을 더욱 중요하게 생각했다. 영적인 은사들이란 교회 안에서 각 개인에게 다양하게 주어지는 것이기에 모든 사람이 동일한 은사를 소유하지는 않는다(참조, 19~30절). 성령께서는 모든 그리스도인들 속에서 성령의 열매를 맺게 하시는데, 이 가운데서 가장 중요한 것이 사랑의 열매이다(갈 5:22~23). 사랑은 모든 은사들보다도 중요한 것이며, 사랑만 있으면 그들의 소유와 성령의 은사의 사용을 둘러싼 고린도 교회의 여러 문제들도 다 해결할 수 있다(참조, 14:1).

바울이 제시하는 방식은 사랑에 의해 지배되는 삶의 양식이었다(참조, 요 15:9~17). 예수님과 세례 요한은 하나님의 뜻에 순종하고 제자들에게도 그처럼 행할 것을 권고함으로써(마 5:6, 10, 20; 6:33) 이러한 올바른 삶을 사셨다(마 3:15; 21:32). 바울은 이러한 삶의 방식과 행위들을 가리켜서 사랑의 길이라고 불렀으며(14:1. 참조, 롬 13:8~10), 스스로 그러한 삶을 살았을 뿐만 아니라 고린도 교인들에게도 그렇게 살 것을 권했다(14:1. 참조, 11:1).

13:1 어떤 학자들은 바울이 성령의 영감에 의해 '사랑의 송가'(13장)를 이미 지었으며, 성령의 지시에 따라 본 서신에 삽입한 것이라고 한다. 이러한 견해가 나온 이유는 이 장의 전개가 매우 치밀하고 정확하기 때문이다. 13장의 형식과 내용의 균형으로 미루어 볼 때 바울이 최선을 다해서 이 송가를 기록했음을 알 수 있기에 위와 같은 견해도 타당하다(참조, 1:25~29. 여기서 매우 훌륭한 대구법이 등장하고 있다). 그런데 13장의 내용은 본 서신에서 제기하는 여러 문제들과 직접적인 관련이 있다. 만약 이 송가가 본 서신을 쓰기 전에 만들어진 것이라면, 당시 고린도 교인들이 가진 문제가 본문에서 바울이 언급한 것만큼 심각한 것이 아니었어야 할 것이다.

1세기 당시 웅변 기술은 매우 존경받는 것이었으며, 고린도 교인들에게도 예외는 아니었다. 그러나 바울의 웅변에 대해서는 크게 대수롭지 않게 여겼다(참조, 2:1, 4; 고후 10:10). 이러한 사실은 그들이 방언에 그토록 심취했던 이유를 부분적으로 설명해 준다. 바울이 여기서 방언과 관련된 예를 적용하여 조건적 수사법(2~3절)으로 이야기를 풀어 나가는 것은 매우 설득력이 있다. 왜냐하면 바울은 천사의 말(참조, 고후 12:4)과 사람의 방언(14:8)과 관련한 자신만의 특별한 경험을 이야기할 수 있었기 때문이었다. 바울은 여기서 두 종류의 언어를 말하는 것뿐 아니라 모든 종류의 웅변을 포함해서 말하고 있다. 천사의 말과 사람의 방언이란 일종의 과장법이다. 제 아무리 훌륭한 방언이라 할지라도, 마치 소리 나는 구리와 울리는 꽹과리처럼 순간적으로는 사람을 깜짝 놀라게 할 수 있지만 곧 사라져 버리고 만다. 그러나 사랑은 영원한 반향을 불러일으킨다(참조, 13절).

13:2 바울은 고린도 교인들에게 은사에 대해 언급하면서 예언의 은사(참조, 12:10)가 가장 위대한 은사라고 했다(14:1). 그러나 사랑과 비교할 때 예언의 은사도, 지혜와 지식의 은사도, 믿음의 은사(참조, 12:8~9)도 아무 것도 아닌 것이다. 그렇다고 바울이 이러한 은사들을 무시하는 것은 결코 아니다. 그는 단지 사랑의 은사가 다른 것들과 비교할 수 없을 만큼 중요하다는 것을 말하려는 것뿐이다.

13:3 사랑이 없으면 자기 희생까지도 이기적인 것이 될 수 있다(참조, 마 6:2). 심지어는 자기를 완전히 내어 주는 적극적인 희생(참조, 단 3:17~18; 외경 마카비2서 7:5; 스트라보, *Geography* 15. 1. 73)도 사랑이 없으면 완전히 무익한 것이다.

13:4 바울은 1인칭에서 3인칭으로 서술 방식을 변경하고, 사랑을 인격화하여 묘사하고 있다. 4절에서 나열하고 있는 내용 가운데 몇 가지는 성령의 열매(갈 5:22~23)들에서도 발견되며, 그중 몇 가지는 그리스도에 대한 묘사로서 적합한 것들이다. 본문이 묘사하는 사랑의 특성은 고린도 교인들에게도 적용할 수 있으며, 고린도 교회가 안고 있는 많은 문제들에 대한 해결책이 될 수 있다. 14가지 술어로 설명되고 있는 사랑(이중 반은 부정적 술어이며, 나머지 반은 긍정적 술어이다)이 곧 '길'이다. 사랑은 오래

참고 온유하며 시기하지 아니하며 자랑하지 아니하며 교만하지 않다.

'참음'(마크로튀메이[μακροθυμει])은 부당한 일을 당하고서도 보복하지 않는 것이다. 고린도 교회에는 법률적 소송은 물론(6:8), 가난한 사람들이 공동 식사에서 겪는 언짢은 일(11:21~22) 등 부당한 일을 당한 사람들이 많았다. 그러나 그런 상황에서도 사랑으로 응답하는 것은 친절과 선을 베푸는 행위이다. 반면 시기와 자랑은 고린도 교회 안에 몇몇 문제들의 주요 원인이었다(참조, 분열[1:10; 3:3, 21]; 은사[12:14~25]).

고린도 교인들이 '자랑'에 대한 독점권을 가진 것은 아니었다. 퓌시오(φυσιο)라는 동사는 신약성경 가운데 일곱 차례 등장할 뿐이며, 여섯 차례가 고린도전서에 등장한다(참조, 4:6, 18~19; 5:2; 8:1).

13:5 여기서 바울은 사랑에 대해 네 가지 부정적인 술어를 사용하고 있다. 사랑은 무례히 행하지 않으며 자기의 유익을 구하지 않고 성내지 않으며 악한 것을 생각하지 않는다. 고린도 교회의 경우 예배에 임하는 여인들(11:2~16), 주의 만찬에서의 무질서(11:17~22), 예배의 일반적인 진행(14:26~33)에 있어 무례함의 문제를 발견할 수 있다. 자기의 유익을 구하는 것은 우상의 제물을 먹는 문제에서 가장 두드러졌다(8:9; 10:23~24). 쉽게 성내지 않는 사람들은 보통 법정에도 서지 않기 마련이다(6:1~11). 비록 고린도에는 악한 행동을 유발하는 요인들이 광범위하게 널려 있었지만(6:8; 7:5; 8:11), 사랑은 악한 것을 내포하지 않는다.

13:6 사랑은 불의(참조, 5:1~2, 8. 근친상간)를 기뻐하지 않으며 진리와 함께 기뻐한다.

13:7 사랑은 모든 것을 참으며(참조, 8:13) 모든 것을 믿으며(참조, 15:11) 모든 것을 바라며(참조, 9:10, 23) 모든 것을 견딘다(휘포메네이[ὑπομένει: 괴로운 환경 속에서도 꿋꿋이 서 있음]. 참조, 9:19~22).

13:8 사랑의 우월성(1~3절)과 완전성(4~7절)에 대해 언급한 바울은 사랑의 영원성으로 결론을 맺고 있다(8~13절). "사랑은 언제까지나 떨어지지 아니"한다. 사랑에는 끝이 없다. 즉, 사랑은 영원한 것이다. 반면 성령의 은사는 그렇지 못하다. 몇몇 은사들은 기초적이며(예, 예언과 지식. 참조, 엡 2:20) 판단하기 확실한 것들이다(예, 방언. 참조, 고후 12:12; 히 2:4). 모든 은사는 어떤 면에서든지 교회를 성숙케 하는 것과 깊은 관계가 있다. 어떤 은사들(예언, 지식, 방언)은 초대교회 시대에만 나타났으며, 어떤 은사들은 교회가 완전해질 때까지 계속해서 주어진다. 교회가 완전해지면 이러한 은사들의 목적은 성취되기 때문에 쓸모가 없어진다. 그러나 사랑만은 영원하다.

13:9~10 바울이 언급한 것처럼 지식의 은사(8절)가 중요하지만 마지막까지 지속되는 것은 아니다. 또한 예언도 교회 생활에 필수적인 것이지만 한계가 있다. 이러한 은사들은 불완전한 시대에 주어진 일시적인 축복이었다. 언젠가 온전한 것이 오면 이것들은 폐해질 것이다. 이러한 은사들은 온전함을 위해 주어진 것이기 때문이다.

"온전한 것이 올 때"에 대해서 바울이 말하려는 것이 무엇인가에 대해서는 상당한 논란의 여지가 있다. 어떤 이들은 여기서의 온전함이 신약성경의 완성을 의미한다고 본다. 그러나 12절로 미루어 볼 때 이러한 해석에는 타당성이 없다. 어떤 이들은 온전함을 의미하는 것은 새 하늘과 새 땅의 도래라고 한다. 또 어떤 이들은 예수 그리스도의 재림으로 교회를 위한 하나님의 계획이 절정에 이르는 때를 말한다. 다음 구절에서 바울이 성장과 성숙에 대해 언급하고 있음을 고려할 때 이 견해가 가장 설득력이 있다.

13:11 바울은 은사의 목적을 설명하면서 성장과 성숙을 나타내는 상징들을 제시했다. 에베소서 4장 11~16절에 의하면 은사들은 교회가 유아 단계에서 성인으로 성장하는 데 필요한 것이다. 이 구절에서 '장성'이라고 번역된 단어(엡 4:13)는 10절에서 '온전'(텔레이온[τέλειον])이라고 번역된 것과 동일한 단어이다. 에베소서에는 '그리스도의 장성한 분량이 충만한 데까지 이르는 것'을 성숙으로 보고 있다. 이러한 수준은 그리스도의 재림 이전에는 결코 이루어질 수 없는 것이다.

바로 이러한 관점이 이 본문에서 고린도 교인들에게도 적용된다. 바울은 이것을 자기 자신에게도 적용했다(참조, 1~3절). 말하는 것, 생각하는 것, 깨닫는 것, 이 세 가지는 8절에서 언급된 세 은사와 균형을 이루고 있다. 장성한 사람이 되면 이러한 일은 불필요한 것이 되고 만다. 여기서 바울이 사용하고 있는 '되다'(게고나[γέγονα], 형태상 완료 시제로서 앞서 발생한 사실을 가리키고 있다. 참조, 롬 13:8; 14:23)라는 동사는 성숙이라는 개념을 함축하고 있다. 그러나 바울이 개인적으로나 혹은 교회 전체적으로 이미 성숙에 도달해 있다고 말하는 것은 아니다(참조, 빌 3:12). 오히려 교회가 성숙해 감에 따라 특정한 은사들이 점차적으로 쓸모가 없어진다는 것을 의미한다.

13:12 고린도는 청동 거울로 유명했던 도시였으므로 이 서신을 읽는 고

린도 교인들은 바울의 마지막 예를 쉽게 이해했을 것이다. 바울은 10절에서 언급된 완전과 불완전의 개념을, 청동 거울에 간접적으로 반사된 얼굴과 직접 대면해서 보는 얼굴이라는 대조법을 통해 솜씨 있게 표현했다. 곧 이 서신을 쓰고 있는 현재의 불완전한 시간과 바울이 고대한 완전한 시간을 대조하면서, 불완전한 현재의 모습이 완전하게 빛나는 모습으로 바뀔 것을 표현한 것이다. 그때가 되면 마치 지금 하나님께서 바울을 보시듯이 바울도 하나님을 보게 될 것이다(참조, 15:28; 요일 3:2). 또한 이때가 되면 부분적인 지식(참조, 8:1~3)은 사라지고 하나님을 온전히 알게 될 것이다.

13:13 바울은 지금까지 세 부분으로 나누어 전개했던 사랑에 대한 묘사(1~3, 4~7, 8~13절)를 믿음, 소망, 사랑이라는 마지막 세 조합을 통해 결론짓고 있다. 바울이 믿음과 소망을 영원한 것으로 보고 있는지의 여부는 많은 논의가 있어 왔다. 이에 대한 해답은 7절에 있다. 소망이 사랑의 표현인 것(참조, 갈 5:5~6)과 마찬가지로 믿음은 사랑의 표현이다('믿다'는 뜻의 피스튜에이[πιστεύει]는 명사 피스티스[πίστις: 믿음]로부터 온 것이다).

사랑의 표현으로서의 믿음과 소망은 영원히 지속될 것이다. 그러므로 사랑의 길을 따르는 사람들(14:1)은 "가장 좋은 길"(12:31하)을 택한 것이다. 이러한 사람들에게 있어서 사랑은 영원한 표지가 되기 때문이다. 성령의 은사들은 언젠가는 그치게 될 것이지만 사랑은 영원할 것이다.

(3) 방언보다 예언이 중요함(14:1~25)

13장은 다른 어떤 말로 기록된 서신에서도 찾아볼 수 없는 훌륭한 작품임에도 불구하고, 12장에서 바울이 제기한 '다양한 은사의 교회 내에서의 활용'이라는 전체의 논지에서는 벗어난 단락이다. 이제 본래의 주제의 대한 결론을 14장에서 내리고 있다. 바울은 12장에서 고린도 교인들이 은사의 목적을 망각하여 교회를 하나 되게 하기보다는 분열과 불화를 조장하고 있음을 암시했다(참조, 12:21~25). 고린도 교인들이 교회 안의 다른 사람들을 무시한 채 자신의 개인적 자유만을 추구하는 이기적 자세를 가짐으로써 다른 이들의 요구들을 묵살했기 때문이다. 8장 이하에서 언급하고 있는 여러 문제들의 원인은 다름 아닌 자기중심적인 태도였다.

은사의 남용 문제에 있어서 가장 초점이 되었던 것은 방언이었다. 특히 고린도 교인들은 방언에 크게 매혹되어 있었다. 본래 방언은 '유익하게 하기 위한 것'(12:7)이었으나 자기 개인의 덕을 세우는 도구가 되고 말았다(14:4). 여기서 바울은 방언의 은사를 사용치 못하게 하려는 의도를 가진 것은 결코 아니었으며(14:39. 참조, 살전 5:19~20), 단지 사랑으로 사용할 것을 권고했을 뿐이다. 성령의 은사들은 성령의 열매들, 특히 사랑의 통제를 받아야 한다(갈 5:22). 이렇게 함으로써 은사들은 교회 전체의 유익을 위해 쓰이게 되며(14:5) 하나님을 영화롭게 하게 된다(14:25, 33, 40). 바울은 고린도 교인들의 잘못을 지적하고 시정하기 위해 고린도 교인들이 이미 소유하고 있었던 방언과, 그들이 무관심한 태도를 보였던 예언을 대조하고 있다.

14:1 13장은 고린도전서 본래 논지에서 벗어난 단락이기는 하지만, 동시에 매우 절묘한 구성을 보여 준다. 바울은 12장을 마치면서 사랑에 대해 언급하고 있으며(12:31), 14장의 서두를 사랑으로 시작한다. 바울이 사용하고 있는 것은 교차 대구법이다. 이것은 흔히 사용되는 문학 양식으로서 일련의 단어, 구절, 개념들을 처음 순서와는 반대로 대응시키는 방법이다. 예를 들면 그 형태는($a^1-b^1-b^2-a^2$) 양식이 될 것이다. 은사들의 통

일성과 다양성에 대한 마지막 언급으로서, 바울은 전체 교회를 위하여 유익한 은사들의 사용을 갈망하라(a^1)고 고린도 교인들에게 권면했다(참조, 12:31). 계속해서 바울은 비록 그 은사들이 제아무리 유익하고 근사하더라도 또 다른 최상의 좋은 길이 있음을 단언했다(b^1, 13장). 14장에서는 바로 이 길을 채택하고 있으며 바울은 고린도 교인들이 사랑을 추구하며 (14:1) 살아갈 것을 충고했다(b^2. 참조, 요 13:34~35). 이러한 충고는 다시금 교인들이 더 좋은 은사를 '사모하도록'(a^2) 권유한다. 더 좋은 은사는 곧 예언이었다(참조, 12:31).

14:2 바울이 말하는 '방언을 말하는 것'의 의미는 상당한 논란의 여지가 있다. 이에 대한 한 가지 견해는 바울이 방언(글로싸[γλώσση])이라는 단어를 1세기에 퍼져 있었던 이교적 배경을 염두에 두고, 무당이나 여자 예언자들의 말과 유사한 황홀경의 차원에서 규정한다. 예를 들어 '쿠마에 무녀'(참조, 베르길리우스, *Aeneil* 6. 77-102)는 여러 종교에서 신봉하던 열 사람의 여자 예언자들 가운데서 가장 유명한 무녀였다. 어떤 이들은 고린도전서에서의 방언이 델포이의 여자 예언자인 피티아의 말(플루타르코스, *Moralia* 5. 409e)과 황홀경 속에서 행해진 디오니소스의 시녀의 말(오비디우스, *Metamorphoses* 3. 534, 710-30. 참조, 에우리피데스, *Bacchae*)과 유사한 무아지경의 말이라고 생각한다. 고린도 교인들이 방언의 은사를 이교의 황홀경의 말에서 유추했다는 견해는 확실히 타당성이 있다. 그러나 바울이 이교적 배경과 관련해서 이 용어를 사용했다는 견해는 학문적으로는 신빙성이 거의 없다. 바울의 신학적 개념들과 그가 사용했던 용어들의 근거는 구약성경에 있다. 이 사실은 고린도전서 12~14장 이외에도 바울이 '글로싸'라는 단어를 사용한 사례를 살펴 볼 때 더욱 분명하게

드러난다. 바울은 12~14장에서 이 단어를 무려 21회나 사용했지만 다른 서신에서는 불과 3회만 사용했다. 이 세 차례 모두 구약성경을 인용(로마서 3장 13절에서 시편 5장 9편을 인용, 로마서 14장 11절에서 이사야 45장 23절을 인용)하거나 구약성경의 내용을 암시(빌립보서 2장 11절에서 이사야 45장 23절을 인용)하는 곳에 등장하고 있다. 세 군데 모두 진술하거나 고백하는 도구로서의 '혀'의 의미로 사용됐다. 진술되는 내용이 선하든지(롬 14:11, 빌 2:11) 악하든지(롬 3:13) 그 의미는 확실하게 드러난다.

신약성경의 다른 곳에서 사용되는 '글로싸'의 의미 또한 같은 설명이 가능할 것이다. 이 단어는 신체 기관을 지칭하기도 하고(막 7:33; 약 3:5; 계 16:10) 인간의 말을 가리키기도 했는데(행 2:11; 계 5:9; 7:9; 10:11; 11:9; 13:7; 14:6; 17:15), 그 어떤 경우에도 황홀경에서 행해지는 말과는 관련이 없다. 이미 알려진 사실을 통해 알려지지 않은 것을 해석하고, 명확한 것을 통해서 불확실한 것을 해석하는 것이 합리적이라면, 이 단어에서 인간의 언어 이상의 의미를 발견하는 사람은 부적합한 해석에 대한 책임을 져야 할 것이다.

이 구절의 배경은 고린도 교회이며(11:2~14:40, 14:4~5), 고린도 교회의 예배에서 방언은 통역의 도움 없이 행해졌다(참조, 13, 19절). 또한 교회 내에서 방언을 모국어로 사용하는 사람도 없었으며(참조, 10~11절) 방언을 통역할 수 있는 영적 은사를 소유한 사람도 없었다. 그러므로 고린도 교회의 경우 방언은 영적 비밀이자 초자연적으로 밝혀야 할 진리였으나, 하나님께서는 이것을 고린도 교회에 허락하지 않으셨다. 결국 방언은 전체 교회를 위해서는 무익하고 단지 방언하는 사람의 분별력 있는 영(프뉴마[πνεῦμα]. 참조, 14절; 마 5:3; 행 17:16; 고후 2:13)에 다소간 유익할 뿐이다(4절).

14:3 반면에 예언의 은사를 소유한 사람(참조, 12:10)은 듣는 이들이 사용하는 언어, 즉 고린도 교회의 경우 헬라어로 예언함으로써 이들을 하나님 말씀으로 교화시킬 수 있었다. 결국 예언의 은사를 소유한 사람은 듣는 이들에게 덕을 세우며(오이코도멘[οἰκοδομήν]), 권면하며(파라클레신 [παράκλησιν]), 위로한다(파라뮈티안[παραμυθίαν], 신약성경 전체 중 오직 이곳에서만 사용).

14:4 방언 통역의 은사를 소유하지 못한 채로 방언을 하는 사람(참조, 12:10)은 교회 내의 다른 사람들에게는 덕을 세우지 못하고 자기 자신에 대해서만 덕을 세울 수 있을 뿐이다. 방언의 은사를 소유한 사람이 자기 자신에게 덕을 세우게 되는 경우는, 그가 개별적으로 하나님의 은혜를 받았음을 깨닫고(참조, 12:18, 28) 하나님께 찬양을 돌릴 수 있음(16절)을 확신할 때이다. 비록 찬양의 내용은 이해하지 못하더라도 그 사람의 느낌과 감정은 매우 고무되어 상쾌하고 행복감을 느끼게 된다. 물론 이것이 나쁜 일은 아니다. 바울이 차갑고 정열이 식어버린 예배를 옹호한 적은 결코 없다. 그러나 은사란 개인의 풍요로움을 위해 주어진 것이 아니라 다른 사람들의 유익을 위하여 주어진 것이다(12:7. 참조, 10:24; 벧전 4:10). 자신에게 덕을 세우고 기분을 돋우는 것은 은사를 정당하게 사용할 때 나타나는 부산물이지, 결코 은사 활용의 근본 목적은 아니다.

14:5 바울은 방언의 은사를 비하할 의사는 없었다. 그는 예언의 은사를 좀 더 선호했을 뿐이다. 방언의 은사가 나쁠 이유는 전혀 없다. 오히려 바울은 모든 사람들이 방언을 하게 된다면 매우 유익할 것으로 생각했다. 바울은 이전에 독신에 관해서도 같은 말을 했지만(7:7), 모든 사람이 자신

의 주장을 실천할 것으로 기대하지는 않았다. 방언과 예언은 모두 하나님께서 주시는 것이므로 그 어느 것도 경시할 수 없다. 단지 예언은 다른 사람들에게 덕을 세우기 때문에 통역되지 않은 방언보다 선호할 뿐이었다. 이미 앞에서도 언급했듯이 방언의 은사는 확신을 위해 필요한 것으로서 일시적인 것이다(13:8 주해 참조). 그러므로 방언을 잘못 사용했던 고린도 교인들에게 주어진 바울의 가르침은 오늘날에는 직접 적용되지 않는다 (14:21~22 주해 참조).

14:6 바울은 이것을 쉽게 설명하기 위해서 두 가지 예(6~9절)를 든다. 우선 고린도에서의 사역을 예로 들고 있다. 바울은 고린도에서 메시지를 선포할 때 방언을 사용할 수 있었을 것이다. 그러나 그가 방언으로 메시지를 선포할 때 사람들은 이해할 수 없었을 것이며(참조, 18절), 그 결과 사람들은 흥미를 잃게 되거나(11절) 최악의 경우에는 조롱만 받았을 것이다(23절). 그러므로 바울은 고린도 교인들이 이해하고 반응할 수 있도록 (24~25절) 예언의 사역 가운데(12:29) 하나님으로부터의 계시(참조, 2:10), 혹은 가르침의 사역 가운데(12:29. 참조, 26절) 지식의 말씀(참조, 2:12)을 선포했다.

14:7~9 음악의 선율이나 전투 신호의 예시에도 같은 적용이 가능하다. 타인들이 알아듣도록 하기 위해서는 피리나 거문고와, 나팔 등으로 명확한 소리를 냄으로써 이해할 수 있도록 해야 한다. 그렇지 않으면 이것들의 소리는 단지 허공에다 하는 말이 되어 오히려 성가시게끔 하고(7절), 제때에 전투를 준비하지 못하여 파멸을 초래할 것이다(8절).

14:10~12 소리를 내는 도구들의 경우와 마찬가지로 사람들 사이의 의사 전달도 같은 원칙에서 이뤄진다. 10절의 '소리'(포논[φωνῶν], 이것의 복수 형태는 포넨[φωνήν])는 7절의 거문고 소리와 8절의 나팔 소리를 나타낸다. 서로 의미가 통하지 않는 인간의 소리들은 무가치한 것이다. 통역이 되지 않은 고린도 교인들의 방언 역시 그러했다. 이러한 이유 때문에 바울은 고린도 교인들의 영적 은사에 대한 관심을 억제하지는 않으면서도, 교회의 모든 사람들에게 덕을 세우는 은사들을 추구할 것을 권유했던 것이다(12절. 참조, 1절; 12:31).

14:13 방언은 통역되기만 하면 예언과 마찬가지로 교회에 덕을 세울 수 있다(참조, 행 19:6). 그러므로 통역의 은사를 하나님께 구해야 한다. 통역의 은사를 소유한 사람이 교회 안에 없다면 방언의 은사를 받은 사람은 잠잠해야 한다(28절).

14:14~15 통역의 은사가 더해진다면 방언의 은사는 이 은사를 소유한 사람에게 유용한 것이다(참조, 4절). 방언은 인간의 감정적 측면뿐 아니라 정신적 능력까지도 포함하기 때문이다.

14:16~17 어떤 사람이 방언의 은사와 통역의 은사를 함께 소유하고 사용한다면 더욱 향상된 예배를 드릴 수 있지만(15절), 같은 은사를 소유하지 못한 사람은 그의 방언을 듣고 공감하지 못할 것이 분명하다. 방언을 듣고 있는 사람들 가운데서 함께 방언의 은사를 소유하고 있는 사람들은 그 순간 영적으로 고무됨을 경험할 것이다. 그러나 방언의 은사 이외의 은사를 소유한 사람들은 이 방언이 통역되어야만 그것을 듣고 영적인 유

익을 얻고 '아멘'으로 화답할 수 있다. 만약 방언이 통역되지 않는다면 의사소통은 불가능할 것이며, 그 방언을 통해서 영적으로 고양되지 못할 것이다.

14:18~19 고린도 교인들이 열광적으로 방언을 추구하는 것을 억제하고자 하는 바울의 관심은 단순한 오기에서 비롯된 것이 아니었다. 방언에 관한한 바울은 오히려 다른 모든 이들보다 더 많이 할 수 있었다. 그러나 바울의 주된 관심은 자기 충족에 있지 않았다. 바울은 다른 사람들을 유익하게 함으로써 하나님께 영광을 돌리는 데 주목했다(참조, 10:31~33). 그래서 바울은 교회에서 방언을 말하지 않았다. 대신에 예언의 은사를 사용했다(6절). 이것은 하나님의 목적에도 부합하는 것이었다. 그렇다면 방언이 하나님의 목적에 적합하게 되는 때는 언제일까. 바울은 이 문제를 다음 단락에서 다룬다.

14:20 바울은 고린도 교인들이 방언을 열광적으로 사모하는 것은 그들이 영적으로 미숙하고 세상적이기 때문이라고 생각했다(참조, 3:1~3). 바울은 고린도 교인들의 영적 상태에 변화가 생길 것을 기대했는데, 특별히 예언의 중요성에 대한 교회의 인식과 더 나은 평가를 이와 관련지어 설명했다. 바울은 방언과 예언의 대조를 통해(21~25절) 1절에서 시작된 권면을 결론짓는다.

14:21~22 본 논의의 요약은 이스라엘에 대한 이사야의 예언의 일정 부분의 인용으로 시작된다(사 28:11~12). 이사야는 이스라엘 백성이 예언자들을 통해서 주시는 하나님의 메시지에 귀를 기울이지 않았기 때문에 다

른 메시지가 임하게 될 것이라고 예언했다. 이 메시지는 명료한 것이지만 이스라엘 백성은 이해할 수 없는 외국어로 선포될 것이었다(참조, 왕하 17:23). 외국어로 선포되는 메시지는 하나님께 완고한 태도를 보이는 이스라엘에 대한 하나님의 거부(참조, 신 28:49; 사 33:19)와 징계(참조, 왕하 17:14; 행 7:51)를 상징한다. 이방인들이 이스라엘 백성을 대신하여 일시적인 하나님의 종이 될 것이다(참조, 사 5:26; 합 1:6; 마 21:43; 롬 10:19~21). 여기서 외국어는 이스라엘에 대한 징계의 표식이다.

바울은 바로 이런 점에서 방언에 의미를 부여한다. 방언이 존재하는 주요한 이유는 믿는 자들을 위한 것이 아니라 믿지 않는 자들을 위한 것이다(참조, 마 13:10~15). 그러므로 통역이 없는 방언이 존재할 곳은 교회가 아니다. 교회 안에서는 예언이 믿는 자들에게 유익을 주고 있기 때문이다(3절).

14:23~25 방언은 통역될 때에만 교회 안에서 유익하다. 그러나 고린도 교인들은 통역을 하지 못했다. 오히려 그들은 방언을 절제 없이 함부로 사용했다. 그 결과 다른 은사들을 소유한 이들은 방언을 말하는 사람들로 인해 당황하게 되었다(16절). 게다가 처음 온 사람들(이디오테스[ἰδιώτης], 참석하기는 하지만 믿지 않는 이들을 말한다)과 다른 믿지 않는 이들(아피스토스[ἄπιστος], 복음의 메시지를 알기는 하지만 확신하지 못하는 사람들로, 21~22절에서 단번에 복음을 거절하는 사람들과는 다른 부류다)은 이러한 고린도 교인들의 행위를 우습게 여기기도 했다. "너희를 미쳤다 하지 아니하겠느냐"고 바울이 말했듯이 이것은 고린도에 그리스도를 전파하는 데 도움이 되지 못했다. 그러나 예언은 바람직한 것이었다. 예언은 믿는 사람들에게 유익할뿐만 아니라(3절), 믿지 않는 사람들에게도 무질

서한 인상을 심어 주지 않기 때문이다. 오히려 예언은 믿지 않는 사람들에게 확신을 주고(참조, 요 16:8), 판단을 통해(2:15) 그 마음에 숨은 일들을 드러나게 함으로써 하나님을 경배하게 만든다.

(4) 은사들의 적절한 사용(14:26~40).

바울은 12~14장에 걸쳐 다룬 은사에 관한 논의의 결론을 맺고 있다. 이 부분은 예배와 관련된 그리스도인의 자유에 대한 결론이기도 하다(11:2~14:40). 여기서 우리를 가장 놀라게 하는 것은 정해진 예배의 틀이 없다는 것과, 특별한 목회 사역을 감당하는 개인들에 대한 언급이 없다는 사실이다. 당시에는 전체 교회가 자신의 은사들을 자발적으로 사용함으로써 서로에게 봉사했던 것으로 보인다.

14:26 고린도전서 전체를 통해서 바울은 고린도 교회를 가리켜 '형제들'이라고 부른다. 이 말은 남녀 모두를 지칭하는 일반적인 용어다(1:10. 참고, 벧전 5:9). 교회에 모일 때는 누구든지 찬송을 드리는 것, 가르침의 말씀을 전하는 것(아마도 구약에 기초한 가르침일 것이다), 예언의 은사를 가진 사람의 계시(참조, 6, 29~32절) 및 방언과 통역 모두가 가능한 사람의 말씀 등을 통해 자유롭게 참여할 수 있었다. 이러한 자유로운 참여 속에서 지켜져야 할 원칙은 사랑의 법칙이다. 말과 행실은 다른 사람들의 유익(프로스 오이코도멘[πρὸς οἰκοδομήν: 교화시키다])을 강화하는 데 궁극적 목적을 두고 이루어져야 했다(참조, 4~5절).

14:27~28 비록 정해진 예배 순서는 없었지만, 예배의 질서를 확립할 필요는 있었다(40절). 은사를 소유한 사람들이 예배에 골고루 참여하는 것

이 필요했다. 방언의 은사를 소유한 사람은 원한다면 예배 중에 방언할 수 있었다. 그러나 한 예배에 두 사람이나 세 사람만 방언해야 하고, 반드시 참여한 사람 중에 통역할 수 있는 은사를 소유한 사람이 있어야 했다. 만약 통역하는 자가 없으면 방언을 말하는 사람은 잠잠해야만 했다. 방언은 통역하지 못하면 교회에 유익을 주지 못하지만 다른 유익은 가져다 줄 수 있다(참조, 4, 14~15, 22절).

14:29 예배 중에 예언하는 것도 방언의 경우와 같다. 한 예배에서는 두 사람이나 세 사람만 예언하고, 그들이 무엇을 말하는지 주의 깊게 살펴봐야 했다. 예언하는 사람들이 헬라어로 예언하였으므로 예배에 참석한 다른 사람들은 예언된 메시지를 이해하고 평가할 수 있었을 것이다(여기서 '다른 사람들'은 아마 영들을 분별하는 은사를 소유한 사람들일 것이다). '분별하다'라는 말은 디아크리네토산(διακρινέτωσαν)을 번역한 것이며, 이는 명사 디아크리세이스(διακρίσεις)와 관계가 있다. 디아크리세이스는 12장 10절에서 '영들'을 분별한다는 의미로 쓰였다. 예배 중 예언된 메시지가 과연 하나님께로부터 온 것인가를 분별하는 것이 그들의 과제였다(참조, 요일 4:1).

14:30 어떤 예언자는 예배에 참석하기 전에 환상이나 꿈을 통하여 계시를 받고 그것을 예배 중에 말할 수 있었을 것이다. 그러나 어떤 예언자는 예배 도중에 계시를 받는 경우도 있었을 것이다. 이런 경우, 예언하고 있던 사람은 자신의 말을 멈추고 지금 계시를 받은 사람이 예언하도록 해야한다. 고린도 교회의 예배에서 교인들은 이런 면에 둔감하지 않았다.

14:31 방언을 규제하는 원칙은 예언에도 적용되었다. 방언이든 예언이든 가르침과 권면을 통해서 모든 그리스도인들의 생활에 도움을 줄 수 있어야만 했다(참조, 3절).

14:32~33상 바울은 예언하는 사람이 방언하는 사람들보다 더 큰 제재를 받는다고 생각하지 않았다. 그러기에 그는 방언의 은사를 소유한 사람들에게 주었던 것과 유사한 가르침을 예언하는 사람들에게도 주었던 것이다(28절). 본문에서 '영'이란 예언의 은사를 가리키는 것이다. 예언의 '은사'가 예언하는 사람을 통제하는 것이 아니라, 예언하는 '사람'이 예언의 은사를 통제하는 것이다(참조, 30절). 만약 한 예배에서 두 세 사람만이 예언해야 한다면, 다른 은사를 소유했거나 다른 메시지를 소유한 사람은 다음 차례를 기다려야 할 것이다. 교회란 개인이 거드름을 피우고 영광을 얻기 위해 존재하는 기관이 아니다. 교회는 그 안에서 사람들이 성장하고 하나님께 영광을 돌리기 위하여 존재하는 것이다(참조, 10:31~33). 예배와 이 예배에 참석하는 사람들은 하나님의 속성을 반영할 수 있어야 한다. 하나님께서는 무질서의 하나님이 아니라 화평의 하나님이시다. 또한 성령께서는 믿는 자들의 삶 속에서 성령의 열매(갈 5:22)를 맺게 하신다.

14:33하~36 초기 일부 성경의 사본 제작자들은 본문의 몇몇 구절(34~35절)의 위치가 여기가 아니라고 생각하여 장의 맨 마지막 부분으로 옮긴 경우가 있다. 더욱 과격한 사례로, 현대의 몇몇 주석가들은 이 부분은 언급할 가치조차 없다고 주장한다. 그러나 이 구절들의 정확한 의미를 밝혀 내는 일이 어렵다고 해서 편리한 대로 취급해서는 안 된다. 사실 바울이 여자들에 대하여 이러한 언급을 하게 된 것은 방언과 예언에 대하여

언급한 것과 같은 맥락에서 조언하기 위함이다. 교회의 구성원들은 경우에 따라서 자신을 억제해야 하며, 자기 억제는 침묵으로 표현된다(28, 30, 34절). 이렇게 하는 것은 교회가 화평해지기 위함이다.

고린도 교회 안에 바울의 이러한 가르침에 귀를 기울일 필요가 있는 여자들이 있었음이 분명하다. 이것은 여자들이 예배 중 머리를 가리지 않는 것(11:2~16)보다 훨씬 더 심각한 문제였으므로 바울은 이 문제를 회피할 수 없었다.

교회 안에서 잠잠하라는 권면이 모든 여자들에게 주어진 것인지(참조, 11:2~16), 아니면 결혼한 여자들에게만 주어진 것인지에 대한 논란이 있다. '여자'로 번역된 구나이케스(γυναῖκες)는 일반적으로 여자를 통칭하거나(11장 3~15절에서 이러한 용례가 11차례 사용), 결혼하지 않은 여자(7:34), 혹은 결혼한 여자(5장 1절, 9장 5절, 7장에서 한 번의 경우[7:34]를 제외하고는 이러한 뜻으로 14회 등장)를 표현할 때 사용되었다. 오로지 그 맥락을 살펴봄으로써 이 단어가 의미하는 바를 구별해 낼 수 있을 것이다.

본 구절과 같은 경우에는 결혼한 여자를 지칭함을 보여 주는 두 가지 강력한 암시가 있다. 첫째 암시는 복종(휘포타쎄스도산['υποτασσέσθωσαν], 34절)이라는 단어이다. 이 단어는 신약성경에 등장할 때마다 여자에 대해 사용되었으며, 이 경우 언제나 남편에게 복종해야 할 여자를 지칭하는 데 쓰였다(엡 5:22; 골 3:18; 딛 2:5; 벧전 3:1, 5).

두 번째 암시로 자기 남편(35절)이란 구절을 들 수 있다. 어떠한 사안에 궁금증이 있는 여자는 자기 남편에게 물어야 한다. 분명히 '자기 남편'이라는 표현이 결혼하지 않은 여자(7:34)나 그리스도를 믿지 않는 남편을 가지고 있는 여자(7:13)에게는 적용하기 힘들 것이다.

예배 중 여자들이 조용할 것을 가르치는 디모데전서 2장 11~15절의 내용은 매우 빈번히 본문과 병렬관계로 인용되곤 한다. 그러나 15절을 결혼하지 않은 여자에게 적용하지 않은 점으로 봤을 때, 디모데전서의 경우도 결혼한 여자들을 대상으로 한 것임을 알 수 있다. 구약성경에서 '하와'라는 이름도 아담의 아내로서 붙여진 것이고(창 3:20. 참조, 고후 11:2~3; 딤전 2:13~14) 그녀가 아담에게 복종하게 된 것도 그의 아내였기 때문이다(창 3:16. 바울이 34절에서 언급한 율법). 또한 디모데전서 2장 11~12절의(헤시키아[ἡσυχία])라는 명사는 '조용함, 무질서하지 않음'의 뜻인 것에 반해, 고린도전서 14장 28절과 34절의 시가오(σιγάω)는 '잠잠하게'라는 뜻이다(딤전 2:11~14, 살후 3:12에 대한 주석 참조).

이처럼 바울은 남편을 가진 여자들이 공동체 모임에 참석할 때 잠잠할 것을 요구했다. 그러나 결혼하지 않은 여자들은 적절하게 단장하고 집회에 참석할 것을 허락했다(고전 11:2~16). 여자들의 조용함은 남편에 대한(결코 열등한 관계가 아닌) 순종의 관계를 뜻한다. 물론 예배 중에 남편과 수군거림으로써 예배를 소란스럽게 해서는 안 된다.

고린도 교인들은 자기들만이 배타적으로 하나님의 말씀을 받은 자로 생각하거나, 이 말씀을 독립적으로 해석할 수 있는 권리를 가지고 있다고 생각해서는 안 되었다(36절). 오히려 그들은 모든 다른 교회의 성도들과 마찬가지로(33절하) 교회 내 행실의 표준에 따라 행함으로써 하나님의 진리에 순종해야만 했다.

14:37~40 이 부분은 바로 앞부분(33하~36절)에 대한 결론일 뿐만 아니라, 예배와 관련된 고린도 교회의 무질서에 대한 모든 논의(11:2~14:36)의 결론이다. 바울은 자신의 교훈에 반대하는 사람들이 있을 것으로 예

상했다(참조, 36절; 11:16). 바울은 반대자들은 위험을 무릅쓰게 될 것을 경고하였다(참조, 18~21절). 누구든지 주의 계명들을 무시하면 마지막 날에 하나님으로부터 선택받지 못할 것이다(참조, 3:17; 창 9:6; 마 10:32~33). 그 사람의 행동이 그가 주님을 전혀 알지 못했다는 사실을 증명하기 때문이다(참조, 8:3; 마 7:22~23; 요일 4:6).

그리스도인은 다른 사람들의 은사를 무시하지 않고, 자신의 은사를 사용하여 교회 전체에 유익을 끼치는 데 주의를 기울여야 한다(1절; 12:31). 또한 예배는 알맞은 태도(참조, 34~36절; 11:2~16)와 질서를 유지한 채 진행해야 한다(참조, 26~33절; 11:17~34).

C. 부활에 대한 가르침(15장)

어떤 이들은 바울의 부활에 대한 확고한 신앙이야말로 고린도 교회의 여러 문제들을 해결하는 데 도움이 된다고 생각했기 때문에 부활의 문제를 서신의 마지막 부분에서 다루고 있다고 본다. 만약 십자가의 메시지가 그리스인들에게 어리석게 보인 것이 사실이라면(1:23), 십자가의 필연적인 귀결인 부활 교리 역시 어리석게 보였을 것이다(참조, 행 17:31~32). 지금이 하나님의 물질적인 축복을 나타내 보여 주는 것이며(고전 4:8. 참조, 6:2), 성적 비도덕은 근본적인 문제가 못 된다는(5:1. 참조, 6:9, 13~14) 고린도 교인들의 신념 때문에 부활을 암묵적으로 거절하는 태도가 나온 것으로 보인다.

앞서 논의된 다른 문제들처럼(1:10~6:20) 교회 안에 부활을 부인하는 이들이 있다는 사안도 즉각 바울에게 보고됐다(15:12). 그러나 이 문제는 고린도 교인들이 바울에게 보낸 서신 속에는 포함되지 않았다(참조, 7:25; 8:1; 12:1; 16:1, 12). 바울은 부활에 관하여 혼란을 겪고 있었던 데살로니가 교회에 답신했을 때와 마찬가지로(살전 4:13~18), 이 서신에서도 먼저 부활 신앙에 대한 근본적인 확신을 바탕으로(참조, 15:3~4; 살전 4:14) 논의를 확장하고 있다.

1. 육체 부활의 확실성(15:1~34)

a. 역사적 논증(15:1~11)

15:1~2 바울이 고린도에서 전한 복음(2:1~2)은 변질되지 않았다. 그러나 고린도 교회 내에서 십자가의 메시지에 왜곡된 이해가 있었듯이, 바울은 그리스도의 부활에 대해서도 같은 일이 발생할 것을 우려했다. 십자가의 메시지가 고린도 교인들의 계속되는 구원의 경험을 위해 필수적이었듯이(2절의 '구원을 받으리라'는 구절은 헬라어의 현재 시제의 표현으로서 '성화'를 지칭). 부활의 교리 역시 필수적이다. 그리스도의 육체의 부활을 부인하는 것은 복음 자체를 제거하는 것이며, 신앙을 공허하게 만든다(에이케[εἰκῆ: 원인이 없는, 성취가 없는]. 참조, 14, 17절). 왜냐하면 육체의 부활을 부인하는 신앙은 그 목적이 무가치하기 때문이다(참조, 13, 17절). 복음을 믿는다는 것은 그리스도의 부활에 관한 신앙을 굳게 지키는 것을 포함한다. 만약 부활에 관한 신앙을 굳게 지키지 못한다면 이러한 신앙은 '헛된 것'이다(참조, 마 13:18~22).

15:3~5 바울은 그리스도께서 죄인들을 위하여 죽으시고 부활하신 진리를 받아들여야 한다고 말하면서 자신도 그것을 믿는 자들의 무리 속에 포함시킨다. 그리스도의 죽음과 부활이야말로 복음의 핵심으로서 초대교회의 신앙 고백의 내용을 이룬다. 바울이 가장 중요하게 여기며 가르친 이 고백은 그리스도께서 우리 죄를 위하여 죽으셨고 다시 살아나셨다는 두 가지 사실에 대한 고백이다. 이 고백들은 성경에 의해 증명되었고(시 16:10; 사 53:8~10), 예수님이 무덤 안과 밖의 많은 사람들 앞에서 나타나심으로 역사적으로 증명되었다. 예수께서 장사 지낸 바 되었다는 사실은 예수의 죽음을 증명하는 것이며, 예수께서 사람들에게 나타나 보이셨다는 사실은 그의 부활을 증명하는 것이다. 베드로는 최초의 남자 목격자였으며, 곧 이어서 조직된 나머지 제자들도 예수의 부활을 목격하게 되었다.

15:6 이후 상당히 많은 성도의 무리가 예수의 부활을 목격했다. 5백여 정도의 형제들이 모여들어 마태복음 28장 18~20절에 기록된 명령을 위임받았다(참조, 행 1:3~8). 이들 가운데 대다수는 바울이 고린도전서를 기록할 당시에도 살아 있었다.

15:7~8 어떤 이들은 이러한 부활의 모습을 두고 믿는 자들이 신앙의 눈을 통해서 본 경건한 환상에 지나지 않는다고 일축했다. 바울은 이들에게 예수의 형제였던 야고보와 자기 자신을 또 다른 증거로 제시하였다. 야고보도 바울과 마찬가지로 부활하신 주님을 목격함으로써(행 9:3~6; 22:6~11) 믿음을 소유하게 된 것으로 보인다(참조, 요 7:5; 행 1:14). 바울은 자기 자신을 "만삭되지 못하여 난 자"라고 표현하고 있는데, 그리스도께서 지상의 사역을 감당하시는 동안 그리스도와 함께 하지 못했기 때문

이다(참조, 행 1:21~22). 여기서 '사도들'은 앞에서 언급된 열두 제자보다 더 넓은 범주이며(엡 4:11 주해 참조). 이들 모두는 부활하신 그리스도를 목격했다(9:1). 이러한 맥락에서 바울 역시 부활하신 그리스도를 만남으로써 사도들 무리에 속한 것이다.

15:9 바울은 미숙하게 태어난 송아지처럼 마지막 사도로 선택된 사람으로서, 스스로를 "사도 중에 가장 작은 자"라고 표현했다. 바울이 지금은 교회를 섬기고 있지만(고후 4:5), 과거에는 교회를 반대하였으므로(참조, 행 22:4; 딤전 1:15~16) 사도직에 걸맞은 대우를 감당치 못하겠다고 생각했다.

15:10 그러나 바울은 자신의 과거가 하나님의 은혜가 표출된 배경임을 확신했다(참조, 1:3). 하나님의 은혜야말로 바울이 전적으로 의존하고 있는 대상이다. 사실 바울의 헌신은 그 누구에도 비길 수 없는 훌륭한 것이었다(참조, 9:19~20). 교회 역사를 통하여 바울의 헌신이 결코 헛되지 않았음(케네[κενή: 공허한]. 참조, 14절)을 확신할 수 있다. 바울은 다른 어떤 사도들보다 더 많이 수고한 사도였다. 그는 다른 사도들보다 더 먼 길을 여행했으며, 더 많은 핍박을 받았고, 신약성경 내의 서신들을 더 많이 썼으며, 더 많은 교회를 설립했다. 그러나 바울은 이러한 결과가 자신의 능력에서 기인한 것이 아니요, 오직 하나님의 은혜(2:4~5)가 만들어 낸 결과임(3:6)을 인지하고 사역을 수행했다.

15:11 결국 중요한 것은 전달자가 아니라 메시지 그 자체이다(참조, 1:18~4:5). 사도들이 전한 메시지는 십자가에 달리신 그리스도께서 부활

하셨다는 사실이며, 바울은 이 메시지를 전파했고 고린도 교인들은 이것을 믿었다.

b. 논리적 논증(15:12~19)

15:12 바울은 '죽은 자는 결코 육체의 부활을 경험할 수 없다'고 하는 몇몇 사람들의 주장을 언급한다. 그는 그리스도 신앙의 틀 안에서 이러한 논리적 결과를 논의하고 있다.

15:13 원칙적으로 육체의 부활을 부인하는 것은 그리스도의 부활을 부인하는 것이다. 고린도 교회 안에는 육체의 부활을 부인함으로써 그리스도의 부활을 부인하는 사람들이 있었을 것이다. 바울은 이러한 믿음을 가진 사람들과 잘못된 신앙의 결과로 빚어질 심각한 결과들을 경고했다.

15:14 첫째로, 부활의 부인은 복음의 메시지로부터 마음을 멀어지게 만들어서 생명력을 상실케 한다는 사실이 가장 중요하다. 정말 부활을 부인한다면 고린도 교회의 신앙은 제아무리 생명력이 넘쳐도 아무런 소용이 없다(케네[κενή]. 참조, 2, 10, 17절). 그 신앙의 대상이 죽은 존재이기 때문이다.

15:15~16 둘째로, 사도들이 그리스도의 부활을 한결같이 증거한 사도들은(참조, 11절) 거짓 증인에 불과한 존재로 간주될 것이다.

15:17 셋째로, 고린도 교인들의 구원은 현실성에 부합하지 않는 상상 속

에서의 구원이 될 것이다. 고린도 교인들의 믿음은 헛된 것이 되고 만다 (마타이아[ματαία: 결과가 없다], 케네[κενή]. 참조, 10, 14절; 에이케[εἰκῆ: 성취 없는]. 2절). 부활은 십자가 위에서 이루어진 그리스도의 대속이 받아들여졌음을 보여 주는 하나님의 확증이다(롬 4:25).

15:18 넷째로, 그리스도께서 다시 살아나신 것이 아니라면, 고린도 교인들 중 먼저 죽은 이들은 복을 받지 못하고 지옥에 떨어진 상황이 된다. 이 교도들은 자유로워진 영혼들은 잠들어 있는 상태에 있다고 생각했다. 부활이 없다면 '사망의 쏘는 것'은 여전히 지속적인 고통을 가지고 군림할 것이다(참조, 54~56절).

15:19 다섯째로, 부활이 없다면 이교도들의 판단이 옳게 될 것이다. '십자가의 메시지는 어리석은 것'이란 생각이 오히려 더 옳을 것이며(1:18), 바울과 다른 사도들처럼 복음을 위하여 고난을 받은 이들(4:9~13)은 불쌍한 사람이 될 뿐이다. 순간의 쾌락을 추구하며 사는 사람들의 삶이 옳은 것이 되고, 그리스도인들의 희생은 단지 비참하고 자초한 웃음거리가 되고 말 것이다(참조, 32절).

c. 신학적 논증(15:20~28)

15:20 바울은 그리스도의 육체의 부활을 부인하는 논증으로부터 비롯된 논리 부정을 파헤친다(12~19절). 바울은 그리스도인들의 운명이 그리스도의 운명과 밀접하게 연결되었다는 신학 교리를 언급하면서, 이러한 두 관계의 연합이 가져오는 긍정적 결과를 제시했다. 추측보다 확언이 더

낫다("그리스도께서 죽은 자 가운데서 다시 살아나사") 또한 그리스도께서는 첫 열매가 되셨다. 첫 열매라고 하는 것은 구약에서 사용된 표현(출 23:16, 19)으로서, 여기서는 장차 올 것의 예표와 보증의 의미를 가지고 있다(참조, 롬 8:23).

15:21~22 아담을 통해 출생한 모든 인간은 아담 한 사람의 불순종 때문에 죽음을 맞이하게 되었다. 인류의 아버지 아담의 범죄가 모든 사람에게 죽음을 가져온 것이다(참조, 창 3:17~19; 롬 5:12). 그러나 또 다른 한 사람(딤전 2:5)의 순종으로(빌 2:8) 그와 관련된 모든 사람들은 영적으로 거듭나 부활할 수 있게 됐다. 후에 바울은 이 위대한 진리의 개념을 로마서에서 발전시켰다(롬 5:12~19). 그리스도의 몸을 이루고 있는 사람들(12:27)은, 당장은 아니더라도 장차 언젠가 머리 되시는 주님의 인도를 받게 될 것이다(골 1:18).

15:23 이러한 마지막 사건들은 일련의 순서 속에서 진행될 것이다. 그러나 바울은 미래의 부활 사건들에 대해 자세히 설명하는 것에는 관심이 없었다. 바울은 현재의 교회를 대상으로 설명하고 있고, 그의 주된 관심은 거시적인 계획 속에서 교회의 위치를 정립하는 데 있었기 때문이다. 앞서도 바울이 확언했듯이(20절) 그리스도는 부활의 표본이자 보증이셨다.

그리스도께서는 약속하신 대로(요 14:2~3) 교회 공동체를 위하여 오실 것이며, 그리스도 안에서 죽은 자들이 다시 살아날 것이다(살전 4:16). 언제 이러한 일이 발생할 것인가에 관한 시간적 틀은 전혀 언급되지 않았다. 다만 현재까지 거의 2천 년이라는 시간이 경과하고 있다.

15:24 교회의 부활이 있은 후, 그리스도께서 그의 나라를 아버지 하나님께 바치실 마지막 때까지는(참조, 마 13:41~43) 얼마의 기간이 경과할 것이다. 어떤 해석자들은 바울이 시간적인 간격을 암시하고 있으며, 따라서 그리스도의 재림과 만물의 마지막이 동시에 일어날 것이라고 주장한다. 23절에서 나타난 대로 구체적인 시간적 틀에 대한 언급은 없다. 전개될 사건의 순서도 거의 순간적일 것이다(5절). 그러나 이것들이 연기될 수도 있을 것이다(참조, 23절). 그리스도의 부활이라는 첫 사건과 교회의 부활이라는 두 번째 사건 사이에 이미 2천여 년이 경과했음을 고려한다면, 교회의 부활과 나라를 아버지께 바치실 마지막 때 사이에 천년왕국이 전개된다고 해서 놀라울 것은 전혀 없다.

15:25~26 여기서 사망이 그리스도의 궁극적인 적으로 의인화되고 있는데, 결국에는 사망도 멸망 받을 것이다(참조, 55절; 히 2:14). 몇몇 고린도 교인들이 생각한 것처럼 인간의 몸이 멸망 받는 것이 아니다. 오히려 멸망 받을 것은 몸을 파괴하는 사망 그 자체인 것이다.

15:27~28 이 내용은 57절에서 반복되고 있다. 성육신 하신 그리스도께서 승리하심으로써 그의 권능을 나타내는 것은 하나님의 능력을 통한 것이다(참조, 빌 3:21). 아들의 이러한 사역은 아버지의 영광 속에서 궁극적으로 완성될 것이다(참조, 요 17:4~5). 이것은 또한 교회의 궁극적인 목표이기도 하다(참조, 10:31; 엡 1:6, 12, 14). 하나님께서 만유의 주로서 만물 안에 계실 때(참조, 롬 11:36) 새로운 창조가 완성될 것이며, 부활하신 그리스도와 그의 교회는 이것에 참여하게 될 것이다(참조, 계 22:1).

d. 경험적 논증(15:29~34)

부활을 부정하는 자들에 대한 변론의 네 번째 부분에서 바울은 고린도 교인들의 관행(29절)과 바울의 방식에 대하여 언급한다(30~32절).

15:29 약 200년경에 이르기까지 이 구절을 설명하고자 하는 노력이 있었다. 대부분의 해석들은 이 구절을 정통 세례 교리에 합치시키고자 하는 목적에서 시작되어 무의미하다. 문맥상으로 봤을 때, 바울은 자신의 관행과 가르침을 여기서 언급되는 세례의 문제와 구별하고 있다. 바울은 단지 부활을 부인하는 사람들이 행하던 죽은 자들을 위한 세례만을 취급하고 있었던 것이다.

거짓 교사들이 어떻게 이러한 견해에 이르게 되었는가에 대해서는 확실히 알 수 없다. 다만 사로니코스 만(灣) 건너 고린도 북쪽에 있는 엘레우시스란 도시가 있는데, 호머도 찬양한 바 있는 이곳은(*Hymn to Demeter* 478-79) 매우 광범위하게 퍼져 있었던 고대 신비 종교의 중심지였다(참조, 키케로, *De Legibus* 2. 14. 36에서 저자 자신이 종교의 전수자로 드러남). 신비 종교에 입문하는 절차는 바다에서 씻음으로서 정결 예식을 행하는 것이었으며, 이러한 의식 없이는 내세에서의 복을 경험할 수 없다고 믿었다(참조, 핀다로스, *Fragment* 212; 소포클레스, *Fragment* 753). 신비 의식에 대리 참석하는 것에 관해서도 역시 잘 알려져 있지 않다(참조, 오르피카, *Fragment* 245). 교회의 관행에서 나타나는 이러한 고린도 교인들의 왜곡된 경향은(엘레우시스의 신비 종교의 영향을 받은) 몇몇 고린도 교인들에 의해 잘못된 세례관이 제기됨으로써 시작된 것으로 보인다. 바울은 이러한 잘못된 세례관을 부활을 부정하는 자들에 대한 비판의 도구로 활용하고 있다. 이 구절에 대한 그 어떤 해석도 전적으로 만족스럽지 못하다. 그러나 헬라어 성경으로 이 부분을 읽음으로써 좀 더 타당한 이해에 도달할 수 있다. 이 구절에 대한 여타의 설명들은 헬라어 본문을 고려하고 있지 않기 때문이다. 또한 주목할 것은 바울은 "죽은 자들을 위하여 세례를 받는"('우리'가 아닌) 그들에 대하여 말하고 있다는 점이다.

15:30~32 29절에 언급된 죽은 자들을 위하여 세례 받는 관행과 대조하여 바울은 자신의 삶의 양식을 소개함으로써 부활의 확실성을 강력하게 말한다. 몇몇 고린도 교인들은 바울이 이중적이라고 비난했다(참조, 고후 1:12~14; 2:17; 6:8). 바울은 부활의 확실성에 대한 확신 없이 사역한다면 자신은 바보처럼 될 것이라고 단언했지만, 실제로 그 누구도 바울을 바보라고 생각하지는 않았다. 바울의 일생은 온갖 위험으로 점철된 것이었다("나는 날마다 죽노라". 참조, 고후 6:4~5; 11:23~28). 한때 그는 자신이 죽을지도 모른다고 생각했고(고후 1:8~9), 이 사실은 '에베소에서 맹수로 더불어 싸웠다'는 표현이 보여 준다. 비록 이러한 표현이 원형 경기장에서의 경험을 지칭하는 것은 아니더라도, 바울이 전혀 구원의 희망을 바라볼 수 없는 어려운 상황에 처했음을 보여 주는 것이다. 이 세상에서의 삶이 전부라면 바울이 극심한 어려움을 자초할 필요가 있었을까? 에피쿠로스 학파 사람들처럼(이들 이전의 철학적 성향이 약한 사람들도 마찬가지이다. 참조, 사 22:13) 고통을 피하고 향락을 추구하는 편이 더 옳을 것이다(참조, 에피쿠로스, *Letter to Menoeceus* 128). 그러나 바울은 이 세상의 삶만이 다가 아니며 또 다른 삶의 세계가 있다는 사실을 알고 있었다. 바울은 자신의 삶을 통하여 이러한 사실을 증명했다(참조, 9:24~27; 고후 4:16~18).

15:33~34 바울은 부활을 부인하는 이들에 대한 충고로 결론을 맺는다. 그 내용은 이미 앞에서 다룬 교회 내의 비도덕한 사람들에 대한 충고(5장)와 같은 것으로서, 이런 자들과 어울리지 말라는 것이었다. 그는 앞서 교회 내의 비도덕한 사람들을 누룩에 비유했었다(5:6). 여기서 그는 이교도 작가인 메난드로스의 말(*Thais* 218)을 인용함으로써 같은 효과를 노리고 있다. 즉, '악한 동무들은 선한 행실을 더럽힌다'는 것이다. 거짓 교사들을 피해야 한다(참조, 고후 6:14~7:1). 이들은 위대한 진리를 외치는 것처럼 보이지만, 사실은 하나님을 알지 못하는 자들이기 때문이다(참조, 8:2). 지혜로운 고린도 교인이라면 과연 이들에게 쉽게 속아 넘어갔겠는가(참조, 고후 11:3)?

2. 특정 문제에 대한 답변들(15:35~58)

앞부분에서(1~34절) 바울은 12절에 암시한 것처럼 부활을 믿는 이유를 다뤘다. 이 문제에 대하여 바울은 역사적 논증, 논리적 논증, 신학적 논증 및 경험적 논증을 통하여 해답을 제시했다. 바울은 두 가지 또 다른 문제들을 제시하는데, 부활은 어떻게 성취되는 것이며, 부활한 육체는 어떠한 성격을 갖는 것인가의 문제였다.

a. 죽은 자의 부활에 대한 답변(15:35~49)

15:35~37 부활 신앙에 대한 첫 번째 반대는 부활의 불가해성에서 관한 것이다. 문제의 핵심은 죽은 자들이 어떻게 다시 살아나며 어떠한 몸으로 오느냐는 것이었다. 바울은 현명한 사람이라면 이런 질문을 할 것이 못된

다고 생각했다. 심지어 그는 상상의 대담자들을 향하여 '어리석은 자여!' 라고 부르고 있다. 부활에 대한 신앙은 씨를 뿌리는 파종과 추수에 대해 갖는 믿음과 같다. 어느 것도 완전히 이해할 수는 없지만 이 둘 모두 실재한다. 씨로부터 발아해서 자라는 식물은 직접적으로 씨와 관련되어 있으면서도 씨 자체와는 분명히 다르듯이, 자연적인 육체와 부활한 육체 사이의 관계 역시 그러한 것이다.

15:38~41 우리는 창조의 다양성을 통하여 창조주의 뜻을 발견할 수 있다(창 1:1~26). 생물(사람, 짐승, 새, 물고기 등)과 무생물(해, 달, 별 등)의 창조의 차이점은 하나님의 영광을 표현하고 찬양을 돌릴 수 있느냐의 차이이다(참조, 시 148:13). 바울은 하늘에 속한 자의 영광과 땅에 속한 자의 영광의 차이를 자연적인 육체와 영적인 육체 사이의 차이로 받아들였다(참조, 단 12:3. 여기서는 부활한 성도들을 별들에 비유하였다; 마 13:43).

15:42~44상 지상의 육의 몸은 타락했으며, 일시적이고, 불완전하고, 약하다. 하늘의 신령한 몸은 영원하며, 완전하고, 강하다(참조, 고후 5:1~4). 파종된 씨와 씨로부터 자라난 식물처럼, 연속성은 있지만 두 몸 사이에는 영광스러운 분명한 차이가 있다.

15:44하~49 아담과 그리스도를 대조하는 논의(22절)가 여기서 다시 시작되고 있다. 아담은 지상의(40절) 육의 몸(45절의 프쉬케[ψυχή: 존재]는 44절의 프쉬콘[ψυχικόν]과 관련 있다)의 전형이다. 아담의 본성은 모든 인류에게 주어졌다(영이 없는 사람은 육에 있는 자 '프쉬키코스'이다. 참조, 2:14). 마지막 아담인 그리스도는 하늘의 신령한 몸의 전형이다(22절). 그

리스도께 속한 자들(23절. 참조, 2:15)은 그가 하늘로부터 오실 때에 신령한 몸을 입게 될 것이다(참조, 빌 3:20~21). 추수된 것들은 첫 열매와 같을 것이다(23절. 참조, 골 1:18). 먼저 씨가 죽어야만 한다. 그 후에 신령한 몸이 나타나게 될 것이다.

b. 살아 있는 자들의 영광에 대한 답변(15:50~58)

15:50 그리스도께서 오실 때에 죽지 않고 살아 있는 자들은 어떻게 되는 것인가? 바울은 이 암묵적인 질문에 해답을 제시했다. 육의 몸은 신령한 것에 복종해야 할 필요가 있으며, 혈과 육으로 된 육의 몸은 영원한 나라를 유업으로 받을 수 없다(참조, 24~28절).

15:51~52 바울은 데살로니가의 교인들에게도 똑같은 진리를 말한 바 있다(살전 4:15~17). 교회의 영광은 하나의 신비(무스테리온[μυστήριον])로서, 구약에서는 알려지지 않았으나 지금 나타난 것이었다(참조, 마 13:11; 눅 8:10; 롬 11:25; 16:25; 고전 4:1; 엡 1:9; 3:3~4, 9; 5:32; 골 1:26~27; 2:2; 4:3; 살후 2:7; 딤전 3:9, 16; 계 1:20; 10:7; 17:5. '신비'가 '지금 계시된 진리'의 의미로 사용). 그리스도 안에서 죽은 자들이 먼저 일으키심을 받을 것이며, 그 후에 살아 있는 자들도 순간적으로 변화할 것이다. 나팔은 구약성경에서와 마찬가지로 하나님의 현현을 알리는 것이다(참조, 출 19:16). 이것은 교회에 대한 최후의 나팔 소리가 될 것이다. 이때 현현하신 하나님께서는 언제나 함께 하실 것이기 때문이다(참조, 13:12. 이때의 나팔 소리를 요한계시록 11장 15~19절의 일곱 번째 나팔과 동일시하면서 재림 이후의 환난을 주장하는 것은 근거가 없다. 요한계시록의 나

팔은 환난 중의 심판에 관한 것이지만, 여기에서의 나팔은 교회에 관련된 것이다).

15:53~54 죽은 자들과 마찬가지로 살아 있는 자들도 일시적이며 불완전하던 상태가 영원하며 완전한 것으로 바뀌게 될 것이다(참조, 13:10). 그리스도께 속한 자들에게는 죽음의 권세도 사라질 것이다.

15:55 바울은 이사야 25장 8절을 암시하면서(54절) 죽음이 사라질 것을 예언한 구약성경의 말씀을 다시 상기시킨다(호 13:14. 이 회상의 말씀은 바울이 채택한 것으로서, 헬라어나 히브리어 본문과는 정확하게 일치하지는 않는다). 에덴 동산(창 3:13)과 골고다 언덕(막 15:22~24)에서의 사탄의 명백한 승리는 십자가 위에서 역전되었으며(골 2:15; 히 2:14~15) 이것은 그리스도의 부활을 통하여 입증되었다. 바울은 성도들의 확실한 부활이라고 하는 유리한 위치에 서서 사탄과 죽음을 비웃고 있는 것이다.

15:56~57 54절을 끝맺는 말인 '승리'(니코스[νῖκος])는 바울을 고양시켜 55절로 나가게 하고, 55절을 끝맺는 말인 '쏘는 것'(켄트론[κέντρον])은 56~57절에서 잠시 옆길로 새게 만들었다. 15장에 있는 여타 신학적 보배들과 마찬가지로(21~22절), 이 부분의 말씀들도 후에 로마서에서 발전적으로 확대된다(롬 7:7~13). 사망은 하나님의 명령에 대한 인간의 반항과 불순종의 결과로서 온 것이다(창 3:17~19). 하나님의 명령의 요약인 율법은 인간의 반항과 불순종이 그대로 투영되는 거울이다. 첫 아담과 마찬가지로 모든 사람은 하나님께 반항했다(참조, 2:14). 그러나 마지막 아담인 우리 주 예수 그리스도의 순종을 통하여(45절. 참조, 롬 5:19; 빌 2:8~11)

승리와 생명이 우리에게 주어졌다(22절. 참조, 2:15~16).

15:58 바울은 교리적인 선언 이후에 실제적인 교훈으로 옮겨 가곤 했으며 본 장의 결론도 예외는 아니다. 바울은 고린도 교인들에게 사도들의 가르침 위에 굳게 서서(2절) 거짓 교사들의 부활을 부인하는 가르침에 흔들리지 말라고 권했다(참조, 엡 4:14). 부활에 대한 확신은 열심히 주를 섬길 수 있는 힘을 제공한다(참조, 3:8; 갈 6:9). 그 이유는 부활하신 주 안에서의 수고는 헛되지 않기 때문이다(케노스[κενὸς: 공허한]. 참조, 10, 14, 17, 30~32절).

D. 가난한 자들을 위한 연보에 대한 가르침(16:1~4)

앞 장에서의 긴 교리적 논의로부터 실천적인 근면이라는 결론적인 권면으로 옮겨 간 바울은, 이 신앙을 실천하는 문제로 자연스럽게 내용을 이어 가고 있다. 이 실천적인 문제는 특히 예루살렘의 어려운 사람들을 돌아보는 것이었다.

16:1 예루살렘에 거주하는(15:3) 하나님의 백성을 위한 연보(참조, 1:2)에 관한 고린도 교인들의 문의(참조, 7:1)를 여기서 다루는 것은 매우 적절하다. 고린도 교인들은 갈라디아의 교회들이 연보를 모으고 있다는 소문을 들었다. 갈라디아 교회들은 더베, 루스드라, 이고니온 및 비시디아 안디옥에 세워진 교회들로, 바울이 세운 교회들 중에는 가장 오래된 교회이었

다(행 13:14~14:23). 바울은 갈라디아의 교회들에게 명한 것을 고린도 교회에도 요구했다.

16:2 바울은 신약성경의 저자들 가운데서 연보에 대해 가장 많은 관심을 기울인 사람이었지만, '십일조'란 표현은 한 번도 사용한 적이 없다. 그는 연보는 교회의 모임이 있을 때 매 주일 체계적으로 시행되어야 한다고 생각했다. 연보는 또한 각 사람의 수입에 따라 적당한 균형을 유지해야 한다(참조, 행 11:29). 어떤 이들은 수입이 많기 때문에 상당한 양을 드릴 수 있겠지만, 어떤 사람은 적은 수입과 그 밖의 어려운 여건들 때문에 적게 연보할 수밖에 없기 때문이다. 그러므로 가장 중요한 것은, 연보가 수입 정도에 관계없이 각 사람이 모두 참여하는 일치된 사역으로 행해야 한다는 것이었다. 그래서 예루살렘의 성도들에게 돈을 보내야 할 시기가 되었을 때, 마지막 순간에 임시로 연보를 준비하지 않도록 해야만 했다. 그렇게 함으로써 이 선물이 억지로 하는 것이 아닌 기쁨에서 우러난 선물이 될 수 있었다(고후 9:5). 이것은 감정에 호소하거나 개인적인 만족을 얻기 위한 동기에서 이루어져도 안 되었다.

16:3~4 바울은 돈 문제를 처리함에 있어서 매우 주의 깊으면서도 공명정대했다. 그는 자기 자신을 위하여 물질적인 요구를 하지 않았을 뿐만 아니라(참조, 9:12, 15), 다른 사람을 도울 경우에도 선물을 취급하는 일에 직접 개입하기를 주저하였다. 오히려 그는 물질적인 연보를 주는 공동체들이 자신들의 대표를 선출해서 이들이 직접 이 선물들을 예루살렘 교회에 나누는 방식을 취하고자 했다(참조, 고후 8:19~21). 그리고 자신은 단지 이 일에 동행하기만을 원했다.

E. 앞으로의 방문 계획(16:5~12)

바울은 연보를 거두는 것과 관련한 자신의 여행 계획을 밝히면서 다른 몇 가지 이야기를 전달한다.

16:5 바울은 당시 사역하고 있던 에베소(8절)를 떠나서 마게도냐를 경유할 계획을 가지고 있었다. 마게도냐는 고린도의 북쪽에 있던 지역으로서, 이곳에는 빌립보, 데살로니가, 베뢰아 교회가 잘 성장하고 있었다(참조, 행 20:4. 베뢰아 교회의 대표가 바울과 동행했다). 마게도냐 지역의 교회들도 역시 예루살렘의 어려운 성도들을 도울 계획을 가지고 있었다(참조, 고후 8:1~4).

16:6~7 이 여행 도중에(참조, 행 19:21) 바울은 가능하다면 겨울 동안 고린도에서 머물기를 원했다. 겨울에는 바다 여행이 적절하지 못했기 때문이다(참조, 행 27:9~44). 결국 바울은 고린도에 머물렀지만(서론 참조), 그가 세운 계획에 포함된 일정은 아니었다. 그의 여행 계획 변경은 고린도 교인들과의 분쟁의 원인이 되기도 했다(참조, 고후 1:15~2:1). "너희가 나를 내가 갈 곳으로 보내어 주게 하려 함이라"는 말의 의미는 후에 명확히 밝혀진다(11절). 바울은 '평안히' 출발할 것, 그리고 이것이 주님의 뜻이기를 원했다(참조, 약 4:15).

16:8~9 바울은 당분간 에베소에 머물면서 계속 사역하기를 원했는데,

물론 에베소에는 그에 대한 반대도 많았지만 복음을 증거 할 기회도 많았기 때문이었다. 아마 이러한 사정들은 바울이 이 서신을 쓰는 동안 생겨났을 것이다(참조, 4:19). 아마도 바울은 반대가 있다는 사실이 그의 사역의 생명력의 증거이며, 이것을 피해서 도망칠 것이 아니라 더욱 강하게 대응해야 할 이유라고 생각했을 것이다(참조, 행 19:30~31). 고린도에서 바울을 반대하던 사람들(4:18~21)도 이것을 알았을 것이다.

16:10~11 그러는 동안 바울은 그의 사랑하는 조력자인 디모데를 고린도에 보내고자 하였다. 디모데는 때때로 바울 대신 여행하곤 했다(참조, 빌 2:19~24). 이 서신이 암시하는 바와 같이, 고린도에서 사역하는 동안 디모데가 두려워할지도 모른다는 것은 고린도 교회에서의 사역이 결코 즐거운 일은 아니라는 사실을 보여 준다. 또한 이것은 디모데의 성격의 일면을 암시하기도 하는데, 그리스도께 몸 바친 이 젊은이(빌 2:19~21)가 바울과 같은 담대함을 소유하지 못했음을 나타내 주기도 한다(참조, 딤전 4:12; 딤후 1:7~8; 2:1).

여기서 디모데와 동행할 형제들이 누구인지는 분명치 않다. 디모데가 에라스도와 함께 에베소에서 출발한 것은 분명하다(행 19:22). 아마도 이들은 연보를 거두기 위하여 바울의 여행에 참여했던 사람들과 도중에 합류했을 것이다(행 20:4).

16:12 고린도 교인들이 마지막으로 가지고 있던 궁금증(참조, 7:10)은 아볼로에 관한 것이었다. 고린도 교인들은 아볼로가 고린도로 되돌아 올 수 있는지 궁금했다. 바울은 자신이 아볼로에게 고린도로 돌아갈 것을 수차례 권했지만, 이 은사로 충만한 알렉산드리아인 아볼로가 디모데와 에라

스도와 동행하기를 거절하고 바울과 에베소에 남고자 했다고 답변했다 (행 19:22). 이 서신의 첫 부분에서 바울은 자기 자신과 아볼로를 가리켜 하나님 안에서 동역자가 되었음을 밝힌 바 있다(3:9). 이 본문은 바울이 사역에 종사하는 이들을 동역자로 대하였고 결코 통솔자의 위치에 있지 않았음을 보여 주는 것으로서, 분명히 찬사를 받을 만한 태도였다.

Ⅴ. 결론(16:13~24)

A. 바른 행위에 대한 권면과 칭찬(16:13~18)

16:13~14 바울은 몇 가지 강력한 권면과 함께 이 서신을 결론짓고 있다. '깨어'(그레고레이테[γρηγορεῖτε])라는 명령은 하나님의 뜻을 수행함에 있어서 '부지런함'을 의미한다(참조, 15:58 "주의 일에 더욱 힘쓰는 자들이 되라"). "믿음에 굳게 서서"라는 권면은 거짓 선지자들의 유혹에 빠지기 쉬웠던 고린도 교인들을 생각할 때(참조, 고후 11:3) 매우 시기적절한 것이었다(참조, 15:1, 58). 마지막 권면(참조, 시 27:14; 31:24)은 "남자답게 강건하라"는 것으로서, 성숙의 표시이자(참조, 14:20) 유아의 상태에 머문 사람은 이룰 수 없는 것이다(참조, 엡 4:14). 모든 일을 사랑 안에서 이루기 위해서는(참조, 12:31b~14:1) 이러한 근면과 헌신이 필요하다.

16:15~16 아가야는 로마령으로서 그리스의 중부와 남부까지 걸쳐 있으며 고린도가 수도인 지역이었다. 스데바나 집안 사람들은 그 지역에서 처음으로 회심한 사람들이었으며(참조, 행 17:34. 아덴에서도 몇 사람의 신자가 생겼다), 이들은 교회의 일반적인 복지를 위한 사명을 잘 감당했다. 때때로 바울은 장로들을 임명했는데(행 14:23), 이 경우 스데바나 집의 사람들은 자발적으로 이 책임을 감당했다(참조, 딤전 3:1). 바울은 이들이 하나님에 의해서 임명되었음을 인정하면서 고린도 교인들이 이들에게 순종하도록 권유했다. 다소 빗나가는 이야기지만, 이 본문은 스데바나 집안

사람들 중에는 유아도 포함된다는 견해에 강한 반대를 내포하고 있다. 유아가 성도를 섬긴다는 것은 상상하기 어렵기 때문이다. 교회의 지도자가 되는 가장 중요한 자격은 자발적으로 섬기고자 하는 마음을 가지는 것이다(참조, 마 23:11; 눅 22:26). 이러한 정신을 가지고 성도들을 섬기는 이들에게 순종하는 것은 교인들의 당연한 의무라고 할 것이다.

16:17~18 바울은 글로에의 집 사람을 통해 이전에 받은 고린도 교회에 대한 부정적인 보고(1:11)가 고린도 교회로부터 온 스데바나, 브드나도, 아가이고를 통해 사실이었음을 확인했다. 그럼에도 이 세 사람의 도착은 바울에게 큰 기분 전환과 격려가 되었을 것이다. 아마도 이들은 바울에게 서신을 전달했을 것이며 바울은 이에 대한 답장을 기록했을 것이다(7:1).

B. 문안, 기원 및 축복(16:19~24)

16:19 요한계시록 2~3장에서 언급하고 있는 아시아 교회들도 바울과 함께 그들의 자매 교회인 고린도 교회에 문안했다(참조, 1:2). 아굴라와 브리스가는 바울이 고린도에서 만난 천막 제조업자로서, 바울은 이들과 함께 살았다. 이들은 바울과 함께 에베소로 가서 그곳에 머물며 함께 사역하였고, 자신들의 거처를 집회 장소로 제공했다(참조, 롬 16:3~5). 물론 이들과 상당수의 고린도 교인들은 서로 알고 지내는 사이였다.

16:20 '모든 형제'는 이 서신이 기록될 당시 고린도로부터 에베소로 와 있

던 이들이거나(1:11; 16:17), 혹은 아굴라와 브리스가의 집 등에서 함께 모이는 신자들, 또는 단순히 아시아에 있는 모든 믿는 자들을 총칭하는 것으로 보인다.

거룩한 입맞춤(참조, 고후 13:12; 롬 16:16; 살전 5:25; 벧전 5:14)은 그리스도인들 사이에 있어야 마땅한 사랑과 용서, 일치를 상징적으로 표현한 것이다. 그러므로 거룩한 입맞춤은 주의 만찬 예식과 연결되었으며, 후에는 주의 만찬의 도입부에서 지켜졌다(참조, 유스티누스, *Apology* 1. 65. 2). 이것은 믿는 이들이 한 가족처럼 하나가 되었음을 상징하는 것이었다. 거룩한 입맞춤이 동성 사이에서만 이루어졌다는 암시는 신약시대에는 발견할 수 없다(참조, 눅 7:37, 45). 비신자들의 비난과 자칫 성적으로 남용될 위험성 때문에 이성 간의 거룩한 입맞춤을 금지할 것에 대한 제안이 2세기 후반에 있었다(참조, 아케나고라스, *Supplication* 32; Clement of Alexandria, *Pedagogue* 3. 81. 2-4). 3세기에 와서는 이성 간의 입맞춤은 완전히 금지되었고(*Apostolic Constitutions* 2. 57. 17), 4세기에는 성직자와 평신도 간의 입맞춤도 금지되었다(*Apostolic Constitutions* 8. 11. 9). 그러나 이러한 금지는 서로 간의 사랑이 공개적으로 표현되던 신약시대에는 없었던 것이다.

16:21 이 부분에서 바울은 받아쓰게 하는 것을 멈추고(참조, 롬 16:22; 갈 6:11) 마지막 말들은 자신이 직접 기록했다.

16:22 바울의 친필 문안은 매우 강력한 경고로 시작되고 있다. 이 경고는 거짓 교사들을 염두에 둔 것으로 보이며(참조, 12:3), 바울은 이미 고린도 교회에 거짓 교사들이 있다고 믿었다(참조, 고후 11:3~4). 사랑(필레

이[φιλεῖ])이란 동사는 '입맞춤'(20절)이란 뜻으로 사용된 명사인 필레마티 (φιλήματι)와 관련이 있다. 이 말은 하나님께 대한 예배와 헌신을 나타내는 것이며, 이것은 거짓 교사들에게서 찾아볼 수 없는 것이다. 바울은 거짓 교사들에게 하나님의 진노를 말하고(참조, 갈 1:8~9), 그리스도의 재림을 기원했다(참조, 마 7:21~23; 계 22:20). "우리 주여 오시옵소서"는 헬라어로 마라나타(Μαράνα θά)이며, 이것은 아람어 '주께서 임하신다'를 번역한 것이다.

16:23~24 바울은 고린도 교인들에게 가장 필요한 것, 즉 주 예수 그리스도의 은혜가 계속될 것을 기원했다(참조, 1:4). 바울은 고린도 교인들에게 그럴 만한 자격은 없다고 생각했지만, 그럼에도 불구하고 열렬하고 무조건적인(참조, 고후 6:11~13; 12:15) 사랑(아가페[ἀγάπη])을 이들에게 보내고 있다. 바울은 예수 그리스도 안에서 고린도 교인들의 영적 아버지로서(4:15) 분열된 이들(참조, 1:10)을 포옹하고 있는 것이다.

참고문헌

• Deluz, Gaston, *A Companion to First Corinthians.* Edited and
  translated by Grace E. Watt. London: Darton, Longman and
  Todd, 1963.
• Godet, Frederic Louis. *Commentary on First Corinthians.*
  Edinburgh: T. & T. Clark, 1889. Reprint(2 vol, in 1). Grand
  Rapids: Kregel Publications, 1977.
• Gromacki, Robert G. *Called to Be Saints: An Exposition of 1
  Corinthians.* Grand Rapids: Baker Book House, 1977.
• Grosheide, F. W. *Commentary on the First Epistle to the
  Corinthians.* The New International Commentary on the New
  Testament. Grand Rapids: Wm. B. Eerdmans Publishing Co.,
  1953.
• Hodge, Charles. *An Exposition of the First Epistle to the Corinthians.*
  Reprint. Grand Rapids: Wm. B. Eerdmans Publishing Co., 1974.
• Ironside, Henry Allen. *Addresses on the First Epistle to the
  Corinthians.* New York: Loizeaux Brothers, 1938.
• Johnson, S. Lewis, Jr. "1 Corinthians." In *The Wycliffe Bible*

Commentary. Chicago: Moody Press, 1962.

- Lenski, R.C.H. *The Interpretation of St. Paul's First and Second Epistles to the Corinthians.* Minneapolis: Augsburg Publishing House, 1963.
- Mare, W. Harold. "1 Corinthians." In *The Expositor's Bible Commentary,* vol. 10. Grand Rapids: Wm. B. Eerdmans Publishing Co., 1976.
- Morris, Leon. *The First Epistle of Paul to the Corintians.* Tyndale New Testament Commentaries. Grand Rapids: Wm. B. Eerdmans Publishing Co., 1958.
- Parry, R. St, John. *The First Epistle of Paul the Apostle to the Corinthians.* Camgridge: At the University Press, 1916.
- Redpath, Alan. *The Royal Route to Heaven.* Westwood, N.J.: Fleming H.Revell Co., 1960.
- Robertson, Archibald, and Plummer, Alfred. *The First Epistle of St. Pall to the Corinthians.* The International Critical Commentary. Edinburgh: T. & T. Clark, 1914.

Παῦλος ἀπόστολος Χριστοῦ Ἰησοῦ διὰ θελήματος θεοῦ καὶ Τιμόθεος ὁ ἀδελφὸς τῇ ἐκκλησίᾳ τοῦ θεοῦ τῇ οὔσῃ ἐν Κορίνθῳ σὺν τοῖς ἁγίοις πᾶσιν τοῖς οὖσιν ἐν ὅλῃ τῇ Ἀχαΐᾳ,

χάρις ὑμῖν καὶ εἰρήνη ἀπὸ θεοῦ πατρὸς ἡμῶν καὶ κυρίου Ἰησοῦ Χριστοῦ.

The Bible Knowledge
Commentary 25

2 Corinthians
서론

The Bible Knowledge
Commentary

서론

신약성경 가운데 고린도후서만큼이나 번역자들과 해석자들을 난관에 빠지게 하는 서신서도 없다. 그래서 고린도후서를 체계적으로 주해한 사람이 적은 것이 사실이다. 그럼에도 고린도후서를 살펴보고자 하는 사람들은, 하나님의 사랑의 마음으로 변덕스러운 고린도 교인들을 목자처럼 돌보는 바울에게서 친근한 목회자의 마음을 발견할 수 있을 것이다.

저자와 수신인

다른 사람에 의해 삽입된 것이라고 주장되는 부분(6:14~7:1)을 제외하면, 대부분의 사람들이 고린도후서가 바울의 작품임을 인정한다. 이 서신은 바울이 제2차 전도여행 중에 그가 친히 세운 교회에 보낸 것이다(행 18:1~17). 바울은 그곳에서 1년 반 동안 사역했다.

고린도라는 도시는 마치 고린도의 바다가 그러하듯이 격정적인 곳이었다. 그러나 주님께서 밤중에 바울에게 보여 주신 환상(행 18:9~10)을 통하여 바울은 고린도에 대한 불안감을 부분적으로 해소했다. 주님께서는 바울 개인의 안전을 확증하셨을 뿐만 아니라, 많은 고린도 교인들이 믿음으로 나아올 것을 보여 주셨던 것이다. 하지만 여러 정황으로 미루어 볼

때 그 일의 성취는 매우 의심스러운 것이었다. 불과 수개월 전만 하더라도 바울은 빌립보에서 매를 맞고 옥에 갇혔으며, 데살로니가와 베뢰아에서 분개한 유대인들로부터 박해를 받았다. 고린도에는 상당한 규모의 유대인이 거주하고 있었지만, 이곳 또한 복음의 씨가 뿌리내리기에는 적합하지 않은 토양이었다.

물론 BC 46년 로마가 다시 세운 '새 고린도'는 한때 아덴의 극작가, 철학자들이 호색과 매춘과 간음의 상징이라고 비웃던 도시(고린도전서 서론 참조)와는 달랐지만, 그 도덕적 수준은 옛 고린도에 비해 조금도 나을 것이 없었다. 바울이 로마서를 기록하면서 타락한 인류가 부패해 가는 과정을 기술했을 때(롬 1:21~32), 그는 이 슬픈 모습이 고린도에서 실제로 일어나고 있는 것을 바라보며 묘사한 것이다.

불행하게도 고린도 교회는 이러한 방탕으로부터 구별되지 못했다. 바울은 고린도 교회에 보낸 첫 번째 서신에서 이러한 점을 바르게 시정하도록 요청했다(고전 5~6장). 그러나 고린도 교인들이 어린아이들처럼 미숙함을 드러내고 있었던 부분은 비단 성적인 문제에 국한된 것은 아니었다. 이들은 유창한 말과 인간의 지혜(고전 2장), 방언 등의 특별한 은사(고전

12~14장)와 같은 외부적인 요소에 쉽게 동요했다. 고린도 교인들은 믿음으로 행하기보다는 보이는 것을 따라 행했다(참조, 5:7). 바울은 서신을 보내고 친히 방문함으로써 이러한 잘못을 시정하고자 했다.

바울과 고린도 교회의 만남 및 바울 서신

바울과 고린도 교인들의 만남과 고린도 교회에 보낸 바울 서신의 성격 및 횟수는 쉽게 일치하지 않는 어려운 문제이다. 과연 바울이 고린도 교회에 몇 차례에 걸쳐서 서신을 보냈으며(세 번에서 다섯 번에 이르기까지 다양한 의견이 있다), 그의 방문은 언제, 몇 차례에 걸쳐서 이루어졌는가(두 번 혹은 세 번)에 대하여 논쟁이 있어 왔던 것이다. 이에 대한 충분한 논의는 참고문헌에 언급된 보다 더 방대한 주석들을 통하여 알 수 있다. 바울의 서신과 방문에 대한 견해는 고린도전서의 이해에는 별다른 영향이 없으나, 고린도후서의 해석에는 결정적인 영향을 미친다. 본서에서는 서신은 네 번 보내졌으며, 방문은 세 차례에 걸쳐서 이루어졌다는 입장을 취하고자 한다.

1. 바울은 AD 51년 봄 처음으로 고린도에 방문해 1년 반 동안 사역했다. 이후 52년 가을 바울은 브리스길라와 아굴라와 함께 에베소로 떠났으며, 바울은 예루살렘으로의 여행을 계속한 반면 두 부부는 에베소에 머물렀다. 브리스길라와 아굴라는 에베소에서 아볼로를 만났다. 이후 그를 교육하여 고린도로 보내 잠시 사역하도록 하였다(행 18:18~28).

2. AD 53년 가을 아볼로가 고린도에서 사역하고 있을 무렵, 바울은 제3차 전도여행 중에 에베소로 돌아왔다(행 19:1). 바울은 2년 반 동안 에베소에 머물면서 그곳을 주변 지역 전도를 위한 중심지로 삼았다(행 19장). 고린도전서 5장 9절에서 언급된 서신(고린도 교인들이 오해했으며, 현

재는 분실된 서신)을 보낸 것은 바로 이 에베소 체류의 첫 단계에서였다.

3. 바울은 글로에의 집 사람들을 통해서 고린도 교인들이 자신의 서신을 오해했다는 것과, 교회 안에 여러 문제들이 발생했음을 알게 되었다(고전 1:11). 또한 바울은 공식 대표인 스데바나, 브드나도, 아가이고의 방문을 받았으며(고전 16:17), 이들로부터 더욱 확실한 소식을 듣고, 교회를 분열시키는 독특한 문제들에 대한 답변을 요청받았다. 바로 이에 대한 응답으로 기록된 것이 고린도전서로, 고린도로 보낸 바울의 두 번째 서신이다.

4. 그러나 교회 내의 문제들이 여전히 해결되지 않았음이 분명하다. 아마도 디모데(참조, 고전 4:17; 16:10)가 이러한 소식을 가지고 바울에게로 왔을 것이다. 바울은 에베소로부터 바닷길을 통해서 고린도까지 가기로 작정하였는데 이것이 두 번째 방문이었다. 이 방문은 고린도후서 2장 1절에서 언급했듯이 '괴로운' 방문이었다. 그 이유는 2장 5절, 7장 12절에 언급된 사람들의 행동과 고린도 교인들이 바울을 후원하지 못한 사실 때문이다.

5. 이 방문을 마치고 에베소로 돌아온 바울은 세 번째 서신을 고린도로 보냈으며(첫 번째 서신과 마찬가지로 이 서신은 현재 남아 있지 않다), 이 서신을 전달한 사람은 디도였다. 서신을 쓰는 바울의 마음은 매우 괴로웠는데(2:3~4), 그 이유는 이 서신이 매우 준엄하게 책망하는 내용이었기 때문이다(7:8~9). 은세공인의 소동(행 19:23~41) 이후 AD 56년 봄, 바울은 에베소를 출발해 드로아에서 미리 쉰 후 마게도냐 지방을 여행했다(행 20:1). 그는 약속대로 드로아에서 디도를 만나서 고린도 교회의 소식을 듣기 원했으나 뜻대로 되지 않았으며(2:13), 디도의 안전에 대해 크게 염려하면서 마게도냐로 향했다. 마게도냐에서 바울은 디도를 만났으며

(7:5~6), 그를 통하여 고린도 교회의 사정이 일반적으로 매우 호전되었으나 바울에 반대하는 사람들이 있다는 소식을 듣게 되었다.

6. 이 소식을 들은 바울이 마게도냐에서 쓴 네 번째 서신이 고린도후서다.

7. 그 후 바울은 AD 56~57년 겨울 동안에 고린도를 세 번째로 방문하였다. 이것을 요약하면 다음과 같다.

(1) 고린도 첫 방문, (2) 첫 서신(분실), (3) 두 번째 서신(고린도 전서), (4) 두 번째 방문(괴로운 방문), (5) 세 번째 서신(분실), (6) 네 번째 서신(고린도후서), (7) 세 번째 방문.

분실되어 전해지지 않은 두 편의 서신은 하나님께서 정경에 포함되도록 작정치 않으셨기 때문이 확실하다.

서신의 목적과 성격

바울의 서신들 중에서 고린도후서처럼 인간적이며 친밀한 것은 없다. 바울은 이 서신에서 자기 마음을 적나라하게 보여 주고 있으며, 그에 대한 고린도 교인들의 번덕스러운 태도에도 그들에 대한 변함없는 사랑을 고백했다.

바울이 가장 관심을 기울였던 것은 교회 안에 들어와서 자신들을 사도라고 주장하는 거짓 교사들의 문제였다. 이들은 자신들의 가르침을 확산시켜 나갔을뿐만 아니라, 바울의 인격과 메시지를 믿지 못하게 만들었다. 고린도후서는 바울의 사도직과 그의 메시지의 권위를 방어하기 위하여 기록된 것이다. 이것은 자기 변호의 목적보다는 자신의 사역과 메시지를 수용하는 것이 고린도 교회의 영적인 안위와 매우 밀접한 관련이 있었기 때문이다.

바울의 반대자들은 누구였는가? 이것은 매우 광범위하게 논의되어 온 주제이다. 어떤 이들은 헬라파 유대인(이들은 스데반처럼 팔레스타인 출신이든 혹은 디모데처럼 디아스포라든지 간에 헬라어를 사용하고 있었다)들이 바울의 반대자였을 것이라고 한다. 헬라파 유대인들은 그리스도의 제자임을 자처하면서, 여전히 모세의 율법의 따르는 자들이었다.

또 어떤 이들은 스스로 그리스도의 사도임을 자처하는 이들, 즉 영지주의나 가현설을 주장하는 유대인들이 바울의 반대자였을 것이라고 말한다. 이들은 예수께서 스스로 낮아지셔서 고난을 당하시고 세상의 모든 삶의 표준으로서 영광을 받으신 사실을 부인하는 자들이다. 이러한 부류의 거짓 교사들은 바울이 고린도전서를 쓸 무렵에도 이미 있었으며(참조, 고전 4:8~21; 12:3), 후에 이들은 바울과 그의 신학에 반대의 목소리를 점차 높여 갔다.

그밖에 그리스도의 사도임을 자처하는 팔레스타인의 유대인들이 바울의 반대자였을 것이라고 말하는 이들도 있다. 이 견해를 주장하는 사람들은, 바울의 반대자들의 관심은 예루살렘의 사도들인 야고보, 베드로 및 요한의 지위를 강화하는 데 매우 큰 관심을 가지고 있었다고 본다. 이 반대자들은 율법을 매우 중요시했으며 스스로 율법의 충실한 해석자가 되어야 한다고 다짐했을 것이다.

바울의 반대자들이 과연 누구였는지는 명확하게 드러나지 않지만, 이들이 고린도 교회를 황폐하게 했으며 바울에게는 심적 고통을 주었음은 더 말할 나위가 없다. 바울은 표면적으로는 고린도후서 마지막 장에서만 이들에게 정면으로 도전하고 있지만, 이러한 도전의 영향력은 실상 고린도후서 전체에 세 단계에 걸쳐 스며들어 있다.

1. 처음 일곱 장에서 바울은 자신의 목회 사역에 관해 논했다. 바울의

목회는 구체적인 차원에서는 그와 고린도 교인들 사이의 관계에 영향을 주었으며, 일반적인 차원에서는 그리스도의 종으로서 수행한 목회의 역설성을 반영하는 것이었다. 바울의 사역과 메시지가 그의 여행 계획만큼이나 의심스러운 것이라는 비난은 바울의 반대자들에 의해 제기된 것이 분명하며, 바울은 이것을 예리하게 공박했다.

2. 8~9장은 예루살렘의 가난한 성도들을 위하여 연보를 모으는 문제를 다루고 있다. 고린도 교회는 처음에는 이 일에 참여하게 된 것을 기뻐하였으나 정작 그들의 헌금을 모으는 데 실패한다. 아마도 바울의 반대자들이 이 헌금을 통하여 바울 자신이 이익을 보고자 한다고 바울을 비난하고 나섰기 때문일 것이다.

3. 마지막 네 장은 '바울 자신의 사도직에 대한 변호'와 '바울과 그리스도를 반대하는 자들에 대한 경고'를 담고 있다. 무엇보다도 바울은 자신의 정체성을 그리스도께 일치시킴으로써 이 서신을 정리하고 있다. 갈라디아 교회에 대해서 말한 "내가 사는 것이 아니요 오직 내 안에 그리스도께서 사시는 것이라"(갈 2:20)는 표현이 고린도후서 10~13장에도 여실히 나타나고 있는 것이다.

통일성

다른 바울 서신에서도 주제 밖의 문제를 논의하는 부분들이 발견되지만, 고린도후서야말로 본제를 벗어나 지엽적인 주제로 흐르는 경향이 가장 강한 서신이다. 이렇게 된 것은 고린도후서가 쓰여진 배경에 기인한 것이지만, 단지 이렇게만 말하는 것으로 고린도후서에서 많은 삽입구를 찾아 내는 연구자들을 만족시킬 수 없다. 여기서는 다섯 개의 삽입구를 지적할 수 있다.

1. 고린도후서 2장 14절~7장 4절은 하나의 분리된 서신으로서 2장 13절과 7장 5절을 부드럽게 연결한다.

2. 고린도후서 2장 14절~7장 4절 내의 6장 14절~7장 1절은 또 하나의 구별된 부분으로 6장 13절과 7장 2절 간의 연결성을 깨뜨리고 있다. 어떤 이들은 바로 이 부분이 고린도전서 5장 9절에서 언급된 '앞서 보낸 서신'이라고 주장한다.

3. 어떤 이들은 고린도후서 8장이 다른 서신의 삽입이라고 본다. 8장에서 연보에 대해 언급하는 것은 그다지 자연스럽지 못하며, 9장 1절에서는 8장의 연보에 대한 언급을 전혀 모르는 듯 갑자기 다른 내용을 시작하기 때문이다.

4. 10~13장이 1~9장보다 앞선 서신이며 소위 '신랄한 서신'의 일부이거나, 혹은 1~9장보다 시기적으로 이후에 보낸 다섯 번째와 마지막 여섯 번째 서신일 것이라고 보는 의견이 있다.

5. 고린도후서 11장 32~33절은 11장 31절~12장 1절의 사상의 흐름을 깨뜨리는 파격적인 삽입이며, 후대의 개정자에 의한 삽입으로 보인다.

이상에서 언급된 내용은 미심쩍은 부분이 많으며, 나머지 잘려진 서신에 관한 설명도 논란의 여지가 있다. 이처럼 '조각들로' 이어진 덩어리가 어떻게 정경 속에 포함되었는가를 타당하게 설명하는 이론은 거의 없다. 몇몇 부분의 삽입을 뒷받침할 만한 문서 상의 증거도 없으며, 이를 합리적으로 인정할 수 있는 이론을 전개하는 것도 어렵다. 결과적으로 고린도후서는 몇몇 지엽적으로 내용이 다뤄지지만, 전체적으로 강한 통일성을 가진 서신이라고 할 수 있다.

The Bible Knowledge
Commentary
2 Corinthians

개요

I. 서론(1:1~11)

A. 문안 및 저자와 수신인에 대한 기술(1:1~2)

B. 하나님의 위로에 대한 감사(1:3~11)

II. 사도적 사역(1:12~7:16)

A. 계획의 변경을 설명함(1:12~2:11)

B. 영광의 사역(2:12~7:16)

1. 그리스도 안에서의 승리(2:12~3:6)

2. 주의 영으로 말미암은 영광(3:7~18)

3. 하나님께서 주시는 능력(4:1~15)

4. 영원의 관점(4:16~5:10)

5. 화해의 메시지(5:11~6:2)

6. 사역의 증거(6:3~10)

7. 예견된 반응(6:11~7:16)

III. 은혜로운 연보(8~9장)

A. 자유의 예들(8:1~9)
B. 연보를 위한 충고와 준비(8:10~9:5)
C. 너그러운 연보에 대한 보상(9:6~15)

IV. 확언(10:1~13:10)

A. 복종의 요구(10:1~6)
B. 거짓 사도들에 대하여(10:7~11:15)
C. 사도의 증명(11:16~12:10)
D. 대면을 위한 예비적 충고(12:11~13:10)

V. 결론(13:11~14)

A. 마땅한 행위(13:11~12)
B. 문안과 축복(13:13~14)

Παῦλος ἀπόστολος Χριστοῦ Ἰησοῦ διὰ θελήματος θεοῦ καὶ Τιμόθεος ὁ ἀδελφὸς τῇ ἐκκλησίᾳ τοῦ θεοῦ τῇ οὔσῃ ἐν Κορίνθῳ σὺν τοῖς ἁγίοις πᾶσιν τοῖς οὖσιν ἐν ὅλῃ τῇ Ἀχαΐᾳ,

χάρις ὑμῖν καὶ εἰρήνη ἀπὸ θεοῦ πατρὸς ἡμῶν καὶ κυρίου Ἰησοῦ Χριστοῦ.

The Bible Knowledge
Commentary 25

2 Corinthians
주해

The Bible Knowledge
Commentary

주해

Ⅰ. 서론(1:1~11)

세 번째 고린도 방문을 고심하던 바울은 마게도냐에서 이 서신을 보내 그 여정을 준비했다. 발신인과 수신인의 이름 뒤에 문안이 뒤따르는 것은 1세기의 일반적인 서신 양식에 부합하는 것이다(참조, 행 23:26).

A. 문안 및 저자와 수신인에 대한 기술(1:1~2)

1:1 바울이 스스로를 사도로 묘사하는 것은 이례적인 일은 아니지만, 고린도후서처럼 자신의 사도성을 강조한 서신은 없다. 바울은 이 서신에서 자신이 그리스도 예수의 사도임을 옹호하는 내용을 핵심적으로 다루고 있다. 고린도에 있는 그의 적대자들인 거짓 사도들과 달리 바울은 그리스도 예수에 의해 보내심을 받았다(행 9:15). 스스로 선택한 것이 아니라 하나님으로부터 사도직을 부여받은 것이다(행 22:14).

디모데는 바울이 동역자들 가운데 가장 사랑한 사람이었다. 그는 빌립보서, 골로새서, 데살로니가전후서, 빌레몬서의 첫 서두에서도 언급되고 있다. 디모데는 제2차 전도여행의 거의 처음부터 바울과 동행했으며(행 16:1~3), 바울에게 말할 수 없이 귀중한 동역자가 되었다(참조, 빌 2:19~22). 또한 디모데는 고린도에서 사역한 경험이 있었으므로(행 18:5, 참조, 1:19; 고전 16:10~11), 문안 속에 그의 이름이 바울과 함께 등장하는 것은 단순한 공식적인 인사 이상의 의미를 가지는 것이다. 비록 디모데는 바울을 돕는 입장에 있었지만, 바울은 그를 형제로 생각했다(골로새서와 빌레몬서에서도 역시 그를 형제로 표현한다).

고린도에 있는 하나님의 교회의 최근 형편에 대한 관심을 표현할 수도 있었으나(참조, 11:3), 바울은 고린도 교회의 교인들이 하나님께 속해 있으며(참조, 행 18:10) 그 어떤 힘도 그들을 하나님으로부터 떼어 낼 수 없다는 것(롬 8:38~39)을 확신했다. 이것은 고린도 교인들뿐만 아니라 아가야의 수도 주변 지역의 모든 그리스도인들에게도 역시 마찬가지다. 아가야에 있는 그리스도인들도 하나님을 경배하기 위해 구별된 성도였으나, 고린도 교회의 논쟁과 그 결과에 많은 영향을 받고 있었다.

1:2 은혜는 하나님의 사랑이며 평강을 수반한다. 은혜와 평강은 예수님의 모든 사역에서 나타난 것이다(요 1:14; 14:27). 바울은 그가 고린도 교회를 양육한 대로 은혜와 평강이 고린도 교인들의 삶에서 표출되기를 기대했다(참조, 롬 1:1~7).

B. 하나님의 위로에 대한 감사(1:3~11)

그리스도인의 삶이 안고 있는 많은 역설 가운데 하나는, 가장 좋을 때보다 최악의 상태일 때 하나님의 은혜를 예민하게 체험한다는 사실이다. 제아무리 높아지기를 원하는 그리스도인이라 할지라도(참조, 고전 4:8), 은혜를 발견하는 때는 대부분 그가 낮아졌을 때이다(참조, 12:9). 이 주제는 고린도후서 전체에 나타나고 있으며, 바울의 감사 속에서 날카롭게 표현되고 있다.

1:3~4 바울은 이 서신에서 환난(틀리프세이[θλίψει])란 단어를 아홉 차례 사용했다(4절에 두 번, 8절, 2장 4절, 4장 17절, 6장 4절, 7장 4절, 8장 2절, 13절에서 한 번씩 사용되었다. 때때로 '환난', '곤란'이라고 번역된다). 또한 같은 어원의 동사인 틀리보(θλίβω)를 세 차례 사용하고 있다(1장 6절에서 '고통', 4장 8절에서 '쪼들리는', 7장 5절에서 '시달리는'의 의미로 사용되었다). 환난은 모든 그리스도인에게 임한다. 그러나 바울이 당한 환난은 그의 모든 수신자들이 당한 환난보다 더욱 심한 것이었다. 바울은 환난을 통해 그리스도인들이 외적이며 일시적인 것으로부터, 내적이며 영원한 것

으로 눈을 돌리게 된다고 말한다(참조, 1:9; 4:17~18).

환난 중에서 모든 위로의 근원은 하나님이다. 바울은 이 하나님께 우리 주 예수 그리스도의 아버지(참조, 엡 1:3; 벧전 1:3), 자비의 아버지(자비의 근원), 모든 위로의 하나님이라는 세 가지 이름을 부여하고 있다. 바로이 하나님께서 바울이 환난을 견디도록 하셨으며(1:8~9) 환난으로부터 건져 내셨다(10절). '자비'는 헬라어로 오이크티르몬(οἰκτιρμῶν)이며, 신약성경에서는 이곳을 제외하고 네 곳에서 이 단어가 사용되었다(롬 12:1; 히 10:28; 빌 2:1; 골 3:12. 로마서와 히브리서에서는 '자비'로, 빌립보서와 골로새서에서는 '연민'의 의미로 사용되었다). 마치 은사가 은사의 소유자만을 위해서가 아니라 다른 사람을 섬기는 데 사용되어야 하는 것처럼(참조, 벧전 4:10), 하나님께 받는 위로 역시 다른 사람들을 위로할 수 있게 한다. 하나님의 위로는 사람들(참조, 7:6; 행 9:10~19)과 기도(11절)를 통해 나타난다(바울은 3~4절에서 '위로'를 뜻하는 헬라어를 다섯 번 사용하고 있으며, 5~7절에서 다섯 차례 더 사용했다).

1:5~7 바울이 환난을 당하는 이유는 그가 그리스도와 관계를 맺고 있기 때문이었다(참조, 마 5:11; 골 1:24). 바울은 복음을 증거할 때 사람들에게 박해를 받았으며(11:23~26), 수고하며, 애쓰고, 여러 번 자지 못하고, 주리고, 목마르고, 여러 번 굶고, 춥고, 헐벗는 고통을 당했다(11:27). 그러나 그리스도를 위해 고난을 감내하는 바울에게는 하나님의 넘치는 위로도 함께했다.

"그리스도의 고난"(5절), "우리가 환난 당하는 것", "우리가 받는 것 같은 고난"(6절)을 언급하면서 바울은 아마도 "아시아에서 당한 환난"(8절), 혹은 고린도 교회로 인해 그가 겪고 있었던 고통(참조, 11:28~29)을 염두에 두고 있었을 것이다. 그러나 "우리가 받는 것 같은 고난을 너희도 견디게 하느니라"고 말한 것은 주로 후자의 경우를 지칭한 것이다(참조, 7:5). 바울이 보낸 신랄한 서신(7:8)을 받은 고린도 교인들은 자신들의 행위가 바울에게 얼마나 큰 고통을 주었는가를 이해하고 마음으로 깊이 슬퍼했다(7:9). 비록 바울이 애통한 마음으로 신랄한 서신을 썼으나(2:4), 동시에 고린도 교인들의 위로와 구원을 위하여 사랑의 마음으로 이 서신을 보냈던 것이다(참조, 7:10~11. 여기서 언급된 구원은 성화에 있어서의 진보를 의미하며, 서신의 최종 목적이기도 하다). 고린도 교인들의 반응은 그들은 물론 바울에게도 위로가 되었다(7:13). 하나님의 손이 이들의 삶을 주장하고 계시다는 소망(7절)을 바울에게 재확인시켜 주었다(참조, 히 12:7~8). 게다가 고린도 교인들의 위로는 그들에게 인내(휘포모네['υπομονή: 유쾌하지 못한 상황을 끈기 있게 이겨 냄]. 6:4; 롬 5:3; 골 1:11; 약 1:3)를 심어 주었다.

1:8~11 하나님에 대한 소망은 바울이 고린도 교인들과 관계의 어려움들을 이겨 내게 했을 뿐만 아니라, 그의 인생에도 큰 힘이 되었다. 바울은 아시아에서 심한 어려움을 당했다. 고린도 교인들은 디도를 통하여 바울이 겪고 있는 시련을 알고 있었지만, 그 시련이 얼마나 심각한지는 몰랐다. 그럼에도 바울은 이러한 상황 속에서 겪은 절망과 무력감을 길게 설명하는 대신, 자신과 고린도 교인들이 하나님에게서 멀어질 때 얼마나 무기력하게 되는가를 설명했다. 그리고 하나님의 은혜로우신 간섭과 도움을 얻는 수단으로서 기도의 중요성을 강조했다.

바울이 당한 고난이 무엇이었는가에 대한 논의의 여지가 있다. 19세기 초기의 주석가들은 '아시아에서'라는 구절이 에베소를 가리키는 것이라고 보았다. 바울의 경험은 고린도전서 15장 32절에서 언급된 내용과 관계가 있으며 여기서 사나운 맹수와 싸웠다고 말했다. 이것은 데메드리오와 그의 동료 은세공인들에 의해 야기된 다툼을 암시하는 것이다(행 19:23~41). 그러나 이 설명 속에는 바울이 어떤 구체적인 피해를 입었는가 하는 것은 포함되어 있지 않다. 20세기에 들어오면서 바울의 이러한 경험은 아시아 이외의 지역에서 발생했으리라는 의견이 제기됐다(현재의 터키 지역). 그중 하나로 대두된 곳이 리쿠스 계곡이다. 바울은 이곳에서 유대인들에게 매를 맞아(참조, 11:24) 거의 죽게 되었던 적이 있었다. 그게 아니라면 무서운 병으로 죽을 뻔했을 수도 있다. 그러나 이러한 견해는 단순히 추측에 불과하다. 단지 많은 그리스도인은 이 구절을 읽으면서 구원이 불가능해 보이는 자신의 절망적 상황을 적용해 볼 수 있다.

바울은 자신이 죽게 될 것이라고 생각했다. 바울은 '엄청난 환난에 처한 상황'(틀리프세오스[θλίψεως]. 참조, 1:4)을 겪어 살 소망까지 끊어지고 사형 선고를 받은 줄로 알았다고 말한다(참조, 4:10~12, 16; 11:23~25). 확실히 그리스도인으로 산다는 것은 결코 안락하지 않다. 어떤 이들은 바울이 이러한 경험 때문에 자신의 운명에 대한 견해를 바꿀 수밖에 없었을 것이라고 한다. 이 일이 있기 전 바울은 그리스도의 재림 때 살아있을 사람들 속에 자신도 포함될 것으로 생각했다(참조, 고전 15:51~52; 살전 4:15~17). 그러나 환난 이후로 그는 부활에 집중했다(참조, 빌 3:10~11).

확실한 것은 바울은 달려갈 길을 다 마칠 때까지(딤후 4:7), 그리고 사명을 완수할 때까지 하나님께서 사망의 권세에서 자신을 건져 주실 것이라고 분명히 믿었다는 사실이다(참조, 4:8~14). 후에 하나님께서는 그의 생각대로 그를 사망으로부터 건지셨다(참조, 4:14; 고전 15:55). 바울은 고린도 교인들과(7절) 주님께 대하여(10절) 확실한 소망을 가지고 있었다. 고린도 교인들의 기도(11절)는 이러한 구원의 한 부분을 이루고 있었으며, 하나님의 뜻을 사람들 가운데 실현하는 수단이었다.

II. 사도적 사역(1:12~7:16)

바울은 자신의 사도로서의 신분, 그의 행위의 정당성, 고린도 교인들을 향한 그의 헌신의 진실성에 대한 의심이 고린도 교회 안에 팽배한 것을 알고, 이를 바로잡기 위해 이 서신을 썼다.

서신의 뒷부분에서(10~13장) 바울은 자신의 사도 됨을 변호한다. 8~9장에서는 그의 행위, 특히 '연보'와 관련된 행위가 정당한지를 다룬다. 이에 앞서 바울은 자신이 사역에 진정으로 헌신하고 있다는 사실을 특별히 고린도 교인들에게 호소하고 있다(1:12~7:16).

A. 계획의 변경을 설명함(1:12~2:11)

바울의 헌신이 부족하며 그의 진실성도 의심스럽다는 생각을 고린도 교인들의 마음속에 퍼뜨린 사람은 누구인가? 이것에 대해서는 확실히 알 수 없다. 그러나 당시 거짓 사도들이 바울을 최대 적으로 생각하며 그를 믿지 못하게 하려 했던 점으로 미루어 보아(11:4, 13), 이들이 저질렀다고 보는 것이 타당할 것이다. 비록 바울은 이 적대자들을 직접 대면하게 될 것이라는 사실을 서신의 마지막 부분에서야 비로소 밝히고 있지만, 논쟁은 서신의 첫 부분부터 드러나고 있다.

1:12 바울은 자신의 진실성에 대한 의심에 답변하고 있다. 하나님의 말씀의 지식으로 민감해진 그의 양심(참조, 4:2; 5:11)은 특별히 고린도 교인들

에 대해서는 조금도 거리낄 것이 없다고 하면서, "이것이 우리의 자랑"이라고 선언했다(참조, 고전 4:3~4). 그는 이에 관한 세 가지 설명을 시도한다.

첫째, 그는 고린도 교회를 향한 그의 마음이 일편단심임을 말한다. 여기서 바울은 거룩함(하기오테티[ἁγιοτήτι])을 말했지만, 사실은 소박한 일편단심(하플로테티[ἁπλότητι])을 말하고자 한 것으로 보인다(참조, 11:3). 이 두 단어는 성경의 사본을 만들던 사람들이 혼동하기 쉬운 것이었다. 둘째, 바울의 행동은 아무리 살펴보아도 흠잡을 곳 없는 진실한 행동(참조, 2:17; 고전 5:8)이었다. 셋째, 그는 육체의(사르키케[σαρκικῇ: 인간적인]) 지혜를 따라 행동하지 않았다. 육체의 지혜란 결국 이기적인 것이기 때문이다. 오히려 그는 하나님의 은혜와 사랑으로 타인을 위해 봉사했다. 타인의 이익을 추구하는 것이 그의 가장 큰 관심이었다.

1:13~14 바울의 서신들은 그의 행동처럼 간결하고도 진지했다. 이것은 사람의 지혜가 아닌 하나님의 은혜에 따른 것이기 때문이었다. 바울은 고린도 교인들에게 보낸 서신 속에서 그의 참된 의도를 숨긴다거나, 거짓 동기를 기록하지 않았다. 그는 공명정대하고 바른 성품을 가지고 있었으며, 그의 서신 또한 그러했다. 바울은 고린도 교인들이 부분적으로라도 이 사실을 알아야 한다고 느꼈다. 지금은 고린도 교인들이 이 사실에 대하여 일시적인 동의밖에는 하지 못한다고 하더라도, 언젠가는 마음으로 충분히 받아들일 것이며 납득하게 될 것을 희망했다. 사실 이것은 바울이 고린도 교인들에 대해 어떻게 생각하고 있었는가를 보여 주는 것이다. 그는 고린도 교인들의 회심(참조, 고전 9:1~2)이 진실된 것임을 의심치 않았다. 바울은 고린도 교인들이 결국은 자신을 옹호하게 될 것이며, 주 예수의 날에(참조, 빌 2:16), 즉 그리스도의 심판대 앞에서(참조, 5:10~11) 그를 자

랑(카우케마[καύχημα: 영광을 돌림])하고 옹호하게 될 것이라고 생각했다.

1:15~16 고린도 교인들과의 관계에서 이러한 확신을 가졌던 바울은 에베소를 떠나 고린도 교회를 두 차례 방문할 계획을 세웠다. 그가 앞에서 언급했던(고전 16:5~7) 여행 계획이 달라진 것이다. 당시 바울은 에베소에서 마게도냐 지방을 방문한 후에 고린도에 가서 겨울을 보낼 생각이었다(참조, 행 20:1~3). 그러나 그는 계획을 변경해 에베소에서 먼저 고린도에 들렀다가 다시 마게도냐에 간 후, 돌아오는 길에 한 번 더 고린도를 방문하는 것으로 계획을 변경했다. 이는 그가 고린도 교인들을 얼마나 사랑하고 있었는가 하는 사실을 보여 준다. 바울은 고린도 교인들을 가능한 자주 만나기를 원했다.

1:17 그러나 바울은 여행 일정에 대한 그의 결심을 다시 바꾸었다(참조, 2:1). 바울의 적대자들은 이 점을 꼬투리 잡아 '바울의 우유부단함이 그가 근본적으로 믿을 수 없는 사람임을 증명하며, 따라서 그의 행방과 하는 말은 믿을 수 없는 것'이라고 주장했다. 그러나 바울은 이것을 단호히 부인했다. 바울은 결코 육체를 따라, 즉 자신의 이익을 위해(참조, 12절) 여행 계획을 변경하지 않았다. 또한 입 밖에 낸 적조차 없었다. 바울은 자신의 여행 계획을 변경하게 된 이유를 설명하고자 했다(1:23~2:2). 그러나 이 구절에서 바울은 그의 메시지를 믿을 수 없다고 하는 적대자들의 고소에 더욱 많은 신경을 기울였다.

1:18~20 바울의 사역에 안정성을 부여하는 것은 다름 아닌 하나님이시다. 하나님은 신실하시며, 바울의 메시지는 하나님만큼이나 확실하다. 바

울은 메시지를 선포함에 있어서 결코 망설이지 않았다(18절. "예 하고 아니라 함이 없노라"). 그의 계획에 대해서도 역시 마찬가지였다(17절. "예 예 하면서 아니라 아니라 하는 일이 내게 있겠느냐"). 그 메시지의 중심에는 자기 백성을 향한 하나님의 모든 약속을 완벽하게 확증하시는 예수 그리스도의 인격이 있었던 것이다. 그러므로 하나님의 메시지에 대한 가장 적절한 응답은 '아멘'(진실로 그러하다)일 뿐이다. 바울이 실라와 디모데와 함께 고린도 회당에서 그리스도께 영광을 돌린 것도 하나님께 대한 순종의 응답이었다(행 18:5). 아브라함과 다윗에게 한 약속들은 그리스도 안에서 성취되었으며(롬 1:3; 11:5; 갈 3:16), 율법 역시 그리스도 안에서 마침이 되었다(롬 10:4). 바울은 이 진리를 선포했고, 바울의 적대자들은 바로 이 진리에 항거했던 것이다(참조, 3장). 그럼에도 바울과 그의 동역자들이 선포한 이 메시지를 통해 고린도 교인들에게 구원이 임했으며 하나님께 영광을 돌릴 수 있었다.

1:21~22 복음 메시지에 '아멘'으로 화답하는 사람들은 그리스도 안에서 확증하심과 보증하심을 경험하게 된다. 믿음을 가지는 순간 하나님께서는 믿는 자 개개인 위에 성령을 부으셔서, 마치 그리스도(크리스토스 [Χριστός: 기름부음 받은 자])처럼 자신의 삶을 통하여 하나님께 영광을 돌리도록 하신다(참조, 마 5:16). 요한은 믿는 자들이 하나님으로부터 기름부음을 받게 된다고 했다(요일 2:20, 27). 그것은 곧 믿는 자에게 성령을 부어 주심을 뜻하는 것으로, 구약시대에 제사장들의 기름부음을 회상케 한다.

성령의 임재 후 나타나는 결과는 첫째, 기업의 보증(참조, 엡 1:13~14)이다. 이것은 믿음을 가지는 순간 성취된다. 둘째로 성령께서는 구원에 있어서 그리스도인이 그리스도께 연결되어 있음을 확증하고, 하나님의 소유로서 하나님에 의해 보호받는다는 것을 나타내신다 (참조, 고전 6:19~20). 이것은 마치 인치심과 같다. 신약시대에서 문서에 찍힌 도장이 그 문서를 인증해 주며 그 소유주를 나타내 소유주가 그것을 보호할 수 있게 하는 것과 같다. 바울이 자신을 그리스도의 종이라고 부르는 것도 이러한 생각 때문일 것이다(롬 1:1; 빌 1:1). 구원에 있어서 성령께서 하시는 세 번째 사역은, 하나님께서 시작하신 일을 하나님께서 완성시키실 것임을 확증하는 것이다. 현재의 구원이란 영원한 구원을 미리 맛보는 것에 불과하며(참조, 롬 8:23), 우리 마음에 성령께서 내주하신다는 것(참조, 5:5; 롬 5:5)은 마치 은행 예금처럼 장차 돌려 받을 것을 보증하는 것이다. 장차 올 것을 보증한다는 것은 아르라보나(ἀρραβῶνα)를 번역한 것으로서, 이 단어는 할부금 중 첫 번째 지불 금액(착수금)을 말하는 것이다. 이 첫 번째 지불액을 지불한 사람이 나머지 잔액에 대해서도 지불 의무가 있음을 나타낸다. 이 단어는 고린도후서 5장 5절과 에베소서 1장 14절에서도 사용된다(참조, 롬 8:23. "성령의 처음 익은 열매").

1:23~24 바울은 이미 앞에서 그의 여행 계획이 변경된 이유를 설명하고자 했다(15절). 그때 바울은 자신의 정직성과 관련하여 이전에 전했던 메시지를 언급했다(18절). 바울은 19~22절까지 주제에서 벗어나 그의 여행 계획이 변경된 이유를 설명했다.

바울은 자신의 계획이 변경된 것 때문에 고린도 교회에 문제가 생겼음을 알았다. "내가 내 목숨을 걸고 하나님을 불러 증언하시게 하노니"라는 그의 강력한 선언은 바로 이러한 사실을 나타낸다(참조, 롬 1:9; 빌 1:8;

살전 2:5, 10). 하나님을 재판장으로 하는 엄숙한 맹세와 더불어 그는 생명을 걸고 자신의 설명이 진실하다고 주장했다. 그가 고린도 교인들을 책망하지 않으려 한 것은 그들을 아끼는 마음 때문이었으며("너희를 아끼려함이라"), 그 이유로 바울은 고린도 방문을 연기했던 것이다. 바울은 사도로서의 강력한 권위를 가지고 있었지만(10:2~8. 참조, 고전 5:4~5; 딤전 1:20) 이 권위에 의존하기를 꺼려했다. 그는 그들의 믿음을 주관하려 하지 않았으며 그들이 바울을 통하여 믿음을 소유하게 되었다는 사실을 자신에게 유리하게 이용하려 하지 않았다. 독재적인 수단을 통해서 복종을 가져올 수는 있지만, 이것은 그가 추구하는 믿음의 순종이 아니었다. 권위주의적인 지배는 거짓 사도들과 그들의 나라에서 자주 사용되는 것이며(참조, 11:13~15), 결코 그리스도나(눅 22:25~27) 그리스도인의 길은 아니었다(벧전 5:3). 바울은 "우리가… 너희 기쁨을 돕는 자가 되려 함이니"(참조, 고전 3:9. "우리는 하나님의 동역자들이요")라면서 고린도 교인들에게 확신을 주고 있다. 바울은 그들에 대항하거나 그들 위에 군림하는 태도로 사역하지 않았다.

2:1~2 그리스도의 종이라면 고통과 수난에 대해 결코 이방인일 수 없다(마 5:10~12; 요 15:18~20; 벧전 2:21). 바울 역시 그가 감당해야 할 분량을 가지고 있었으며(참조, 1:4~10; 11:16~32) 이것을 회피하지 않았다. 그러나 바울은 결코 바보는 아니었다. 만약 그가 고통과 시련을 피하면서도 자신의 사역을 성취할 수 있었다면 당연히 그렇게 했을 것이다. 바울은 이러한 생각 때문에 고린도 교인들에 대한 자신의 계획을 수정했다.

그의 첫 번째 고통스러운 방문이 언제 있었는가에 관해서는 의견이 분분하다. 그중에서도 교회를 설립한 이후부터 고린도전서를 기록하기 이전까지 이루어졌을 가능성이 높다는 것이 많은 사람들의 견해다. 그러나 이것이 사실일 경우, 고린도전서 내용 가운데 이 여행에 관한 언급이 전혀 없다는 것이 이상한 일이다. 이보다 더욱 신빙성이 있는 의견은 바울이 고린도전서를 기록한 이후 에베소에서 고린도로 갔을 것이라는 설명이다. 그의 '고통스러운 방문'은 앞에서 언급된 대로 계획되었던 두 차례의 방문과 관련이 있을 것이며(1:15~16), 이 성취되지 못했던 두 차례의 방문 계획 중 첫 번째 여행을 가리키는 것일 수 있다. 그리고 첫 번째 여행 도중에 고린도 교인들과 바울을 슬프게 한 고통스러운 사건들이 발생했다(2:5 주해 참조). 바울은 서로 간에 더 큰 슬픔을 당하지 않기 위하여 그의 방문을 연기했던 것이다.

2:3~4 고린도 교인들의 쉽게 오해하는 성향을 고려한 바울은 대담한 모험을 하는 대신에 서신을 쓰기로 작정했다(참조, 고전 5:9~10). 만약 그의 고통스러운 방문(1절)이 고린도전서를 기록하기 전에 이루어졌다면, 여기서 언급되고 있는 서신("내가 이같이 쓴 것")이 바로 그 서신이 될 것이다. 그러나 더욱 신빙성 있는 견해대로 그의 고통스러운 방문이 고린도전서를 기록한 이후에 이루어졌다면, 바울이 언급하고 있는 서신은 고린도전서 다음에 쓰였을 것이며, 이것은 현재는 전해지지 않는다(하나님께서 이 서신이 당신의 영감으로 기록된 성경의 한 부분이 되지 못하도록 하셨을 것이다. 서론의 '바울과 고린도 교회의 만남 및 바울의 서신' 5번 참조)

　　이 서신이 담고 있던 내용에 대하여는 단지 추측만이 가능하다. 그 근거는 고린도후서 2장 5~11절과 7장 5~12절에 있다. 분명한 것은 이 서신 속에는 고린도 교인들에 대한 바울의 깊은 애정이 드러난다. 또한 이 서신을 보낸 후 고린도 교인들이 이 내용을 어떻게 받아들일 것인지 궁금해하면서 디도로부터의 소식을 기다리고 있는 그의 불편한 심기(틀리프세오스[θλίψεως: 분쟁, 압력]. 참조, 1:4. 큰 눌림과 걱정이 있어서 눈물로 가득하다는 의미)가 반영되어 있다(참조, 7:5~8).

2:5 바울이 여행을 고통스럽게 생각하고(1절), 심각한 내용의 서신을 보낸 것은 고린도의 어느 한 사람의 행동 때문이었던 것으로 보인다. 그가 고린도 교회의 한 구성원이었는지, 혹은 단순히 방문자였는지는 확실하지 않다. 어쨌거나 바울은 그를 그리스도인으로 간주했다.

이러한 슬픔을 야기시킨 그의 행동이 무엇이었는가 하는 점은 불확실하다. 과거의 많은 저술가들은 이 사람이 바울에 의하여 정죄 받은 바 있는(고전 5장), 근친상간의 범죄를 저지른 자로 보기도 했다. 그러나 현재 이 견해를 주장하는 사람은 거의 없다. 바울이 처했던 상황에 비해서 그에 대한 바울의 정죄가 매우 가혹한 것이었기 때문이다(참조, 고전 5:5). 또한 3~4절에 언급된 서신이 고린도전서를 가리키는 것이라는 견해가 신빙성이 거의 없기 때문이기도 하다.

오히려 본문에 나타나는 바울의 망설임을 통해서 우리는 더욱 타당한 설명을 유도해 낼 수 있다. 즉, 바울은 그의 괴로운 방문 기간 중에 몇 가지 부분에서 사도로서의 권위가 손상되거나 도전을 받았을 것이라는 사실이다(1절). 고린도 교인들은 바울의 사도적 권위에 대한 도전이 자신들의 영적 생활에 나쁜 영향을 미치리라는 생각을 하지 못했을 것이다. 그들은 바울의 사도적 권위를 자신들과는 무관한 개인적인 문제로 생각하였으며, 바울은 그의 서신 속에서 이러한 고린도 교인들의 생각을 일소했다. 고린도 교인들도 이에 깨닫게 되었다.

2:6 바울의 반대자에 대한 고린도 교인들의 응답은, 그를 치리하는 것이었다. 여기서 에피티미아(ἐπιτιμία)를 '벌'이라고 번역한 것은 너무 강한 느낌이다. 아마도 '비난' 정도가 적당할 것이다. 용어와 상관없이 이러한 치리는 대중에 의해서가 아닌 '전체로서의'(헤 휘포 톤 플레이오논[ἡ ὑπὸ τῶν πλειόνων]) 교회에 의하여 시행되었다(참조, 7:11).

2:7~8 바울은 고린도 교인들이 너무 심하게 행동할 것을 염려했다(참조, 7:11). 그들은 잘못을 범한 사람에 대하여 더 이상 무관심한 방관자로 있지 않을 것이다. 오히려 그들은 비정한 박해자가 될 것이다. 이렇게 될 경우 잘못을 범한 사람은 너무 많은 근심(슬픔)에 잠기게 될 것이다. 바울의 적대자였던 사람은 바울에게 명백히 사죄했다. 바울은 그를 용서하고 위로하며(잘못을 범했던 것은 사실상 고린도 교인들이었기 때문. 2:10) 사랑을 그에게 나타내도록 교회를 권면했다. 교회 공동체로서 고린도 교인들은 동료 그리스도인에 대하여 사랑을 나타내고, 그 사람을 교회 공동체의 일원으로 인정해야 했다(참조, 고전 5:11).

2:9~11 바울이 이 문제를 언급한 것은 단순히 자신을 변호하거나 잘못을 범한 형제가 협력할 수 있도록 하려는 목적은 아니었다. 오히려 고린도 교인들이 바울에게 강력한 헌신을 나타내는지 확인하는 데 있었다(참조, 7:2). 그들은 바울의 지시에 순종함으로써 그를 향한 사랑과 헌신을 표현할 수 있었다(참조, 요 15:14).

고린도 교인들이 바울과 결속되어 있다는 표현은 둘 사이의 상호적인 관계를 드러낸다. 고린도 교인들은 바울과 함께한 자로서, 바울에게 무례를 범하는 잘못을 저지른 이 범죄자를 용서할 수 있었다. 고린도 교인들이 어느 한 사람의 잘못을 두고 그들 나름대로 괴로워하고(7:8), 회개도 하였으므로(참조, 7:9) 바울 역시 그들을 용서 할 수 있었다. 만약 그렇지 않았다면 사탄은 슬픈 마음을 줌으로써 바울이나 고린도 교인들의 사역을 무력화할 수 있었을 것이다. 중요한 사실은 바울과 고린도 교인들 및 회개한 범죄자 사이의 사귐이 회복됨으로써 사탄은 이 사건을 교회와 바울 사이를 분열시키는 기회로 삼지 못했다는 것이다. 이것이야말로 바울이 그토록 끊임없이 훼방하고자 한 사탄의 계략 가운데 하나였다(참조, 11:13~14).

이로써 바울의 계획은 변경되었다. 그가 계획을 변경한 것은 고린도 교회의 안녕을 고려했기 때문이었다. 개인적으로 방문하는 대신 바울은 디도를 통해 서신을 보냄으로써 그의 목적을 성취했다. 그러나 바울은 디도를 마게도냐에서 만날 때까지 그의 목적이 성취되었다는 사실을 알지 못했다. 12~16절에 볼 수 있듯이, 서신을 보내고 나서 디도를 만날 때까지 바울의 마음은 몹시 불편했던 것이다.

B. 영광의 사역(2:12~7:16)

디도가 서신을 가지고 떠난 이후로부터(2:4; 7:6~7) 고린도 교회의 상황에 대한 보고를 가지고 되돌아오기까지의 기간은 바울에게는 불안한 시간이었다. 그는 자신이 얼마나 무력하고 연약한지를 매우 진지하게 깨달았다. 자신의 사역을 통하여 영원한 가치가 있는 것들을 성취하기 위해서 얼마나 전적으로 하나님께 의존해 왔는가를 다시 새롭게 인식하게 되었다. 이 부분의 주제가 바로 그것이다. 사역이 영광스러운 이유는 하나님께서 함께해 주시기 때문이다.

1. 그리스도 안에서의 승리(2:12~3:6)

2:12~13 바울은 드로아에서 디도를 만나 고린도 교회의 상황에 대한 보고를 받을 계획을 세웠다. 그는 그리스로 가기 전에 중요한 로마 식민지였던 드로아에서 복음 증거하기를 원했다. 주님께서 그에게 문을 열어 주셨고(참조, 고전 16:9; 골 4:3), 바울은 그리스도의 복음을 증거할 좋은 기회를 얻었다.

그러나 이러한 희망들은 디도를 만나지 못하면서 사라져 버렸다. 바울은 이제 고린도 교회에 대해서는 물론이고, 디도의 안전까지도 염려하게 되었다. 디도가 고린도에서 모은 헌금을 휴대하고 있었으므로 혹시 모를 강도와의 만남 때문에 염려가 된 것이다(참조, 8:6). 바울은 왜 디도가 드로아에 오지 못한 것일까 하는 생각으로 심령이 편하지 못했다(아네신 토 프뉴마티[ἄνεσιν τῷ πνεύματί: 성령의 인도함]. '아네신'은 7장 5절과 8장 13절에도 사용).

드로아에서 복음을 증거할 수 있는 좋은 기회가 있었음에도 이 일에 전념할 수 없었던 바울은(참조, 7:5~6) 그곳의 교회와 작별하고 마게도냐로 갔다. 주님께서 복음을 위하여 열어 두신 문은 계속 열려 있었고, 하나님께서는 바울이 귀환하던 길에(참조, 행 20:5~11) 그를 드로아에서 능력 있는 종으로 사용하셨다. 그러나 당시 바울은 기진맥진한 사람처럼 이 기회를 선용하지 못하고 떠나게 되었다(참조, 4:9).

2:14 바울은 고린도 교인들에게 하던 기존의 이야기를 중단하고 7장 5절에 이르러서야 다시 시작한다(참조, 2:13; 7:5). 그러나 이처럼 주제를 바꾼 것은 매우 적절했다. 좌절을 맛본 바울은 이제 자신으로부터 승리하시는 그리스도께로 관심을 돌리고 있다. 바울은 자신이 하나님의 은혜로 그리스도의 연단을 받고 있다는 사실을 알게 되었던 것이다.

여기에서 바울이 사용한 말들은 개선장군들을 축하하기 위해서 마련된 로마의 개선 행진에서 차용한 것이다. 개선 행진에 있어서 포로들은 장군을 빛내기 위하여 강제로 끌려 나오곤 했다. 승리자이신 하나님께서는 그리스도를 통하여 그의 원수들을 정복하셨으며(참조, 롬 5:10; 골 2:15) 그리스도의 포로가 된 바울은 하나님의 개선 행렬 속에서 함께 행진하는 것이다. 바울은 그리스도에 의하여 포로가 되었지만(빌레몬서 23절에서 "함께 갇힌"은 문자적으로 '함께 포로 된'의 뜻이다. 참조, 고전 4:9) 이제는 승리로 향하고 있다. 이와 같은 자유로운 종에게 주어진 '좌절 속의 승리'야 말로 바울이 자신의 사역을 통하여 궁극적으로 확산시키고자 했던 역설이었다(참조, 4:7~12; 6:9~10).

로마의 개선 행진에서는 향을 불사르곤 했다. 바울은 이것을 그리스도를 아는 지식과 비교했는데, 이 지식은 마치 향기처럼 복음의 선포를 통하여 세계 모든 곳으로 확산되는 것이다.

2:15~16 복음은 역설적인 결과를 초래한다. 복음의 전달자로서 바울은 자기 자신을 그리스도의 향기라고 부를 수 있었다. 70인역 성서에서는 향기(유오디아[εὐωδία])가 구약성경의 희생 제사로 사용되고 있다(창 8:21; 출 29:18; 레 1:9; 민 15:3). 바울의 삶은 하나님을 기쁘시게 하기 위한 희생 제사와 같은 것이었다(롬 12:1). 많은 사람들에 의하여 배척받고 공

격당하면서도 하나님의 메시지를 선포한 바울의 삶은 예수님의 삶의 연장으로서 하나님의 종의 삶이었다(참조, 골 1:24).

복음의 진수는 그리스도의 죽음을 통하여 사람들이 생명을 얻고 부활하게 된다는 것이다(고전 15장). 복음을 배척하는 사람들, 그리고 십자가에 달리셨다가 부활하신 그리스도에 관한 메시지를 믿지 않는 사람들은 바울에게 일종의 역겨운 죽음의 악취와 같았다(행 17:32). 그들은 계속해서 파멸의 길을 갔다. 그러나 복음을 믿는 자들은 구원을 얻고 영광으로 인도된다(참조, 4:17; 롬 8:18, 30). 그들에게 있어서 복음이란 생명에 이르는 향기인 것이다.

바울 사역의 이러한 두 가지 결과는 스스로에게 충격을 주었다. 후에 바울은 "누가 이 일을 감당 하리요?"라는 질문에 답변한다(3:5~6). 여기서 바울은 잠시 동안 거짓 사도들의 사역을 언급한다. 거짓 선지자들은 자신들이 더욱 정당하다고 생각했는데, 그들의 메시지와 그 동기가 바울과는 판이했기 때문이다. 바울은 이러한 점들에 대하여 답변할 필요를 느꼈다.

2:17 바울이 살았던 당시에는 많은 거짓 사도들이 있었다(참조, 벧후 2:1). 바울은 수많은 거짓 사도들의 사역은 자기중심적인 것이라고 주장한다. 그들과는 달리 바울은 영적인 수고의 대가로 물질적인 보상을 받을 수 있었음에도 불구하고(고전 9장) 고린도에서 자비량으로 사역했다(참조, 11:7~12; 12:14). 거짓 사도들은 그들이 전하는 메시지와 동기를 통해서도 구별이 가능했다. 그들은 부정직한 장사꾼들처럼 자신들의 상품을 속였다. 바울은 그들이 하나님의 말씀을 혼잡하게 한다고 말한다. 이 단어 카펠류온테스(καπηλεύοντες), 즉 '등쳐먹으러 다니다'라는 표현은 단지

여기서만 사용되는 단어이다. 아마도 바울은 자신들의 이익을 늘리기 위해서 포도주에 물을 섞으면서도 양심의 가책 없이 뻔뻔스러웠던 예루살렘의 이스라엘 사람들을 두고 이사야가 한 말을 염두에 두었을 것이다(사 1:22. 뻔뻔스러운 철학자들에 대한 루시안의 묘사[hermotimus 59] 참조). 거짓 사도들 역시 그와 같은 사람들로서 이익을 위하여 하나님의 말씀을 타락시켰던 것이다. 그들은 자신들을 섬긴 것이지 하나님을 섬긴 것이 아니다. 그러나 바울은 하나님을 대변하였다. 그들은 돈 앞에서 탐욕스러웠다(벧전 5:2). 바로 이것이 그들의 거짓됨을 증명하는 것이다. 그러나 바울은 순전함으로 사역했다(참조, 1:12).

3:1~3 이미 적대자들의 전술에 대하여 잘 알고 있던 바울은, 거짓 사도들에 대한 비판과 자신의 사역에 대한 옹호가 결과적으로 자신에 대한 반감을 더하게 될 것을 알아차렸다. 1절에 나타난 첫 질문("우리가 다시 자천하기를 시작하겠느냐")을 볼 때 이미 과거에 자천된 일이 있었음을 알 수 있다(참조, 고전 9장).

이와 관련하여 어떤 이들은 바울이 스스로를 추천할 수밖에 없었을 것이라고 하면서, 그 이유로서 바울을 추천할 사람이 없었다는 점을 들고 있다. 당시 그의 적대자들은 추천장을 가지고 다녔을 것이 분명하다. 이것은 1세기의 관행이었다. 바울도 동역자들을 위하여 이러한 관행을 따랐던 적이 많다(8:22~24; 롬 16:1~2). 그러나 바울은 다른 사람들의 추천서의 진정성에 대하여 의심할 이유가 있었다(4:2). 그러한 거짓된 추천서들은 일반 대중이 믿을 수 있는 것인지의 여부가 충분히 검토되지 않았다. 이와 달리 바울의 추천서는 뭇 사람에 의해서 검토될 수 있었다. 그의 추천서는 다름 아닌 고린도 교인들 자체였던 것이다. 고린도 교인들은 그리스도가 보낸 추천서로서, 살아 계신 하나님의 영으로 쓰여진 것이었다. 거짓 사도들의 추천서는 인간적인 것이었지만 바울의 추천서는 신적인 것이었다(참조, 고전 2:1~5).

바울이 우리의 마음에 기록된 서신에 대해서 말했을 때 이 '마음'은 아마도 디모데와 디도를 포함하고 있었을 것이다. '육의 마음판'이라는 것은 새 언약의 성격을 암시하는 것이었다(렘 31:33). 옛 계약이 돌판에 새겨졌던 것에 비해(출 24:12), 새 언약은 인간의 마음에 새겨지는 것이다(겔 11:19; 36:26). 새 언약이 옛 언약보다 훨씬 우수한 것처럼, 바울의 추천서도 거짓 사도들의 추천서와 비교할 때 월등히 훌륭한 것이다.

3:4~6 바울의 확신은 인간적인 것이 아니라 신적인 것에 기초하고 있었다. 그는 고린도 교인들에 대한 확신을 가지고 있었다. 성령께서 그들 속에서 역사하고 계셨기 때문이었다. 고린도 교인들의 믿음은 하나님의 능력에 따른 것이었다(고전 2:1~5). 이와 마찬가지로 그의 우수함과 사역에서의 권능도 역시 전적으로 하나님께로부터 난 것이었다(참조, 딤전 1:12).

바울이 새 언약을 강조하는 것으로 볼 때, 바울의 반대자들은 옛 언약의 전파자들임을 알 수 있다. 모세의 언약은 하나님께서 이스라엘에게 요구하신 것으로, 의에 관해 기록된 계시였다(참조, 출 19~23장). 모세의 언약은 순종의 맹세, 피의 희생제사와 함께 주어졌다(출 24장). 이스라엘이 이 언약에 충실하지 않다는 것이 드러났을 때, 하나님께서는 은혜롭게 이에 개입하셔서 새 언약을 주셨다(렘 31:31~34; 32:40). 새 언약은 때와 가치에 있어서도 전에 없던 것이었다. 새 언약은 그리스도께서 십자가 위에 희생 제물이 되심으로써 시작되었으며(눅 22:20), 믿는 자들은 믿음으로 이 언약에 들어가고(빌 3:9) 성령으로 살게 되는 것이다(롬 7:6; 8:4).

그러나 이스라엘에게 속한 새 언약의 육체적, 민족적 측면은 교회에 적합한 것은 아니었다. 오히려 이러한 것들은 천년왕국에서 성취될 것이다. 오늘날 교회는 새 언약의 구원론적 측면에 참여하고 있고 이 구원은 모든 믿는 자들을 위하여 흘리신 그리스도의 피로 세워진 것이다(참조, 히 8:7~13).

하나님의 권위가 아닌 사람의 권위에 기초한 추천서는 근시안적이며 위험하다(1~3절). 또한 하나님의 도우심 없이 하나님의 의를 이루고자 하는 것은 더욱 더 위험하다. 이런 사람들은 '문자는 죽음을 가져다 줄 수 있음'(참조, 롬 7:10~11)을 깨닫게 될 것이다. 반면에 그리스도를 신뢰하는 사람들은 '영은 생명을 가져다 준다'는 사실을 발견하게 된다(참조, 롬 8:2).

2. 주의 영으로 말미암은 영광(3:7~18)

지금까지 바울은 자신의 목회 사역을 설명하고 옹호했다. 그는 자신이 추천장을 가지고 다닌다는 것이 부적절함을 지적하면서, 그 어떤 인간적인 추천서보다도 훌륭한 성령의 내적 증명서에 대해 말했다. 이와 함께 바울은 그의 적대자들이 옛 언약에 기초한 잘못된 메시지를 선포하고 있으며, 이것을 받아들이면 결국 죽음에 이르게 될 것임을 암시했다.

새 언약이 옛 언약, 특히 그의 적대자들이 전하는 옛 언약보다 우수함을 강조하기 위하여 바울은 출애굽기 34장 29~35절 말씀을 다뤘다. 바울의 주장의 핵심은 옛 언약은 하나님으로부터 왔기 때문에 영광스러운 것이지만, 이 언약을 성취하는 것은 인간의 노력에 달려있기 때문에 일시적이며 없어질 것(카타르게오[καταργέω]. 3:7, 11, 13)이라는 점이다. 따라서 옛 언약은 새 언약과 영원하신 성령의 사역에 의해 대체되어야만 한다(히 9:14). 이것을 예증하기 위하여 바울은 모세의 얼굴에 나타난 하나님의 영광의 빛이 점차 없어진 것과(3:7), 그리스도인들의 영광의 빛이 점차 증가하는 것(18절)을 대조하고 있다.

3:7 옛 언약에 기초하여 모세가 행했던 사역은 사람들에게 죽음을 가져오는 것이었다. 그것은 '거룩하고 의로우며 선한 것'(롬 7:12. 참조, 딤전 1:8)이 못 되었다. 그것은 인간의 죄악이 가져온 결함이었다(롬 7:10~11). 그러나 이러한 죽음밖에 가져오지 못하는 직분도 비록 일시적이며 없어질 것이기는 하지만(참조, 11, 13절) 영광이 있었다. 이 영광이 일시적이며 없어질 것이라는 사실은 시각적으로 보여졌는데, 이것은 옛 언약이 본래 폐기될 성질의 것임을 반영하는 것이었다.

모세가 십계명이 기록된 두 돌판을 가지고 시내 산에서 내려올 때 그의 얼굴은 매우 빛났으며, 그 빛 때문에 이스라엘 백성은 그에게 접근할 수 없었다(출 34:29~30). 구약성경에는 이 광채가 없어진 것에 대해서는 언급이 없다. 반면 유대 전승에 의하면 하나님을 만남으로써 얻어진 이 영광이 모세가 죽을 때까지 지속되었다고 한다(*Targum Onkelos*; 신 34:7). 그러나 바울이 이 사안을 논의하는 과정에서, 이렇게 쉽게 거절될 수 있는 문학에 의거한 해석을 시도하지는 않은 것으로 보인다.

3:8~11 바울은 새로운 언약의 우월성을 논의하기 위하여 모세의 영광이 없어졌다는 사실을 언급한 것이다. 계명에 따른 옛 언약의 직분은 사람들을 정죄했다(참조, 롬 7:11). 반면에 성령에 의한 새 언약의 직분은 사람들이 그리스도를 믿게 하고 그의 의를 힘입도록 만들었다(롬 3:21~22;

4:24). 마치 태양 앞의 촛불처럼 영원한 새 언약(히 13:20)의 광휘 앞에서 옛 언약은 그 빛을 잃고 쓰러져 버린 것이다(갈 3:19~25). 옛 언약에 영광이 있었다면 새 언약에는 영광이 얼마나 더 할 것인가.

3:12 새 언약은 영원하기 때문에 이것을 받아들인 사람은 하나님께서 자신을 받아 주실 주실 것이라는 소망을 가진다. 바울은 이 소망을 가지고 있었으므로 말과 행실에 있어서 담대하고 솔직할 수 있었다.

3:13 그러나 모세의 직분은 정반대였다. 모세는 이스라엘 백성에게 말할 때에 그들이(하나님을 만남으로써 생겨난) 빛이 없어지는 일을 보지 못하게 하기 위해 얼굴에 수건을 썼다. 왜 모세는 이렇게 하였을까? 목이 곧은 이스라엘 백성이 이 두려운 광채가 사라지는 것을 보고 하나님께 제대로 순종하지 않을 것이라고 생각했기 때문인가? 아니면 이스라엘 백성의 마음이 완고하여 하나님의 영광의 나타남을 볼 자격이 없다고 생각했기 때문인가? 아마도 모세가 수건으로 자신의 얼굴을 가리게 된 것은 후자의 이유일 것이다.

3:14~16 모세가 수건으로 얼굴을 가린 이유가 무엇이든지 간에 그의 이러한 행동은 예언적인 성격을 가진 것이다. 고대 이스라엘 백성은 마음이 완고했기 때문에 옛 언약의 일시적이면서 예비적인 특성을 이해하려고 하지도 않았고 이해할 수도 없었다. 이 완고함은 그들의 후손들에게도 여전히 남아 있다. 바울 당시는 물론 지금까지도 유대인들은 옛 언약이 예비적인 것이지, 결코 최종적인 하나님의 계시의 말씀이 아님을 깨닫지 못한 것이다. 그러므로 바울은 모세의 영광과 옛 언약을 가렸던 천이 없어졌음

에도 불구하고, 상당한 영적 수건이 여전히 남아서 제거되지 않았다고 말하고 있는 것이다(참조, 3~4절; 롬 11:7~8, 25).

그러나 언제든지 주께로 돌아오면 그들의 마음을 덮은 불신의 수건은 그리스도 안에서 벗겨질 수 있다(14절). 모세도 하나님의 임재 때 자신의 물질적인 수건을 벗었다. 유대인은 물론 그 누구라도 주 예수께 대한 믿음으로 돌아오면 그의 영적인 수건은 제거될 것이다. 옛 언약을 부여하신 하나님께서 새 언약도 세우셨다.

3:17 옛 언약에서는 모세가 하나님 앞으로 나아갈 때 스스로 수건을 벗었다(출 34:34). 새 언약에서는 성령께서 수건을 벗겨 주신다. 성령께서는 그리스도의 인격적인 대리자이시다. 그는 '주의 영'이시다(참조, 롬 8:9). 그리스도와 성령께서는 동일한 목적을 가지고 계시며(요 15:26; 16:6~15), 그 결과도 동일하다(롬 8:15; 갈 5:1). "주는 영이시니"라는 바울의 말(참조, 18절)은 삼위일체 중의 두 인격을 혼돈한 것이 아니라, 오히려 성령의 신성을 강조하는 것이다.

새 언약이 가져오는 가장 중요한 결과는 자유이다. 바울은 옛 언약 아래에서 사는 사람들을 종의 자녀에, 새 언약 아래에서 사는 사람들을 자유인의 자녀에 비유했다(갈 4:24~31). 이 자유는 그리스도께서 믿는 자들을 율법의 형벌로부터 구원하셔서 하나님의 자녀가 되도록 하셨기 때문에 가능하게 된 것이다(갈 4:5~7). 자녀로서의 자유는 그리스도인이 하나님을 아버지라 부르게 만드시는(롬 8:15; 갈 4:6) 성령에 의해 확증된다.

3:18 모세의 얼굴에 나타나 있던 영광의 증거는 없어져 버린 광채였다(7, 13절). 이와 달리 그리스도인들의 얼굴에는 점차 증가하는 하나님의 영

광(참조, 4:6)이 나타난다(여기서 '점차 증가하는 영광'이란 번역은 NIV성경에 의한 것이다. NIV성경은 '영광에서 영광으로', 즉 '영광의 한 단계에서 다음 단계로'라는 헬라어 구절을 '점차 증가하는 영광'으로 번역하고 있다). 그리스도인들의 영광은 모세의 영광과 마찬가지로 주의 영광의 반영인 것이다. 그러나 모세의 영광이 일시적이었던 것과는 달리 그리스도인들의 영광은 영원하다. 성령을 통하여 하나님께서 임재하시기 때문이다 (4:17). 이 영광은 새 언약에서 나타나는 구원을 체험하는 것이다. 또한 이 구원은 성령의 중재로 가능한 것이며, 성령께서는 그리스도인들을 칭의에서 성화로, 성화에서 영화로움의 단계로 인도하신다. 믿는 자들이 성령의 열매(갈 5:22~23)를 맺게 될 때, 그들은 점차 '그리스도의 형상'으로 변화하여 가는 것이다(바울은 로마서 12장 2절에서도 같은 말을 사용했다). '그리스도의 형상'이야말로 모든 그리스도인들이 추구해야 할 목표이다 (엡 4:23~24; 골 3:10). 이렇듯 바울은 새 언약이 옛 언약보다 우월함을 의심 없이 단언하고 있다.

3. 하나님께서 주시는 능력(4:1~15)

새 언약의 직분은 그리스도로 말미암은 확실한 승리와(2:14) 성령의 변화시키는 역사(3:18)가 있기 때문에 영광스러운 것이지만, 시련이 없는 것은 아니다. 바울의 사역은 때때로 견디기 어려울 정도의 육체적 시련을 요구했다(참조, 1:8; 11:23~27). 뿐만 아니라 바울은 그가 섬기던 이들 (2:4)과 그가 반대하던 자들(2:5)로부터 육체적 시련에 못지않은 영적 시련 (7:5; 11:28~29)을 당하였다. 이 부분에서 그는 자신이 겪은 어려웠던 경험들을 회고하면서 자신을 지탱해 주었던 힘, 즉 성령의 능력에 대해 언급하고 있다(4:7).

4:1 바울의 불미스러운 과거에도 불구하고 그에게 새 언약의 직분(디아코니아[διακονία: 봉사]. 5:18; 6:3; 8:4; 9:1, 12~13; 11:18에서도 사용)이 주어진 것(참조, 고전 15:9~10; 딤전 1:13)은 하나님의 은총과 긍휼 때문이었다. 바로 이 긍휼이 숱한 고통스러운 사건으로 점철된 사역 속에서도 바울을 지탱해 주었으며(참조, 1:3~11), 절망감을 극복할 수 있게 하였다(참조, 7:6). 그러므로 바울은 "우리가… 낙심하지 아니하고"(1, 16절)라고 기록할 수 있었던 것이다. 누가복음 18장 1절의 '낙망'도 역시 여기서 사용된 것과 같은 단어이다. 때때로 낙심할 때도 있으나, 이 위대한 사도는 결코 이 직분을 포기하지는 않았던 것이다.

4:2 바울을 낙심케 하는 한 가지 원인은 고린도 교회의 걱정스러운 문제들이었다. 이 문제는 교회 안의 거짓 사도들과 그리스도인들의 수동적인 태도에서 기인한 것이다. 심한 비난에 직면한 바울은 자신을 신뢰해야 마땅할 사람들 앞에서 자신을 변호할 필요가 있음을 깨달았다. 이미 그는 이 서신 속에서 자신에 대한 공격을 솜씨 좋게 받아넘긴 적이 있었고(참조, 1:17; 2:17; 3:1), 또 다시 그렇게 해야 할 것을 느꼈다(참조, 6:3; 7:3, 10~13). 어떤 이들은 그가 복음을 자신의 목적을 위하여 속임수(파누르기아[πανουργία: 간계]. 11장 3절에서 사탄을 언급할 때 사용)처럼 사용한다고 비난했다. 아마도 바울은 이러한 비난을 마음에 새겨 두었던 것 같다(12:16~18. 참조, 2:17). 이에 대한 답변으로 바울은 개방성("이에 숨은 부끄러움의 일을 버리고… 오직 진리를 나타냄으로…")과 담대함(참조, 3:12)을 말하고 있다. 이것들은 바울의 복음 선포를 특징 짓는 것이었다.

그의 적대자들과는 달리 바울은 하나님의 말씀을 혼잡하게(거짓되게) 만들지 않았다. 그러므로 바울은 다른 사람들과 하나님 앞에서 자신을 스스로 추천할 수 있었던 것이다(참조, 1:12; 5:11. "양심").

4:3~4 많은 사람, 특히 유대인들(3:14~15)은 복음을 받아들이지 않았다. 이들에게는 복음이 가려져 있었다. 바울은 그의 적대자들과는 달리, 자기 취향에 맞도록 하기 위하여 복음을 변경시키는 일 따위는 하지 않았다(11:4). 복음은 받아들일 수도 없고, 받아들일 의향도 없는 사람들에 의하여 거부되었다(참조, 고전 1:18; 2:14). 그들은 불신하였으며 세상의 신인 사탄(참조, 엡 2:2)의 사주를 받았다. 이 사탄은 그리스도에게 패배하였음에도 불구하고(히 2:14), 현 세상에 대한 지배를 계속하고 있다(벧전 5:8; 요일 5:19). 사탄이 사람들의 마음을 혼미케 하여 그들은 복음의 광채를 볼 수 없게 된 것이다.

　복음은 결단코 모호한 것이 아니다. 복음은 하나님의 형상(참조, 골 1:15)으로서 말씀과 사역을 통하여 계시되신, 하나님이신(참조, 요 1:18; 14:9) 그리스도를 가리키는 것이다.

4:5 그리스도야말로 바울의 메시지의 핵심이며 목적이다. 바울의 적대자들의 주장과는 반대로(2절), 바울은 그리스도 예수를 위하여 수고하였으며 자신의 이익을 돌아보지 않았다. 예수는 십자가에 달리신 그리스도이시며 부활하신 주님이시다. 바울은 그리스도를 섬겼으므로, 곧 그는 그리스도의 몸인 교회(엡 1:22~23)를 섬겼다. 바울은 고린도 교인들을 섬길 가치가 없다고 여겼으나, 그들을 섬김으로써 주님을 섬기고 있었던 것이다(참조, 마 25:40).

4:6 바울이 교회를 섬기고 복음을 공개적으로 선포한 이유는 하나님께서 그의 삶 속에 역사하셨기 때문이었다. 세상을 창조하시면서 어두운 데에 빛을 가져오신 하나님께서는(창 1:2~4), 영적인 창조에 있어서도 어두운 데 거하던 사람들의 마음에 광명을 비추셨다(참조, 눅 1:78~79; 행 26:18). 이것은 다메섹 도상에서 "하늘로서 빛이 그를 둘러 비췄을 때"(행 9:3) 그가 체험한 것이었다. 부활하신 주를 대면한 순간 그는 새로운 피조물이 되었다(참조, 5:17). 믿는 자들의 삶 속에 비춰지는 빛이란 하나님의 구원을 아는 지식과, 그리스도의 얼굴에서 나타나고 바울에게 반사되어 나타나던 영광이다(참조, 3:18). 사람이 죄의 어두움 속에 있을 때에는 하나님을 알 수 없으며, 하나님이 주시는 생명과 구원도 경험할 수 없는 것이다(엡 4:18).

4:7 구원과 그 결과에 대한 메시지는 영광스럽고 신적인 것이다. 반면에 이 메시지를 전하는 사람은 단지 죽을 수밖에 없는 사람일 뿐이다. 이 귀한 메시지와 전달자의 대조는, 마치 질그릇과 그 속에 담긴 보배와 같은 것이다. 바울의 삶의 특징은 자신의 무가치함을 깊이 인식한 것은 물론, 이와 비교하여 자신이 전하는 메시지가 더할 나위 없이 영광스러운 것임을 깨달은 데에 있었다(참조, 엡 3:7~9). 하나님께서는 이 둘을 날카롭게 대조하심으로써 그 누구도 근원과 압도적인 능력에 대하여 의문을 제기하지 못하도록 하셨다. 구원이란 하나님께서 하시는 일이지 결코 사람의 일이 아니다(참조, 고전 2:5; 3:7).

4:8~9 바울은 고린도전서에서 자신과 동료 사도들을 가리켜 "죽이기로 작정된 자 같이 끄트머리에 두어진 자"에 비유한 바 있다(고전 4:9). 본문

에서는 이와 같은 은유법을 통해 사역을 감당하는 데 필요한 것들을 묘사하면서, 인간적으로 무능한 사도들을 하나님께서 능하게 하심을 비교한다. 여기에는 육체적인 고통과(참조, 1:8~9; 6:5, 9) 심리적인 고통(참조, 6:4, 8; 7:5~6) 모두가 포함되어 있다. '우겨쌈'으로 번역된 틀리보메노이(θλιβόμενοι)는 분사형으로, 틀리피스(θλῖψις: 고통, 압력. 참조, 1:4)와 관계가 있다. 답답한 일을 당함(아포루메노이[ἀπορούμενοι])과 낙심(엑사포루메노이[ἐξαπορούμενοι])의 헬라어가 유사한 것은 흥미로운 일이다. 만약 하나님의 간섭이 없었다면 바울은 이 시련들로 인하여 실패하고 말았을 것이다(참조, 1:8~10).

4:10~11 8~9절의 역설은, 그리스도의 지상에서의 비천한 삶의 연약함과 하늘로 승천하신 후의 권능을 극적으로 대조시킨다(13:4). 바울은 고린도전서에서 자신의 메시지가 '십자가에 달리신 그리스도'임을 밝혔다(고전 1:23). 여기에서는 자신의 삶을 그리스도의 낮아지심과 같은 낮아짐을 나타내 보이는 것이라고 설명했다. 이것은 그가 인간의 연약함을 통하여 하나님의 능력이 완전하게 나타난다는 것(12:9~10)을 계속 염두에 두고 있음을 보여 주는 것이다. "우리가 항상 예수의 죽음을 몸에 짊어"진다는 그의 고백은, 그가 의도적으로 예수를 위해 고난을 받고 그분을 증거함으로써 매와 돌을 맞아 육체에 상처가 생긴 것을 말한다(참조, 6:5, 9; 11:23~25; 고전 4:11; 갈 6:17). "항상 예수를 위하여 죽음에 넘겨"진다는 것은 죽음에 직면한 상태의 계속성을 나타낸다(참조, 1:9). 바울은 하나님께서 연약한 사람들을 선택하셔서 당신을 섬기도록 하신다는 것을 깨달았다(참조, 고전 1:26~29). 결국 그는 자신의 수난(11:23~24)과 연약함(11:30; 12:5)을 기초로 해서 자신이 진정한 사도임을 주장한 것이다.

예수의 생명은 바울의 육체에도 나타났다. 이것은 그가 영적으로 살아 있음을 증거하는 것이다(참조, 16절). 이러한 경험들을 통해 바울은 점차 그리스도를 닮아 가게 되었다(3:18).

4:12 바울은 비록 고난이 자신에게 유익한 것이라는 역설적인 생각을 가지고 있었지만(빌 3:10), 궁극적으로는 다른 사람들을 위하여 자기 목숨을 주신 주님의 모범을 따르고 있었다(막 10:45. 참조, 빌 2:5~8). 바울은 하나님께서 자신의 고난을 통하여 고린도 교인들에게 역사하실 수 있다고 믿었다(1:5~6. 참조, 엡 3:10; 딤후 2:10). 그리스도께서 자신의 고난과 죽으심을 통하여 사람들에게 생명을 주셨듯이, 바울의 고난(그에게 역사하는 사망과 함께. 참조, 4:10~11)도 다른 사람들 가운데 영적 생명이 역사하도록 하는 수단이었던 것이다(골 1:24).

4:13~14 바울이 이러한 고난을 견디게 한 것은 무엇인가? 그는 시편 116편 10절을 인용함으로써 이 질문에 답한다. 시편 기자는 "스올의 고통"(시 116:3)을 언급하면서 동시에 사망으로부터 자신을 건지시는 하나님에 대한 확신도 고백하였다(시 116:8). 바울 역시 이러한 확신을 가지고 있었으므로, 그는 시편 기자처럼 '내가 믿는다'고 선언할 수 있었던 것이다. "또한 말하노라"라는 두 번째 인용 부분은 "내가 크게 고통을 당하였다고 말할 때에도 나는 믿었도다"(시 116:10)라는 시편 기자의 말에서 온 것이다. 바울은 시편의 이 구절을 직접 인용하지는 않았다. 그러나 앞 절들(8~12절)과 이 서신 속에서 자신이 겪은 고난들에 대해 언급한 것을 바탕으로 읽는 이들이 이해하길 바랐을 것이다.

바울이 자신의 고난과 죽음에 대하여 말할 수 있었던 것은 하나님께서 자신을 건지실 것이라는 확신 때문이었다(참조, 1:9~10). 이러한 확신은 그리스도의 부활에 기초한 것이었으며, 그리스도께서는 그 안에 구원이 있음을 믿는 자들을 위하여 부활의 첫 열매와 보증이 되셨다(고전 15:12~19; 살전 4:14).

4:15 바울이 당한 이 모든 고난은 고린도 교인들과 같은 그리스도인들을 위한 유익이었다(참조, 12절). 그러나 여전히 바울은 자신이 "예수를 위하여" 고난을 받았다고 말한다(11절). 이것은 그가 교회와 그리스도를 동일시하고 있음을 보여 주는 것이다. 그리스도의 몸인 교회(엡 1:22~23)에 대한 바울의 사역은 역시 그리스도에 대한 사역이었던 것이다(참조, 마 25:40).

하나님의 은혜와, 그의 넘치는 선과 자비는 바울이 선포하는 복음을 통하여 점점 많은 사람들에게 퍼져 나가고 있었다. 복음을 듣고 신앙으로 응답한 사람들은 구원을 받고 하나님께 감사를 드렸다(참조, 엡 1:6, 12, 14). 많은 사람들이 구주께 나아올수록 감사도 넘치게 되는 것이다. 이 구절은 바울이 전혀 이기심 없이 사역했다는 것을 보여 준다. 그의 사역은 다른 사람들과 하나님의 영광을 위한 것이었으며(참조, 막 12:33) 결코 자기 자신을 위한 것이 아니었다(참조, 2:5).

4. 영원의 관점(4:16~5:10)

바울은 그리스도를 위해 사역하는 데 있어서 고난이 가지는 의미를 잘 알고 있었다. 드로아에서 디도를 만나지 못한 바울은 마음의 고통을 당했다. 이것 역시 그의 고난의 일부였다. 이 서신의 중간 부분은 옛 언약의 직분의 위대함에 관한 것으로서, 그 자신의 고통스러운 경험과 (2:12~13) 위로하시는 하나님의 손길(7:5~6)이 주요한 내용을 이루고 있었다. 이 직분은 그리스도 안에서 승리하게 될 것이며(2:12~3:6), 성령의 사역인 것이고(3:7~18), 그 능력은 하나님께로부터 오는 것이므로(4:1~15) 영광스러운 것이다. 이제 바울은 이 직분이 갖는 또 다른 측면, 즉 영원의 관점에 관해 언급하고 있다.

4:16 바울이라고 해서 사역하는 도중 좌절하지 않았던 것은 아니다(1:8). 드로아에서 디도를 만나지 못한 것 때문에 그는 깊이 실망했다(2:13; 7:5~6). 그러나 그 일은 바울을 지치게 만들어서 자신도 죽을 존재임을 상기시킨(11절) 많은 경험들(8~9절; 11:23~29) 가운데 하나였을 뿐이다. 하나님께서는 그에게 '이 직분'(1절)을 주셨으며, 승리함의 아들(2:14), 영광스러운 성령(3:18), 능력 많으신 아버지(7절)가 삼위일체를 이루는 하나님께서 그 안에 역사하고 계셨다. 또한 하나님이야말로 그의 부활을 확인해 주는 분이셨다(14절). 이 모든 이유 때문에 바울은 낙심(포기)하지 않았다(참조, 1절; 눅 18:1).

바울에게도 지상에서의 죽음은 점차 분명하게 다가오고 있었다. 그의 겉 사람은 점차 낡아졌다(참조, 8~12절; 1:8~9). 이와 함께 바울의 하늘에서의 운명도 점차 명백해지고 있었다(17~18절). 바울은 육체적으로는 점차 쇠약해지고 있었지만, 영적으로는 날로 새롭게 하시는 성령의 사역을 체험한 것이다(참조, 롬 12:2; 골 3:10). 그는 점차 그리스도를 닮아가고 있었으며(3:18), 이것은 앞으로의 바울의 모습에 대한 서막이었다(참조, 롬 8:23; 요일 3:2).

4:17~18 그리스도를 닮아 가기 위해 하나님께서 사용하시는 방법들 중에는 고난이 있다. 하나님께서는 고난을 통하여 다시 새롭게 하는 과정을 수행하신다(참조, 벧전 4:1, 13~14). 바울은 자신이 겪었던 고난들이 매우 심한 것이었음에도 불구하고(11:23~29), 가볍고 일시적인 환난(틀리프세오스[θλίψεως: 압박과 곤란]. 참조, 1:4)이라고 한다. 이 환난들은 장차 그가 예수의 임재 앞에 서서(14절), 그분과 같게 될 때 누릴 영원한 영광에 비한다면 아무것도 아닌 것이다(고전 15:49; 빌 3:21; 요일 3:2). 이것은 놀라운 일이다. 그의 무겁고 지루한 모든 짐들은 '가벼운 것'(엘라프론[ἐλαφρὸν: 무게가 가볍다, 지기 쉽다]. 신약성경에서는 마태복음 11장 30절을 포함해 두 차례 사용)이며, '일시적인 것'(파라우티카[παραυτίκα: 간단한, 즉각의])이다. 바울이 1장 8절에서 자신의 환난이 자신의 능력을 초월한 것(휘페르볼렌[ὑπερβολὴν])이라고 했지만, 다가오는 지극히 크고 영원한 영광의 중한 것(휘페르볼렌 에이스 휘페르볼렌[ὑπερβολὴν εἰς ὑπερβολήν: 엄청난 것에서 엄청난 것으로])인 셈이다.

바울의 사역은 고난의 연속이었지만 이러한 영원한 전망과 다가올 것에 대한 소망은 숱한 일시적 역경 속에서도 그를 지탱해 주었다. 그가 다른 곳에서도 고린도 교인들에게 상기시킨 것과 같이, 이 세상과 현재적 고난들은 지나가는 것들이다(고전 7:31). 보이는 것(물질적인 것)은 잠깐이요, 보이지 않는 것(영적인 것)은 영원하다. 일시적인 것은 '결코 시들지 아니하는 영광'(벧전 5:4), 즉 '그리스도 안에 있는 영원한 영광'(벧전 5:10)에 의해 대치될 것이다. 그러므로 바울은 믿는 자로서 보이는 것이 아니라 보이지 않는 것을 바라보아야 한다고 반어적으로 말했던 것이다. 속사람이 보는 것은 육체적 눈이 보는 것을 능가한다.

5:1 이 구절에서처럼 장의 구분이 비합리적으로 된 곳도 드물 것이다. 1~10절의 내용은 사실상 4장 16~18절에서 표현한 생각을 상술하고 있지만 장 자체는 구분되어 있다. 이 사실을 염두에 두지 않으면 문맥상의 어색함을 제거하려다가 자칫 이 난해한 구절들을 더욱 복잡하게 만들 수 있다.

바울은 자신의 죽음이 '육체(4:10~11)가 낡아지는 것'이라고 말했다 (4:16). 이제 바울은 자신의 육체를 조만간 무너질 땅에 있는(에피게이오 [ἐπίγειος: 땅 위]) 장막 집(스케누스[σκήνους])에 비유한다. 하나님께서는 성육하신 그리스도의 몸을 통하여 우리들 중에(요 1:14) 거하신다(에스케노센[ἐσκήνωσεν: 장막을 친]). 이것이야말로 우리가 영원의 관점(4:17)을 지켜야만 하는 이유이다(여기에서 접속사로 사용된 헬라어는 가르 [γάρ: ~때문에. NIV성경에서는 '이제'로 번역함]이며, 이것은 전제가 무엇인지를 보여 준다). 지상의 육체는 일시적이다. 그러나 하늘의 육체는 영원하다.

하늘의 육체를 가리켜 하나님께서 지으신 집, 곧 손으로 지은 것이 아닌 하늘에 있는 영원한 집은, 예수님께서 자신의 부활하신 몸을 "손으로 짓지 아니한 다른 성전"(막 14:58)이라고 말씀하신 것을 상기시킨다. 본문은 바울이 이미 부활한 몸에 대해 고린도 교인들에게 써서 보낸 것을 간단히 요약한다(고전 15:34~54). '우리가 안다'라는 확신은 고린도전서 15장의 주장에 기초하는 것이다.

5:2~4 앞에서 바울은 자신의 시선을 '보이는 것이 아니라 보이지 않는 것'에 고정시킨다고 했다(4:18). 바울의 현재의 삶은 낡아지고 있으며(4:16) 죽음 앞에 서 있다(4:11~12). 바울은 비유적 표현('탄식함'을 나타내는 환

유법으로 '고난'을 대신 사용하고 있다)을 사용하여 '우리가 탄식 한다'고 두 차례나 말했다(2, 4절. 참조, 롬 8:22~23). 그러나 "하늘로부터 오는 우리 처소"가 덧입혀지면(2, 4절), 탄식하고 무거운 짐을 진 자들은 환희와 웃음 속에서 기뻐 뛰게 될 것이다(참조, 눅 6:21; 고전 15:51~55). "죽을 것"이 하늘에 있는 죽지 않고 소멸하지 않는 신령한 몸 안에서 "생명에 삼킨 바" 될 것이다(빌 3:21). 바울은 현재의 죽을 삶은 비천함과 결핍 속에서 이뤄진 것으로서 벌거벗은 것과 같다고 생각했다. 그 누가 자신을 기다리는 영원한 영광을 알면서도 이 비참한 상태에 관심을 두고 살기를 원하겠는가(4:17~18)?

많은 주석가들과 신학자들은 이 구절이 '중간 상태', 즉 죽은 후 부활하기까지의 상태를 언급한 것이라고 생각했다. 이러한 견해는 대개 다음의 두 가지 형태 중 하나를 취할 것이다. 첫째는, 죽은 신자들은 비록 의식은 있지만 육체가 없는 상태에서 부활된 육체를 기다린다. 둘째는, 죽은 신자들은 의식이 있으며 '중간적인 육체'를 가지고 있고, 이 육체는 곧 다가올 부활의 육체와는 차이가 있다(이 두 가지 견해 중 어느 것을 주장한다고 해도 바울과는 별다른 관계가 없다. 왜냐하면 바울은 그리스도의 재림 때까지 살아서 소위 중간 상태를 경험하지 않기를 원했기 때문이다). 그러나 이러한 견해는 본문에서 별로 지지를 받지 못한다. 바울은 4장 16절 이하에서 단지 두 상태, 즉 일시적인 것과 영원한 것에 대해서만 언급하고 있기 때문이다. 따라서 제3의 상태에 대해서는 다루고 있지 않다고 보는 것이 옳다. 이것은 4절에서 더욱 분명하게 드러나는데, 이 장막에 있는 존재로서(참조, 벧후 1:13) '벗은 것'은 죽어야 할 운명을 나타내는 것이며, '덧입고 있으며 하늘의 처소를 소유한 존재'는 불사의 운명을 나타내는 것이다. 여기에는 그 중간 단계에 대한 어떠한 언급도 없다.

5:5 비록 현재의 소멸해 가는 운명을 가진 인간이 아무리 불안하더라도, 이 속에는 깊은 섭리가 담겨 있다. 바울이 앞에서도 썼듯이 인간들은 마치 평범한 질그릇처럼 하나님께서 당신의 탁월한 능력을 나타내 보이시는 수단이다(4:7).

고무적인 사실은 하나님께서는 모든 그리스도인들의 삶 속에서 변화의 과정을 이뤄 가고 계시며, 언젠가 이들이 하늘의 육체를 입게 되어 완전히 그리스도를 닮게 되는 때가 도래 할 것이라는 사실이다. 이것의 성취를 보증하는 분은 성령이시다. 성령께서는 임재하심과 변화시키시는 사역(3:18)을 통하여 하나님의 은혜로우신 구원을 시작하시고 끝마치시는 분이다(롬 8:23; 엡 4:30. '보증'에 대해서는 1장 22절에서의 아르라보나 [ἀρραβῶνα]에 대한 주해 참조).

5:6~8 바울은 이러한 입장에서 죽을 육체를 입고 사는 동안이더라도 담대하고(참조, 7:16) 용기를 가질 수 있었다(참조, 4:1, 16). 이 본문에서는 4장 16~18절에 처음 논의된 주제를 반복하고 있다. 몸에 거한다는 것은 '지상의 장막'에 거하여(1절), 밖으로는 '낡아져 가며'(4:16), 죽을 운명 속에서 주의 즉각적인 현존으로부터 벗어나는 것을 말한다(참조, 고전 13:12).

바울을 지탱해 주었던 것은 지금의 상태가 단지 일시적이며 지나가 버리는 상태일 뿐이라는 확신이었다(4:18). 그는 현재가 아닌 미래에, 보이는 것이 아닌 보이지 않는 것에 시선을 집중했다. 이렇게 하는 것이 보는 것으로 행하지 않고 믿음으로 행하는 것이다. 그것은 눈앞의 현실보다는 궁극적인 것의 빛 아래서 사는 것이며(참조, 롬 8:24~25), 시련이 따른다고 하더라도 하나님의 명령에 순종하면서 사는 것이다(11:23~29). 바울은 바로 이러한 삶을 살았다. 만약 바울에게 선택권이 주어졌다면 그는 이 순례의 삶을 떠나서 주와 함께 거하는 편을 택했을 것이다(빌 1:21~23). 그러나 바울의 사명이 현재의 사역에 매진하도록 만들었다(참조, 빌 1:24; 엡 3:1~13).

5:9~10 바울이 인내할 수 있었던 것은 그가 주를 기쁘시게 하고자 하는 목표가 있었기 때문이다(참조, 갈 1:10; 골 1:10). 이것은 그가 지상에 머무르는 동안에(몸에 거하는 동안) 가졌던 소원으로서 하늘에서는(몸으로부터 떠나) 사라지게 될 것이다(참조, 5:6).

바울은 자신이 언젠가는 주인으로부터 평가를 받게 될 것을 알았으며, 이것은 그가 주를 기쁘게 하는 목표를 추구하는 데 도움이 되었다. 그는 주인을 기쁘게 하고 주인으로부터 "잘하였다 착한 종이여"(눅 19:17)하는 칭찬을 듣기를 소망했다. 고린도전서에서 바울은 그리스도인 교사들을 특별히 언급하면서(고전 4:1~5) 심판에 대해 이야기했다(고전 3:12~15). 바울은 모든 그리스도인들이 그리스도의 심판대 앞에서 평가를 받게 될 것을 확신했다(참조, 롬 14:12). 심판은 교회가 영광을 얻고 난 후에 있을 것이었다. 믿는 자들은 자신들의 지상의 삶에서(몸으로) 행한 것에 따라 보상을 받게 될 것이다. 그들의 선한 행실(참조, 고전 4:5; 엡 6:8)과 악한(파울론[φαῦλον: 무가치한]) 행실은 각각의 보상을 받게 될 것이다(고전 3:15; 골 3:25). 여기서의 논쟁은 구원이 아니다. 한 인간의 영원한 운명이 그리스도의 심판대 앞에서 결정되지는 않을 것이다. 구원은 믿음으로 받는 것이지만(엡 2:8~9), 이 믿음으로부터 비롯된 행위가(살전 1:3) 그곳에서 평가를 받게 될 것이다.

심판 날에 대한 전망과 영원에 대한 기대는 바울에게 위안을 주었다. 이것들은 바울에게 시련을 견뎌 낼 수 있는 힘을 주었다(4:7~12). 또한 바울이 자신의 사역을 충실히 수행하도록 하는 원동력이었다(11절. 참조, 고전 4:2~4).

5. 화해의 메시지(5:11~6:2)

지금까지 바울은 그리스도의 사역(2:12~3:6), 성령의 사역(3:7~18) 및 아버지의 사역(4:1~15)에 대해 다뤘다. 또한 사역을 효과적으로 수행하는 데 필요한 영원의 관점에 대해서도 이야기했다(4:16~5:10). 이제 바울은 이 사역의 핵심인 메시지의 문제를 다루고 있다.

5:11~12 비록 바울은 그리스도 안에서 믿음을 통해 구원과 영원한 삶을 얻었지만(엡 2:8~9), 어느 날 주님 앞에 서게 될 것이라는 생각이 그를 두렵게 하였다(10절). 그 두려움 때문에 바울은 주를 두려워하고 주를 섬기는 데 열심을 다했던 것이다(참조, 마 10:28). 바울의 사역의 목적은 사람들을 권면하여 '하나님과 화목하도록' 하는 것이었다(20절).

본문에 나오는 바울의 자기 변호로 미루어 볼 때 그는 이 사명을 수행할 때 반대에 부딪혔음을 알 수 있다. 그리스도인의 메시지가 바울 자신의 삶과 사역에 밀접하게 연결되어 있음은 쉽게 이해할 수 있다(살전 1:5). 이 둘은 거의 분리될 수 없는 것이다. 그래서 바울은 사람들이 자신의 메시지에 귀를 기울이도록 자신의 행동을 정당화하고 변호할 수밖에 없었다. 이를 위해 바울은 먼저 하나님 앞에서 사역의 동기의 진실성을 확증받고(참조, 1:12. 23), 고린도 교인들이 바울과 함께 했던 그들의 경험을 토대로 이 사실을 인정하도록 하는 전략을 사용했다(참조, 1:14; 4:2). 그는 이미 앞에서도 이러한 방식을 사용한 적이 있다.

적들과는 달리 바울은 외적 추천서나 친분 관계를 신뢰하지 않았다(3:1~2. 참조, 16절상). 그의 사역을 보증했던 것은 외적인 율법이 아니라 성령의 내적 역사였던 것이다(3:3. 참조, 롬 2:28~29). 바울은 고린도 교인들 가운데서의 자신에 대한 평판에는 관심이 없었다(참조, 고전 3:21; 갈 1:10; 살전 2:6). 그의 관심은 자신의 메시지를 받아들이도록 하는 데 있었다. 그는 하나님의 종으로 간주되었으므로 그의 메시지는 하나님의 메시지로 간주될 필요가 있었다(참조, 고전 4:1). 만약 고린도 교인들이 메시지의 전달자인 바울을 자랑으로(기쁘게) 여긴다면, 그들은 사람의 내면(마음. 참조, 삼상 16:7)보다는 외모를 자랑하는 교회의 적대자들에 대응할 수 있을 것이다.

5:13 바울은 자신의 진실함을 확인하기 위한 것이라면 바보로 여겨지는 것까지라도 기꺼이 감수했다(참조, 11:16~17, 21). 미친 사람(참조, 11:23; 막 3:21)이 아니라면 그 누가 자신에 대하여 그토록 무관심할 수 있겠는가(참조, 고전 4:9~13)? 정신이 온전한 사람이라면 자신을 향해 폭력을 휘두르는 난폭한 폭도들 앞에 기꺼이 나설 수 있겠는가(행 19:30; 21:35~40)? 바로 직전에 자신을 향해 돌을 던지고 끌어 내쳐 버린 도시로 다시 되돌아갈 만큼 미친 사람이 또 있겠는가(행 14:19~20)? 단지 하나님께 자신을 전적으로 헌신한 사람만이 이처럼 자신에 대해 무관심할 수 있는 것이다. 바울이 바로 그러한 사람이었다.

그러나 고린도 교인들은 교사요(행 18:1), 사랑하는 아버지(고전 4:14~16)인 바울에게서 이러한 미친 사람의 행동만을 보고 있었다. 그들이 바울을 미친 것으로 간주하든 정신이 온전한 것으로 간주하든지 간에 그의 사역은 이타적인 것이었다. 왜냐하면 바울의 사역은 "너희를 위한 것"이라고 할 수 있었기 때문이다. 바울은 자신의 방식대로 율법의 핵심을 실천하고 있었다. 즉 마음과 뜻과 정성을 다하여 하나님을 사랑하고 이웃을 자기 몸처럼 사랑한 것이다(막 12:26~31).

5:14~15 왜 바울은 이러한 삶을 살았는가(13절). 바로 그리스도께서 그렇게 사셨기 때문이다(참조, 막 3:21). 그리스도께서는 비록 신적 속성을 가지셨지만, 기꺼이 성육신하시고 십자가로 가는 순종의 길을 걸으셨으며(빌 2:6~8) 모든 사람을 위하여 죽으셨다(여기서 모든 사람은 몇몇 사람들의 주장처럼 선택된 사람들만을 지칭하는 좁은 개념이 아니다. 참조, 딤전 2:6; 히 2:9; 요일 2:2). 바울은 믿음으로 예수의 죽으심과 부활에 동참했다(롬 6:3~4; 갈 2:20). 또한 바울은 그리스도가 가지셨던 것과 같은 이타적인 자기 포기의 삶을 살았다. 그를 회심케 한 그리스도의 사랑이 이제는 바울이 그러한 삶을 살도록 강권한 것이다(참조, 요일 3:16).

이후 '화해의 사역'에 관해 논의하면서(18~19절), 바울은 그리스도의 속죄가 가지는 역사적이고도 객관적인 의미를 발전시켰다. 이 부분에 나타난 바울의 관심은 그리스도의 객관적인 사역을 주관적으로 적용시키는 데 있었다. 믿음으로 그리스도의 희생의 유익에 참여한, 영적으로 살아 있는 모든 사람들은 이타적인 삶과 화해의 사역의 헌신을 통하여 응답해야만 한다. 그들은 그들 자신을 위하여 살지 않고, 오직 그들을 대신하여 죽었다가 다시 살아나신 이를 위하여 살아야 하는 것이다. 바울은 확실히 이러한 삶을 살았다. 그러므로 고린도 교인들은 그를 자랑하고 기뻐해야 하는 것이다(12절).

5:16 회심 이후에 바울은 더 이상 사람을 외모로 판단하지 않게 되었다.

바울은 적대자들과, 이들로부터 얼마간 영향을 받은 사람들이 외모로 사람을 판단했다는 사실을 암시하고 있다(12절).

한때는 바울도 그러했다. 바울은 그리스도와 그의 무리들을 핍박했다(행 22:4~5; 고전 15:9). 세상적인 관점에서(육체에 따라. 참조, 1:12) 그리스도를 간주했기(알았기) 때문이다. 당시 바울은 그리스도에 대한 정보를 가지고 있었으나 그를 믿는 것은 아니었다. 사람이 이기적인 태도에서 이타적으로 변하는 것은 단순히 지식으로 되는 것이 아니다(15절). 바울이 그랬던 것처럼 단지 회심만이 그러한 결과를 가져올 수 있는 것이다(행 9:1~20).

5:17 그 누구도 삶에서 바울만큼 극적인 변화를 체험한 사람은 없을 것이다. 그는 그리스도의 박해자에서 그리스도의 선포자로 바뀌었다(행 9:5, 20~22). 그는 '그리스도 안에 있었다(믿는 자들과 그리스도 사이의 영적인 관계를 나타내기 위해 바울이 서신들에서 반복적으로 사용한 표현). 그는 그리스도의 복음을 믿었으며, 이 믿음으로 그리스도와 하나가 되었기 때문이다(14~15절. 참조, 롬 6:3~4; 갈 2:20; 6:14). 그리스도 안에 있다고 하는 것은 곧 새로운 피조물이 됨을 뜻한다(참조, 갈 5:15). 새로운 피조물은 성령으로 말미암아 생겨나는 것이다. 성령께서는 중생케 하시고(딛 3:5) 신적으로 거듭남을 주시는 분이시다(요 3:3, 6~8). 그리스도를 믿는 개개인 속에서 시작된 하나님의 새로운 창조의 사역은 장래 언젠가 전 우주적으로 완성될 것이다(계 21:4~5). 자아와 죄의 종이었던 옛 삶은 지나갔다(5:16. 참조, 롬 6:6~14; 엡 4:22; 골 3:9). 그리스도께 헌신하는 새 삶은, 새로운 태도를 가지고 새로운 행동을 하는 것을 뜻한다(참조, 5:14~15; 롬 6:4; 엡 4:23~5:2).

5:18~19 하나님이 천지를 창조하신 것처럼, '새창조'를 이루신 분 역시 하나님이시다. 모든 것이 하나님께로부터 났다(참조, 4:6; 요일 4:10). 또한 이 새 창조는 그리스도의 사역으로 일어났다(참조, 골 1:16). 그리스도께서 십자가에서 죽으심으로 인간은 하나님과 화목하게 되었다(롬 5:10~11). 화목하게 된다는 것은 인간이 하나님을 향해 가지고 있는 온갖 반항적이고도 죄로 가득 찬 적의를 제거하는 것을 뜻한다(롬 5:10). 이것은 사람이 죄로부터 구원을 얻기 위하여 그리스도를 믿는 순간 하나님께서 이루시는 가장 놀라운 사건이다. 그리스도께서 십자가 위에서 인류의 죄를 담당하셨으므로(벧전 2:24), 비로소 화목하게 되었다(엡 2:11~19). 이제 인간은 더 이상 하나님의 진노의 대상이 아니다(롬 5:9). 단지 그리스도의 화목하게 하심에 자신들을 맡김으로써 사람들은 하나님의 진노로부터 축복으로(행 16:30~31; 롬 8:1), 영적 죽음으로부터 영적 생명으로(요 5:24; 엡 2:1, 5) 옮기게 된다. 사람들의 죄를 그리스도께서 담당하셨으므로, 이 죄는 더 이상 고려의 대상이 아니며 사람들에게 돌려지지 않는다(5:21; 벧전 2:24; 3:18). 이것이 바로 복음의 보배이며, 바울은 화목케 하는(18절) 직분(참조, 4:1)속에서 화목의 메시지(19절)를 선포했던 것이다(4:7).

5:20 그리스도께서 당신이 이루신 것을 기초로(엡 2:16) 모든 사람에게 화평을 전하셨듯이(엡 2:17), 바울은 그리스도 대신에 화평을 전하는 일을 계속했다. 바울은 하나님의 화목의 메시지를 증거하는 직접적인 대변인이었으며, 이 사역은 "그리스도 안에"(17, 19절)있는 모든 사람들에게도 주어져 있다. 모든 믿는 자들은 그리스도의 사신으로서 그리스도를 섬겨야 한다. 바울의 호소는 형식적인 것이 아니라 열정이 넘치는 탄원이다(11

절. "우리는… 사람들을 권면하거니와"). 바울은 주님을 대신하여 하나님과 화목할 것을 세상에 외친 것이다(참조, 딤전 2:3~4).

5:21 여기서 바울은 화목의 메시지의 기초를 요약한다. 십자가는 하나님의 사랑(요 3:16)과 그리스도의 사랑(요 15:13; 롬 5:8)의 요약이다. 주님께서는 죄가 없으시다. 그분은 죄를 알지도 못하신 분이다(히 4:15; 요일 3:5). 그리스도께서는 세상의 죄를 짊어지셨다(요 1:29; 벧전 2:24; 요일 2:2). 하나님께서는 우리를 대신하여 예수 그리스도를 죄로 삼으셨다(참조, 사 53:4~6, 10). 세상의 죄는 그리스도께 주어졌고, 반대로 그분의 의는 그를 믿어(롬 5:17) 그 안에 있는 자들에게 주어질 수 있다. 이러한 의의 선물은 단지 믿음을 통해서만 받을 수 있다(롬 3:22; 6:23; 엡 2:8~9; 빌 3:9).

6:1 고린도 교인들이 "하나님의 은혜를 헛되이" 받을 수 있는 가능성은 얼마나 있었는가? 그 한 가지 예가 5장 21절에서 바울이 전한 메시지를 믿지 않은 것이었다. 고린도의 거짓 사도들은 바울이 전한 것과는 다른 메시지를 전파했다(11:4). 만약 그들이 유대주의자들이었다면(참조, 3:7~11; 11:22), 하나님의 의가 오직 믿음으로 얻어질 수 있다는 바울의 메시지를 부인했을 것이다. 일부를 잘라낸 복음을 믿는 것은 사실상 헛되이 믿는 것이다(참조, 고전 15:2). 바울은 몇 가지 이유에서 고린도 교회의 몇몇 사람들이 그러한 일을 하고 있다고 생각했다(11:2~3). 여기서 '헛되이'는 캐논(κενòν: 내용이 없이, 빈, 쓸모 없는)을 번역한 것이다(참조, 고전 15:14, 58; 갈 2:2; 빌 2:16; 살전 3:5).

6:2 바울이 이사야 49장 8절을 인용한 이유는 모세의 율법을 통하여 의를 얻는다고 생각하는 유대주의자를 반박하기 위함이다. 하나님은 구원이 교만한 이스라엘 백성뿐만 아니라 이방인들에게도 보편적으로 주어질 것이라고 말씀하셨다(사 49:6). "내가 은혜 베풀 때에 너에게 듣고 구원의 날에 너를 도왔다"는 인용구는 구원이 하나님께 달린 것임을 강조하는 것이다. 이 하나님의 은혜의 메시지를 그리스도께서 당신의 사역을 통하여 시작하셨고(눅 4:18~21) 바울은 그것을 전파한 것이다. 구원의 날은 바로 은혜의 시대라 말하는 지금이다. 바울은 유대적인 율법주의로 회귀함으로써 이 은혜를 외면하지 말 것을 고린도 교인들에게 설득한 것이다(참조, 3:12~16; 갈 3:1~6). 유대적인 율법주의로 돌아서는 것은 "하나님의 은혜를 헛되이" 받는 것이다(1절).

6. 사역의 증거(6:3~10)

5장 11~14절에서 바울은 자신의 사역을 변호하면서 메시지에 대한 설명으로 되돌아왔다(5:15~21). 이제 그는 자신의 사역과 문제들에 대해 언급하고 있다.

바울은 고린도 교인들이 자신들의 사역자들에게서 찾아야 할 추천장은 어떤 외적 서신이거나(3:1) 자천이거나(10:18) 종교적인 추천장(11:22)이 아니라, 성령의 내적인 증거(참조, 롬 2:28~29)라는 것을 강조했다. 이제 바울은 하나님의 사역자들을 특징짓는 몇 가지 외부적 증거가 있다고 말한다. 이 증거는 고린도 교인들이 생각하는 것과는 다른 종류이며, 바울의 적대자들도 원치 않아 하는 증거라고 주장한다. 바울의 사역을 진정한 것으로 만드는 증거는 종으로서의 고난과 사역을 계속 감당하게 하시는 하나님의 도움이다(참조, 4:8~10). 이것이야말로 '하나님의 종들'에게 있어서는 생생한 증거인 것이다(4절. 참조, 11:16~12:10; 고전 4:9~13; 갈 6:17).

6:3 바울은 자신을 변호하는 것보다 자신의 직분(디아코니아[διακονία: 봉사]. 참조, 4:1)을 변호하는 것에 더 큰 관심을 가졌다. 바울은 그리스도의 사신(5:20)과 하나님의 동역자(1절)로서의 자신의 직분을 훼손시킬 행동을 하지 않고자 매우 주의했다. 물론 그는 십자가의 메시지가 많은 사람들에게 매우 도전적이라는 사실을 알고 있었다(2:16; 고전 1:18). 또한 많은 사람이 자신을 바보 취급하고 있다는 것도 알았다(참조, 11:16). 그러나 바울은 자신을 위하는 행동을 함으로써 사람들에게 부담을 갖게 하고, 하나님께 불명예를 끼치거나 동료 그리스도인들의 영혼을 피폐하게 하지 않기를 원했다('거리낌'은 프로스코펜[προσκοπήν]을 번역한 것이며, 고린도전서 8장 9절에서의 '거치는 것'은 프로스코마[πρόσκομμα]를 번역한 것이다. 이 두 단어는 동의어이다).

6:4~5 하나님의 일꾼으로서(디아코노이[διάκονοι: 봉사]. 참조, 3절. "직분")의 바울과 그의 동료들은 스스로를 돌보지 않고 많은 시련에 직면했다. 그러나 그들은 하나님의 도우심으로 많은 것들을 견뎌 냈다(휘포모네 [ὑπομονή: 착실함]. 1장 6절에서도 사용. 참조, 4:7~9). 이것이야말로 고린도 교인들이 자신들의 사역자들의 진실성을 알아보기 위해 찾아야만 했던 추천장이었다(참조, 3:1; 5:12). 바울은 자신이 겪었던 아홉 가지 시련을 세 종류로 나누어 나열했다. 이어서 그는 아홉 가지의 내적 특징(6~7절)과 아홉 가지 역설을 열거했다(8~10절). 11장 22~27절에서 바울은 대

략적으로 네 가지 측면에서 이야기하고 있다. 첫째로 그는 일반적인 어려움, 즉 수고(틀리프세신[θλίψεσιν]. 참조, 1:4)와 애씀('좁은 공간'이란 뜻으로, 가둬 둔 환경을 말한다. 로마서 8장 35절에서는 '환난'으로 사용했다)에 대하여 설명했다. 그리고 바울은 자신이 겪은 세 종류의 박해를 열거한다. 매 맞음(참조, 9절; 고전 4:11; 11:23~24; 갈 6:17)과 옥에 갇힌 것과 폭도의 위험에 대하여 언급했다. 바울은 이 세 가지를 모두 빌립보에서 겪었다(행 16:19~23). 세 번째는 그가 목회 사역 속에서 지고 있는 부담들이었다. 그는 많은 일을 했고(고전 4:12; 행 18:3~4), 밤에 잠자지 못할 때가 있었으며(11:27), 굶주리기도 했다(11:27; 고전 4:11).

6:6 바울은 아홉 가지 시련과 더불어 아홉 가지 내적 특징을 이야기해 균형을 이루고 있다. 처음 여덟 가지는 네 쌍으로 되어 있다. 깨끗함은 실천적인 의이며, 지식은 다른 사람들을 대할 때 예민하게 나타나는 실천적인 지식이다. 오래 참음(마크로튀미아[μακροθυμία: 길게 유지되는 감정적 성향])은 다른 사람들의 감시의 눈과 비난을 보복 없이 견디는 것을 말한다(참조, 갈 5:22; 엡 4:2; 골 1:11; 3:12; 딤후 4:2; 약 5:10). 또한 자비(크레스토테티[χρηστότητι]. 참조, 갈 5:22; 골 3:12)는 행동하는 사랑이다.

'성령 안에서'는 환유법적 표현으로, 원인이 곧 결과를 나타내는 비유적 표현이다. 그렇다면 성령은 성령께서 원인이 되어 일어나는 것, 즉 영적 열매(갈 5:22~23)나 성령의 통제(엡 5:18)를 나타낸다고 할 수 있다. 또는 이 구절(엔 프뉴마티 하기오[ἐν πνεύματι ἁγίῳ])은 '거룩한 영으로'라고 번역하여 바울의 헌신적인 자세에 대한 설명으로 볼 수도 있다. 그는 자기의 거짓 없는(아뉘포크리토[ἀνυποκρίτῳ: 위선됨이 없이]. 참조, 딤전 1:5. "거짓이 없는 믿음") 사랑(참조, 롬 12:9)이 그의 서신을 읽는 사람들에게 드러나고, 그들도 비슷한 반응을 보여줄 것을 기대했다(6:12~13).

6:7 바울의 사역은 그의 영적 자원들로 인해서 발전했다. 그는 진리의 말씀 안에서 복음을 선포하였고(4:2), 성령의 열매를 얻기 위하여 성령의 사람 속에서 역사하시는 하나님의 능력을 의지했다(10:4. 참조, 고전 2:4~5). 바울은 하나님을 의지했기 때문에 의의 무기로 완벽하게 무장할 수 있었으며, 어느 방향(왼편이든 오른편이든)으로부터의 공격이든지 대항하고 벗어날 수 있었다(참조, 10:3~6; 엡 6:11~18; 약 4:7).

6:8 아홉 가지 역설을 이야기하면서(8~10절) 바울은 자신의 사역에 대한 서로 상반된 반응과(8~9절상), 이러한 반응들에 대한 자신의 대응(9절하~10절상) 및 노력의 결과들(10절하)에 대하여 언급했다. 몇몇 믿는 사람들은 바울을 그리스도처럼 반겨 주었지만(갈 4:14), 대부분의 경우 그를 비난하고 욕했다(고전 4:10; 살전 2:2). 바울은 교회 밖의 사람들과(고전 4:13) 교회 내의 사람들(롬 3:8)로부터 비방을 받았다. 그들은 바울에게 악한 이름(악한 소문)을 준 것이었다. 바울과 그의 동역자들은 진실한 사도들이었지만, 어떤 이들은 이들을 속이는 자로 취급하였다. 이런 이유들 때문에 바울은 반대자들의 중상모략에 대해 자신의 사역을 변호할 필요성을 느꼈던 것이다(10:7; 고전 9:1~2).

6:9 바울은 자신이 그와 그의 사역을 인정하지 않는 사람들 중에서는 "무명한 자"라고 말했다. 그러나 그는 하나님 앞에서는 "유명한 자"였다(딤후 2:19). 비록 그는 죽어가고 있었지만(참조, 1:8~9; 4:10~11; 11:23) 오히려 살아 있었고(참조, 1:10; 4:16), 징계를 받았으나(5절; 11:23~25) 죽임을

당하지 않았다. 하나님께서 그를 붙잡아 주셨으므로(참조, 4:7~9) 이 모든 역경을 견뎌 냈다(4절).

6:10 그러한 삶은 매우 슬프게 보인다. 그러나 바울은 하나님을 신뢰하였으므로 항상 기뻐했다(참조, 행 16:23~25; 빌 4:4). 비록 가난하고 기본적인 생활 필수품마저 부족했지만(참조, 고전 4:11), 바울은 오히려 영적인 보화들을 나누어 줌으로써 많은 사람들을 부요케 하였다(참조, 엡 3:8). 비록 물질적으로는 아무것도 없었지만, 그는 영적인 복을 받아서 모든 것을 가지고 있었다(고전 3:21~23; 엡 1:3).

7. 예견된 반응(6:11~7:16)

이 부분에서 바울은 고린도 교회에 대한 자신의 사역에 관한 논의의 실마리를 다시 풀어 가고 있다. 바울은 계획의 변경이 그들에 대한 경의와 사랑 때문이었음을 밝혔다(1:12~2:11). 그 후 자신의 사도로서의 사역을 설명하면서 자신의 무능력과 하나님의 전능하심을 대조시켜서 이야기했다(2:12~6:10). 이러한 그의 노력은 자기 방종에서 비롯된 것이 아니다. 바울은 고린도 교회 안에 어떤 변화가 생기기를 원했던 것이다. 그는 자신의 사역과 메시지가 수용되기를 원했고, 적대자들인 거짓 사도들의 영향력을 제거하고자 했다. 본문은 이러한 주제(참조, 10~13장)에 대한 바울의 마지막 말이 아닌 강력한 시작이었다.

6:11~13 바울은 어떤 실패를 하더라도 결코 위선적으로 시치미 떼지 않았다. 이 부분에서 바울의 서신은 말의 정직함과 넘치는 애정(스플랑크

노이스[σπλάγχνοις]. 참조, 7:15; 빌 1:8; 2:1; 골 3:12; 몬 7, 12, 20절; 요일 3:17)으로 가득 차 있다(참조, 2:3~4). 바울은 고린도 교인들이 호의적인 반응을 보이기를 기대했다. 고린도 교인들에 대한 그의 깊은 감정은 그들에 대한 호칭에서 잘 나타나 있다. 서신의 중간 부분에서 수신인을 부르는 일은 매우 드물다. 예를 들어 갈라디아 교회의 신앙적 타락을 다룰 때, 바울은 그들의 이름을 부름으로써 날카롭게 책망했다(갈 3:1). 한편 그의 사역의 초기와 감옥 생활 중에 바울을 충실하게 연보했던 빌립보 교회를 회상하면서 그는 그들의 이름을 불렀다(빌 4:15). 책망과 사랑을 섞어 가면서 바울은 고린도 교인들을 큰 소리로 부르고 넘치는 사랑으로 응답할 것을 요청하고 있는 것이다("내가 자녀에게 말하듯 하노니… 너희도 마음을 넓히라". 참조, 7:2~3).

6:14~15 바울이 요청한 풍성한, 열린 사랑의 반응을 방해하는 것은 무엇인가(13절)? 그것은 그들의 애정과 충정을 경쟁적으로 빼앗아 가는 대적자다. 비록 이 본문 구절이 다양한 종류의 동맹(예, 신자와 비신자의 결혼, 부적합한 동업 등)에 자주 적용되고 있지만, 바울의 주된 관심은 교회 모임에 있었다. 고린도 교인들의 애정을 빼앗는 경쟁자는 이방신들(참조, 고전 10:14)일 수 있고, 거짓 사도들일 수도 있다(참조, 11:2~4). 바울은 비난하고 사랑함에 있어서 언제나 일관되게 정직했다(참조, 11절).

고린도 교인들이 이 딜레마를 해결하기 위해서는 거짓 사도들과의 관계를 끊어야 했다. 거짓 사도들의 영적 지위에 대해서 그들 스스로의 평가, 혹은 다른 사람들의 평가가 어떠하든지 간에 바울은 이들을 믿지 않는 자(참조, 11:13~15)로 간주했다. 고린도 교인들은 이들로부터 분리될 필요가 있었다. 그러나 바울이 고린도 교인들과 믿지 않는 자들과의 모든 접촉을 금지한 것은 아니었다. 앞에서 바울은 이에 관한 입장을 밝힌 바 있다(고전 5:9~10). 그러나 신앙적으로 비신자는 믿는 자들이 "그리스도를 향한 진실함과 깨끗함"(11:3)에서 벗어나도록 할 가능성이 있으며, 바울은 바로 이 사실에 크게 주목했다. 믿는 자는 단지 그리스도와 함께하는 멍에만을 올바르게 감당할 수 있다(마 11:29~30).

예증을 위하여 바울은 다섯 가지 수사학적 질문들을 제시하고 있다. 이것들은 서로 반대되는 것으로서 그리스도의 나라와 사탄의 나라 사이의 큰 간격을 반영해 주고 있다(참조, 골 1:13). 벨리알(벨리아르[βελιάρ])은 '무가치한 사람'을 의미하는 구약성경의 단어를 음역한 것이다. 헬라어에서는 이것이 '불법의 사람'을 뜻한다. 그러므로 이 단어는 모든 것 중에서도 가장 무가치하고 불법적인 존재인 사탄에게 적용되어 사용됐다.

6:16 바울의 다섯 번째 수사학적 질문은 구약성경을 인용함으로써 제시하고 있다. 바울이 지금까지 몇 차례 인용한 구약성경의 말씀은 바울의 주장(14절상)을 든든하게 해 주고 있다. 교회는 하나님의 성전(참조, 고전 3:16)으로서, 하나님과 그리스도의 영이 거하시는 곳이다(참조, 마 28:19~20; 엡 2:22). '내 백성 중에 거하신다'는 하나님의 약속은 궁극적으로 그리스도를 통하여 성취되었다(마 1:23).

6:17 하나님을 모시고 사는 기쁨을 누리기 위해서는 스스로를 정결케 해야 한다. 바울은 이사야 52장 11절과 에스겔 20장 41절을 인용하였는데, 이 구절은 이스라엘의 구속에 관한 말씀이다. 하나님의 백성은 하나님 앞에서 정결케 되고("부정한 것을 만지지 말라") 하나님과의 사귐을 가지도록 하기 위하여("내가 너희를 영접하여") 이방의 사슬로부터 구원을 받았

다("너희는 그들 중에서 나와서 따로 있고"). 갈라디아서에서 바울은 율법의 의무 아래 있는 이들의 속박에 관해서 언급했다(갈 3:13~14; 4:5. 참조, 3:7~9). 바울은 디도서에서 구원이 두 가지 의미를 함축하고 있음을 말했다. 첫째는 '모든 불법으로부터'의 구속이고, 둘째는 깨끗하게 하여 선한 일에 열심 있는 백성이 되게 함이다(딛 2:14). 자신을 정결하게 함으로써 하나님을 섬길 수 있고 영접을 받게 된다.

6:18 구속된 백성은 하나님과의 특별한 관계 속으로 들어가 하나님을 아버지로 두는 그의 아들과 딸이 된다(참조, 사 43:6). 믿음 안에서 그리스도와 하나 된 사람들은 하나님을 '아버지'라고 부르게 된다(엡 2:18; 갈 4:5~6). 하나님께서는 이스라엘 백성의 대표자인 다윗과 그의 후손들에게 순종을 요구하셨듯이(삼하 7:14; 참조, 시 89:30~34), 당신의 아들과 딸들에게도 순종을 원하신다(신 32:19~21).

7:1 "이 약속"이란 백성 중에 거하심(6:16)과 순종하는 자와 사귐을 가지심(6:17b~18)을 말한다. 이 순종은 정결을 요구하는 것으로("자신을 깨끗하게 하자"), 이것은 육과 영의 온갖 더러운 것과 진리를 오염 시키는 모든 사람(참조, 2:17; 4:2)들로부터의 분리(카타리소멘[καθαρίσωμεν]. 참조, 마 8:3; 신 19:13)를 뜻하는 것이다. '육과 영'은 내적인 것과 외적인 것을 모두 망라한 전인적인 것을 말한다(참조, 5절). 하나님을 두려워하는 태도에서(참조, 5:11) 순종이 생기며, 여기서 성화(거룩함)가 완성되거나 성숙해진다. 이것은 점점 더 거룩해지는 것, 점점 더 그리스도를 닮아 가는 것(3:18), 성화에 있어서의 진보가 이루어지는 것을 의미한다(전혀 죄가 없는 완전한 상태를 말하는 것은 아니다).

7:2 고린도 교인들의 애정을 빼앗아 가는 경쟁자들에 대해서 경고를 한 바울은(6:14~7:1) 6장 11~13절에서 언급한 바 있는 주고받는 사랑에 대하여 다시 호소하고 있다. 바울에 대한 비난들은 근거 없는 것들이었다. 바울은 포기를 주장할 수도 있었다(2:17; 4:2; 6:3). 바울의 정직성에 대한 고린도 교인들의 확신이 그가 취할 수 있는 최고의 응수였다. 그러나 불행하게도 고린도 교인들에게 이런 확신은 결여되어 있었다.

7:3~4 바울은 고린도 교인들의 동요를 정죄하지 않았다. 그의 경쟁자들은 적어도 외부적인 특징에서는 바울보다 더욱(10:7~12) 인상적이었다(11:3~5). 여기에 고린도 교인들이 동요했다고 해서 바울이 불만을 가진 것은 아니었다. 오히려 이와는 반대로 그의 애정은 줄지 않았고(참조, 1절; 6:13) 그들에 대한 확신도 훼손되지 않았다. 그는 모든 환난들(틀리프세이 [θλίψει: 문제(단수)]. 참조, 1:4) 가운데서도 고린도 교인들에 대한 자랑과 기쁨(참조, 7절)을 잃지 않았다. 이것은 의심할 여지없이 하나님께서 그들 속에서 역사하고 계신다는 그의 확신(고전 1:4~9)에서 주로 기인한 것이며, 부분적으로는 마게도냐에서 만난 디도가 바울에게 가져온 소식 때문이었다(5~7절).

7:5~7 디도를 만나기 전 바울의 마음과 몸은 편치 못했다(참조, 2:13). 그는 편안히 휴식하지 못했던 것이다(아네신[ἄνεσιν: 안심]. 2장 13절, 8장 13절에서도 사용). 이 위대한 사도도 언제나 영적으로 최고의 상태에 있었던 것은 아니다. 바울은 이 사실을 쉽게 인정했다(참조, 2:4; 6:10). 그는 자신이 다툼과 두려움 속에 있었으며, 마게도냐에서의 반대와 박해, 디도의 안위에 대한 염려, 고린도 교인들이 디도를 어떻게 맞이할 것인가, 자

신의 서신에 어떤 반응을 보일 것인가 하는 생각으로 압박을 받고 있었음을 솔직히 고백했다.

그러나 디도가 가져온 소식을 통해 그가 필요로 하는 것보다 더욱 넘치는 하나님의 위로가 임했다(참조, 1:3~7). 디도는 고린도 교인들로부터 환영을 받았다. 그들은 바울을 사랑하고 그리워하고 있었으며, 그에 대한 관심을 이어 가고 있었다. 또한 그들은 소위 바울의 '고통스러운 방문'(2:1) 동안에 그를 제대로 뒷받침하지 못한 것에 대하여 깊이 후회하고 있었다(애통하였다). 고린도 교인들은 바울의 신랄한 서신에 대하여 적극적인 반응을 보였던 것이다(2:4).

7:8~9 바울의 책망의 편지(서론의 '바울과 고린도 교회의 만남 및 바울의 서신' 중 5절 이하 참조) 때문에 고린도 교인들은 근심했다. 이것은 바울 역시 마찬가지였다. 바울은 엄격한 교사로서 자신의 본분을 잃지 않았다. 사실 그는 디도를 통하여 이 책망의 편지를 보내는 것을 원치 않았다. 그러나 그 결과는 후회스럽지 않았다. 근심 속에서 고린도 교인들은 자신들의 실패를 인정하고 잘못을 바로잡게 되었던 것이다(참조, 2:6).

7:10~11 고린도 교인들은 회개의 예를 보였다. 회개란 하나님의 뜻에 따라서 마음과 생각과 행동을 변화시키는 것이다. 그러므로 이것은 하나님의 뜻대로 하는 근심이었다(베드로가 그리스도를 부인한 후 슬퍼한 것도 이와 같다). 이것은 사망을 이루는 세상의 근심이 아니다(주님을 배반한 유다의 근심은 세상의 근심이었다. 마 27:3~5). 고린도 교인들은 진심으로 근심했고, 이에 따른 여러 결과가 나타났다. 첫째, 잘못을 보상하기 위한 간절한 노력을 했다. 둘째, 자신들의 입장을 변명하고자 하는 간절

한 마음을 가졌다. 셋째, 바울의 적대자들에 대해 분노했다(2:5~11). 넷째, 자신들의 수동적인 자세와 이로 인한 비참한 결과들(2:1~4)에 대해 놀라워했다. 다섯째, 바울을 사모하는 마음과 관심을 갖게 됐다(참조, 7절). 여섯째, 일의 공평을 추구하고자 했다(2:6).

이 결과들은 고린도 교인들이 회개를 통해 깨끗하게 되었음을 증명하는 것이다. 그들은 잘못을 행한 것과 바르게 행하지 못함으로 죄를 범하였으며(참조, 약 4:17), 이 사실에 대하여 회개했던 것이다(10절).

7:12 바울이 그토록 심한 편지(2:3~4)를 쓴 동기는 고린도 교인들의 유익을 위해서였다. 바울의 최고의 관심은 그들이 잘되는 것이었으며, 그들의 유익이란 바울 자신의 메시지를 수용하고 그를 사도로 인정하는 것과 직접적인 관련이 있다고 확신했다. 바울은 자신이 불의 행한 자를 치리하거나, 불의를 당한 자의 상태를 개선하는 데 관심을 가진 것이 아님을 밝혔다. 이것은 앞서 나열한 행동들이 바울의 '주된' 관심이 아니었음을 나타내는 셈족의 표현 방식임이 분명하다(누가복음 14장 26절에서도 이러한 예로서 '우선순위를 무엇에 두는가' 하는 점을 보여 준다). 여기서 '불의를 당한 자'가 고린도전서 5장 1절의 사건을 지칭한다고 보기에는 의심스러운 점이 많다. 왜냐하면 그 사건에 있어서는 공격을 당한 측에 대한 언급이 없기 때문이다(사실 근친상간 사건에서 피해자는 사망했을 것이다). 바울이 피해자라는 견해도 가능한 추측이다(참조, 2:5). 그런데 이것은 자신을 지칭하는 사건을 다루는 것 치고는 너무나 간접적인 서술로 묘사한 것이기에 의심스럽다(참조, 막 14:51; 요 13:23).

7:13~16 고린도 교인들이 바울과 그의 서신에 대해서 보인 태도는 그에

게 큰 위로가 되었다(참조, 4절). 뿐만 아니라 디도는 그가 고린도 교인들로부터 받은 환대로 인하여 매우 고무되어 있었다. 고린도 교인들에 대한 바울의 확신에도 불구하고 디도는 서신을 전달하는 사명을 수행하기를 상당히 꺼렸던 것으로 보인다(참조, 고전 16:10~11). 그러나 디도의 불안은 근거 없는 사실임이 드러났다. 실제로 고린도 교인들은 디도를 두려워하고 떨리는 마음으로 영접했던 것이다. 그들은 바울의 지시를 열심히 수행하고자 힘썼다(7, 11절). 결과적으로 디도는 고린도 교인들에 대하여 큰 애정(스플랑크나[σπλάγχνα: 내적 감정]. 참조, 6:12; 빌 1:8; 2:1; 골 3:12; 몬 7, 12, 20절; 요일 3:17)을 가지게 되었다. 바울은 이것이 하나님께서 하신 것임을 알고 있었지만(6절) 훌륭한 사역자답게 고린도 교인들을 칭찬했다. 그리고 고린도 교인들의 적극적인 반응 후에 그들에 대한 자신의 확신(5:6, 8)을 표현했다. 바울은 이제 그가 취급하고자 하는 주제들(8~9장, 10~13장)에 대해서도 고린도 교인들이 같은 마음으로 대해 주리라는 것을 기대할 수 있었다.

III. 은혜로운 연보(8~9장)

바울은 자신의 변경된 계획과(1:12~2:11) 사역의 성격 및 동기를 설명한 후(2:12~7:16) 은혜로운 연보의 문제로 넘어가고 있다. 이것은 추상적인 주제가 아니다. 바울이 수년간 노력한 바 있는, 예루살렘의 빈민들을 위해 자금을 모으는 일이었다(참조, 갈 2:10; 롬 15:25~28). '모금'에 관해 전해들은 고린도 교인들은 이 일에 어떻게 참여할 수 있을지 바울에게 문의했다(참조, 고전 16:1). 바울은 연보를 모으는 일 등의 문제들에 대해 지시한 바 있었다(고전 16:2~3). 그러나 바울의 좋은 의도가 결실을 맺지 못하였으므로 디도에게 이 문제를 살필 것을 부탁했다(8:6).

고린도 교인들의 선한 의도를 방해한 요인은 무엇이었는가? 이에 대해서는 아무도 알 수 없다. 그러나 한 가지 가능성은 거짓 사도들의 방해이다. 거짓 사도들은 아마도 교회로부터 물질적인 연보를 받고 있었을 것이며, 모금을 위한 돈의 일부를 자신들에게 돌렸을 것이다(참조, 2:17; 11:20). 그 결과 바울은 고린도 교회의 물질적 연보를 거부해야 하는 아픔을 겪어야 했다(참조, 11:7~12; 12:13~18).

디도는 바울이 8~9장에서 그런 것처럼 고린도 교인들에게 용기를 북돋워 줄 필요가 있음을 깨달았다. 결국 디도의 협력과 무명의 동역자의 도움(8:23. 참조, 행 20:1~4), 그리고 바울의 방문(행 20:3)이 함께 어우러져서 고린도에서 자선기금을 모으는 일은 성공할 수 있었다(참조, 롬 15:26; 행 24:17).

A. 자유의 예들(8:1~9)

바울은 기회가 있을 때마다 말뿐만 아니라 행동으로 가르치고 동기부여하고자 노력했다. 바울은 고린도 교인들과 그 외 다른 사람들에게 자신의 삶의 방식을 본받도록 하는 데 주저함이 없었다(참조, 고전 4:16; 11:1a; 살전 1:6; 살후 3:7~9). 또한 바울은 다른 가치 있는 예들, 즉 디모데(고전 4:17; 빌 2:19~20), 에바브로디도(빌 2:18), 그리스도(빌 2:5; 고전 11:1b; 살전 1:6), 및 하나님 아버지(엡 5:1) 등의 예시를 제시하는 데에도 기민했다. 바울은 마게도냐 교회와 그리스도를 예로 들어 고린도 교인들에게 자유를 설명했다.

8:1~2 마게도냐의 교회들(빌립보, 데살로니가, 베뢰아의 교회들)은 바울의 제2차 전도여행에서의 바울의 사역과 그의 복음 선포를 통하여 하나님의 은혜를 앞서 체험했다(엡 3:2~12). 바울은 빌립보(행 16:12~40), 데살로니가(행 17:1~9), 베뢰아(행 17:10~15)에서 복음을 선포하고 교회를 설립했다. 이 지역의 믿는 자들은 그 믿음 때문에 많은 시련을 당했으나(빌 1:29~30; 살전 1:6), 꿋꿋하게 견뎠다(빌 1:5; 살전 1:7). 심지어 교회 설립 초기 단계에서도 바울을 물질적으로 보조하는 데 기여했다(빌 4:15).

그들은 경제생활이 현저히 어려워졌지만(참조, 빌 4:10) 영적으로는 점점 부요해졌다. 바울은 이것을 하나님의 무조건적인 은혜의 결과로 돌렸다. 그들은 슬퍼할 이유를 많이 가지고 있었지만('혹독한 시련'은 '수많은 문제들을 겪으면서'를 뜻한다. 틀리프세오스[θλίψεως], 참조, 1:4) 오히려 기뻐했다. 극심한 가난 속에 있었지만 그들은 다른 이들을 부요케 할 수 있었다. 비록 그들은 가진 것이 아무 것도 없었지만 참으로 중요한 모든 것을 소유하고 있었다(6:10). 마게도냐의 교회들도 바울처럼 하나님의 은혜가 그들의 연약함을 보완하고 그들을 통하여 하나님의 능력을 나타내시기에 충분하다는 것을 배웠다(4:7~12; 12:9; 빌 4:13).

8:3~5 마게도냐의 교인들은 하나님의 뜻에 따라 살고 있었으므로 하나님의 축복의 통로였다(5절). 그들이 보인 행동은 하나님과 이웃에 대한 그들의 사랑과 헌신을 보여 주었다(참조, 막 12:28~31; 빌 2:3~8, 20~21; 살전 4:9~10). 자신들이 먼저 주께 드림으로 말미암아 이 모금에 참여하는 자가 되었다. 바울은 아마도 마게도냐의 교회들이야말로 물질적 도움이 필요하다고 생각했기에, 이들에게 예루살렘의 빈곤한 형제들을 돕도록 권하는 데 주저한 것으로 보인다. 그러나 마게도냐 교회들은 예수께서 칭찬하셨던 가난한 과부처럼(막 12:41~44), 자신들의 가난을 핑계삼지 않고 필요를 채우시는 하나님을 믿음으로써 기꺼이 가진 것을 내어 놓았다(빌 4:19). 오늘날 좀 더 많은 교회들이 마게도냐 교회처럼 나눔의 특권을 소망할 필요가 있다.

8:6~7 마게도냐 교회들에 하나님의 은혜가 가져온 이러한 결과처럼(1~5절), 하나님의 은혜를 넘치게 받은 고린도 교인들도("믿음과 말과 지식과 모든 간절함과 우리를 사랑하는 이 모든 일에 풍성한 것 같이". 참조, 고전 1:4~7) 이와 같은 일을 행하였는가? 바울은 고린도 교인들의 행동이 이에 미치지 못한다고 생각했다. 그래서 디도를 보내 고린도 교인들이 연보를 모을 수 있도록 동참케 함으로써 이 은혜가 풍성하게 하고자

노력했다(7절의 '베풂의 은혜'와 6절의 '은혜의 성취'는 모두 헬라어 '은혜'를 번역한 것이다. 베풂이 은혜의 본질이기 때문이다). 디도는 모금하는 일과 자비로운 기금을 분배하는 일에 경험이 있었다(참조, 행 11:29~30; 갈 2:1). 그러나 디도가 고린도 교회의 모금 과정에 언제 관여했는지는 알려져 있지 않다.

로마서에서 바울은 구제의 은사(롬 12:8, 은사는 하나님께서 주시는 영적 능력이다)에 대해 이야기하고 있다. 하나님의 은사를 바르게 사용하는 방법은 관대하게 베푸는 것이다. 바울은 고린도 교인들에게 아낌없이 주었고, 그들은 바울에 대한 자신들의 애정을 고백했다(8:11). 바울은 그들 안에 나눔과 베풂이 풍성하기를 원했다. 왜냐하면 베풂으로써 사랑이 생겨나기 때문이다(요일 3:11, 16~18).

8:8~9 바울은 그가 설립한 교회들에 의무를 부과함에 있어서(참조, 1:24), 그들이 의무를 명령으로 생각하여 억지로 하는 것을 원치 않았다(참조 8:7b). 무엇보다도 바울은 그들이 주님께 대한 내적인 그의 헌신("너희의 사랑의 진실함")의 동기에 따라 행하기를 원했다. 이러한 점에 있어서 고린도 교인들이 마게도냐의 교회들과 비교될 수 있겠는가? 혹은 최고의 모범이신 그리스도와 비교될 수 있겠는가?

복음에 대한 간결한 요약으로서 본문 9절을 능가하는 것은 거의 없다(참조, 5:21). 그리스도께서는 하늘의 영광을 버리시고 지상의 불결한 것들 속으로 오셨다. 성육신은 영적이고도 물질적인 영광을 포기하신 불가해한 사건이다. 모든 것을 가진 부유하신 분이 스스로 아무 것도 가지지 않으신 가난한 자가 되셨다(빌 2:7). 그분은 인류의 죄 짐을 담당하시기 위하여 자신의 생명을 대가로 지불하셨다(빌 2:8). 고린도 교인들은 그리스도의 자비로우심의 혜택을 직접적으로 받았다('너희'라는 말의 반복은 이 사실을 강조하기 위함이다). 그리스도께서는 과거의 고린도 교인들처럼 가난하게 되셨고, 이로 말미암아 고린도 교인들은 그리스도께서 과거에나 현재에나 부유하신 것처럼 부유하게 된 것이다. 그런데도 그리스도께 물질을 드리라는 것이(참조, 마 25:34~40) 너무 지나친 요청일 수 있겠는가(고전 9:11)?

B. 연보를 위한 충고와 준비(8:10~9:5)

바울은 고린도 교인들이 자신의 부탁을 거절할 수 없을 것이라는 사실을 결론적으로 이야기하면서, 연보의 간단한 원리와 그것이 어떻게 행해져야 할 것인가를 설명했다.

8:10~12 바울이 8절에서 한 충고는 '이미 시작한 것을 성취하라'(참조, 6절)는 것이다. 좋은 소원, 즉 마음에 원함과 할 의지를 가지고 있다고 하더라도 선한 행동으로 나타나지 않으면 소용이 없다(참조, 약 2:15~16). 각 사람의 연보는 마음에 원하던 것과 같이 완성하되, 있는 대로 성취해야만 하는 것이다(참조, 고전 16:2). 이런 기준으로 볼 때 마게도냐인의 연보는 가난한 과부의 예물처럼(막 12:41~44) 어떤 의미로는 쉬운 것이었지만, 행동으로 옮겨야 의미가 있다는 관점에서 봤을 때 굉장히 어려운 일이었다.

8:13~15 교회 안에서 물질을 서로 주고받는 데 있어서 적용될 기준은 평균이다. 바울은 결코 다른 교회들을 평안케 하기 위하여(아네시스[ἄνεσις]. 참조, 2:13; 7:5) 고린도 교인들을 곤고하게 하려는 생각을 가지지 않았다(틀리프시스[θλίψις]. 참조, 1:4). 그것은 마치 베드로에게서 빼앗아 바울에게 주는 것과 같은 일인 것이다.

바울이 서로 가진 것을 통용했던 예루살렘 교회의 초창기 노력에 찬성했을 것이라는 사실에는 의심할 여지가 없다(행 2:44). 이것은 그리스도의 몸의 지체들이 서로에게 관심을 가지고 있었음을 보여 주는 것이다(참조, 고전 12:25). 이러한 원칙은 하나님의 방식에 따른 것이다. 하나님께서는 광야에서 이스라엘 백성에게 식물을 주셨을 때에 그들의 필요를 따라서 똑같이 주셨다(출 16:16~18). 교회도 반드시 이와 같이 해야 한다.

8:16~17 디모데와 마찬가지로(빌 2:19~20) 디도도 자신의 섬기는 행위에 진실한 관심을 가지고 있었다. 이기적인 세상 속에서 디도가 그와 같은 관심을 갖는 것을 바울은 높게 평가했다. 바울은 결코 독재자가 아니었으므로(참조, 8, 23절) 자신의 사역의 협조를 디도에게 부탁했다. 바울은 디도가 열정적이고 적극적인 마음으로 이에 응할 것으로 생각했다.

8:18~21 비록 이름이 나타나 있지 않지만, 디도와 함께 동행한 사람은 아마도 마게도냐 교회들에 속한 매우 존경받는("모든 교회에서 칭찬을 받는 자요") 사람이었던 것으로 보인다. 그는 디도와 함께 고린도 교회의 연보를 예루살렘에 가져갈 계획이었다. 바울이 이렇게 계획한 이유는 주의 영광을 나타내기 위함이다(참조, 마 25:40; 갈 2:10). 이를 위해 바울은 연보를 잘못 취급하거나 연보에 대한 탐욕 때문에 생기게 될 불명예스러운

일을 피하기 위하여 의도적인 노력을 기울였다(20절. 참조, 12:17~18).

8:22~24 바울이 "나의 동료요 너희를 위한 나의 동역자"라고 지칭한 디도나 18절에서 언급한 형제 이외에 또 한 사람("우리의 한 형제")이 연보를 거두는 계획에 동행했다. 그는 분명히 마게도냐의 성도였을 것이다. 그는 간절한 사람이었으며, 그와 다른 무명의 형제(18절)는 그리스도께 영광이 되는 성도였다. 그의 동행은 연보를 개인적으로 사용했다는 비난으로부터 바울을 지켜 주고, 고린도 교인들이 이 계획을 완성하도록 자극을 주기 위함이었다. 연보를 통하여 고린도 교인들은 자신들의 사랑(참조, 8:8)을 증명해 보일 수 있었을 것이다(참조, 9:13).

9:1~2 바울은 고린도 교인들이 열심으로 시작했던 것(8:6, 10)을 이제는 완성할 필요가 있다고 생각했다. 바울은 예루살렘의 그리스도인들을 위한 연보에 대해서는 기록할 필요가 없다고 느꼈다. 고린도 교인들은 성도들(참조, 12~13절; 8:4)을 섬기는 일(디아코니아스[$\delta\iota\alpha\kappa o\nu\iota\alpha\varsigma$])에 매우 열정적으로(8:11) 참여하고자 했기 때문이다. 그들은 돕는 일에 열심이었으며(참조, 8:4), 바울은 이 사실을 마게도냐인들에게 전했다. 마게도냐인들이 이에 자극을 받았던 것이다("많은 사람들을 분발하게 하였느니라"). 그러나 이 계획을 마지막까지 완성시키는 데 있어서 마게도냐인들과 고린도 교인들 사이에는 근면성에서 차이가 있었다. 마게도냐인들은 사역을 늦게 시작했지만 일찍 끝마쳤던 반면, 고린도 교인들은 마음으로는 원했지만 실질적인 육체의 훈련이 필요했다(참조, 마 26:41; 롬 6:19).

9:3~4 바울은 고린도 교인들의 성공적 연보를 돕기 위하여 디도와 앞서

언급한 두 형제(8:18~24)를 보냈다. 바울은 이 일로 연보하기 원하는 고린도 교인들의 열정(8:10~11)을 자랑했고(참조, 9:2), 이 준비된 구름이 비를 가져오기를 기대하고 있었다(참조, 호 6:3~4; 유 1:12). 만약 고린도 교인들이 약속을 이행하지 못한다면, 바울과 고린도 교인들은 그의 세 번째 방문길에 동행하게 될(비록 가진 것은 없으나 더욱 고상한) 마게도냐인들 앞에서 부끄러움을 당하게 될 것이다(13:1).

9:5 이렇듯 예상되는 부정적 결과에 미리 대처하기 위해서 바울은 디도와 형제들(8:23)을 보내어 고린도 교인들이 연보를 준비하는 것을 돕도록 했다. 디도와 동행한 두 형제는 마게도냐인으로, 데살로니가의 야손(행 17:5)과 베뢰아의 소바더(행 20:4. 참조, 롬 16:21)였을 것이다. 그들을 파견해야만 바울이 도착했을 때 압박감 속에서 착취와 비슷한(참조, 7:2; 9:7; 12:17~18) 연보가 이루어지는 일이 없었을 것이다(고전 16:2). 억지로 연보하는 것은 그리스도의 종들에게 적합하지 못하다. 연보는 억지가 아닌, 하나님의 은혜에 대한 자발적인 반응으로써 이행되어야 할 것이다. 바울은 이제 이 문제로 넘어가고 있다.

C. 너그러운 연보에 대한 보상(9:6~15)

그리스도인들은 하나님의 은혜 속에서 그들이 보인 관용의 결과로 세 가지 보상을 받는다. 첫째, 베푸는 자는 부유하게 된다(6~10절). 둘째, 받는 자의 필요가 충족된다(11~12절). 셋째, 모든 복의 근원이신 하나님께서 영광을 받으신다(13~15절).

9:6~7 고린도 교인들이 관대한 마음으로 연보를 내야 하는 이유는 무엇인가(5절)? 바울은 두 가지 이유를 들고 있다. 첫 번째는 자연법칙이나 영적인 면에 있어서 모두 적용되는 진리로, 추수의 양은 씨를 뿌린 양에 비례한다는 것이다(참조, 잠 11:24~26). 사람은 자신의 모든 곡식을 먹는 것으로 즐거움을 맛볼 수 있고, 혹은 곡식의 일부를 뿌림으로써 부분적으로는 잃어버리지만 후에 넘치도록 추수할 수도 있다. 물론 영적인 추수는 씨를 뿌리는 것과는 다르지만, 물질의 씨를 뿌리면 영적인 곡식을 거둘 수 있다는 점에서 동일한 개념이다(9절. 참조, 고전 9:11). 관대한 마음으로 연보해야 하는 두 번째 이유는, 하나님께서 관대함을 좋아하시기 때문이다. 하나님께서는 바치는 양의 크기가 아니라(참조, 행 11:29; 고전 16:2) 바치는 자의 진실됨(인색하지 않고), 자발성(억지로 하지 않고), 즐거운 마음으로 행하는지를 보시고 상을 주신다.

9:8 궁극적으로 그리스도인들은 자신이 받은 것이 물질적인 것이든(행 14:17) 영적인 것이든(롬 5:17) 상관없이 나눌 수 있어야 한다. 선한 행실은 하나님의 도우심을 통해서 이루어진다(참조, 빌 1:6). 베풀기를 원하는 사람이라면 자신의 처지가 아무리 어렵다고 하더라도 하나님께 의지하는 가운데 베풀 수 있어야 한다(참조, 8:1~3. '마게도냐의 교인들'; 왕상 17:9~16. '사르밧의 과부'; 빌 4:11~13). 바울은 다시 한 번 사람의 무능함이 하나님의 역사를 정반대의 결과로 나타낸다는 사실을 지적했다. 이 본문에는 하나님의 도우심의 포괄성을 나타내는 단어로 가득하다. "하나님이 능히 모든 은혜를 너희에게 넘치게 하시나니 이는 너희로 모든 일에 항

상 모든 것이 넉넉하여 모든 착한 일을 넘치게 하게 하려 하심이라"에서 헬라어 원문은 '모든 은혜', '항상', '모든 것'을 나타내는 단어들을 연속해서 기록하여 '판티 판토테 파산'(παντί πάντοτε πᾶσαν)이라고 쓰고 있다. 하나님께서는 넘치게 하시는 분이다. 하나님의 '모든' 은혜는 실로 풍성한 것이어서 믿는 자들은 '모든' 선한 일을 할 수 있게 되는 것이다.

9:9~10 8절에 언급된 풍성한 은혜는 당장의 필요를 채우시는 것 이상을 의미한다. 자비는 영원한 상급을 거두게 된다(참조, 잠 19:17; 마 25:40). 주를 경외하는(두려워하는) 사람(시 112:1)과 가난한 자들에게 베푸는 사람(시 112:9, 바울이 인용)은 마지막 날 변호를 받게 될 것이다(참조, 마 6:1). 실천적인 의는 행위뿐만 아니라, 행위자가 점차 그리스도를 닮아 감에 따라 그 속에서 영원토록 존재하는 것이다(3:18). 궁극적으로 볼 때 믿는 자의 보상은 그리스도를 닮아 가는 상태가 최고조에 이르는 것이다(빌 3:14, 21). 필요한 것을 공급하시는 분은 하나님 한 분뿐이시다(빌 2:13). 씨와 먹을 양식을 주시는 하나님께서는 의의 열매(보상 혹은 축복)를 풍성하게 하신다. 의의 풍족함은 측량할 수 없는 것이다(참조 6:10).

9:11~13 더 많이 바치면 바칠수록 그는 점점 더 부유하게 되어서 모든 일에 부유할 수 있다. 다른 사람을 향한 관대한 마음은 더 많은 사람을 하나님께 감사하게 만든다.

이러한 관용을 표현하는 한 가지 방법이 바울이 제의한 대로 예루살렘의 성도들에게 기부하는 것이다. 이 봉사(12~13절. 참조, 8:4; 9:1)는 예루살렘의 그리스도인들의 부족을 보충할뿐만 아니라, 사람들이 하나님께 드리는 감사를 넘치게 하고 하나님께 영광을 돌리게 한다. 이 자비로운 행위에 고린도 교인들이 참여하는 것은 그들의 고백의 실재를 나타내는 것이며, 그들이 영적으로 살아 있음을 증명하는 것이다.

9:14~15 고린도 교인들은 물질적 연보를 보냄으로써 예루살렘의 그리스도인들의 중보기도를 그 수확으로 거두게 되었다. 예루살렘의 그리스도인들은 하나님께 감사드리면서 고린도의 형제들을 축복하시도록 기도했다. 타인을 위하는 마음은 하나님의 말할 수 없는 은혜(참조, 8절; 8:1, 9)의 결과로서, 이 은혜는 주 예수 그리스도의 사역에서 뚜렷하게 나타난다(8:9). 8장 1절에서 시작된 베풂에 관한 구절은 하나님의 은혜에 대한 주제로 결론을 맺고 있다. 15절의 감사는 카리스(χάρις: 은혜, 호의)를 번역한 것이다. 믿는 자들은 하나님께 감사해야만 한다. 하나님께서 그들에게 호의를 베푸셨기 때문이다. 말할 수 없는 그의 은사(도레아[δωρεά])는 부유하신 자로서 가난하게 된 그의 아들을 통하여 받은 것으로서, 영원한 구원, 영적 부유함 그 자체이다(8:9). 이 은사는 감히 말할 수 없는 것이다(아네크디에게토[ἀνεκδιηγήτω: 충분히 설명할 수 없는]. 신약성경 중 오직 여기에서만 사용되었다). 이러한 영적 은사(하나님의 은혜로부터 우러나온 은사)의 혜택을 입은 사람들은 물질적인 은사로서 다른 사람을 돕는 데 주저해서는 안 된다. 고린도 교인들은 이 일을 완수하고 연보를 예루살렘으로 보냈다(롬 15:26).

IV. 확언(10:1~13:10)

바울은 마지막으로 다룰 주제로 이동하는 데 큰 어려움을 겪었다. 바울의 문체상 특징 때문이라는 견해가 있다. 때로는 이 부분이 초기에 기록되었거나(서론의 '통일성' 참조), 1~9장을 기록하여 보낸 후에 작성된 다섯 번째 서신이나 그 이전의 서신이라는 견해도 있다. 그러나 다루기 어려운 주제를 취급하는 것은 매우 어색한 일이며, 따라서 대화의 마지막 부분이나 서신의 끝부분에서 언급하는 것이 일반적이다. 비록 앞부분에서 간접적으로 주장하기는 했지만(2:17; 3:1, 7~18; 4:2~4; 5:12, 16; 6:14), 바울은 이제 피할 수 없는 문제들을 직접적인 어조로 다루고 있다. 거짓 사도들에 대한 공개적인 도전이 필요했고, 고린도 교인들은 그리스도와 그의 사도인 바울에게만 전적으로 헌신할 필요가 있었던 것이다.

A. 복종의 요구(10:1~6)

연보에 관한 부분에서(8~9장) 바울은 부드러운 태도로 고린도 교인들이 행동을 취할 것을 요청했다. 10장에서는 바울의 주제와 그의 요청의 강도가 더 높아진다. 바울은 자신과 복음에서 이탈한 사람들의 위험성이 분명히 존재하고 있다고 믿었다. 바울은(디도가 말한 바 있는) 고린도 교인들의 바울에 대한 확신을 시험하기 위해 순종을 요구한다(7:16).

10:1~2 바울은 엄격한 태도를 취하는 것을 원치 않았으나 상황이 그것

을 요구하고 있었다. 이러한 상황에서 그리스도는 바울이 따라야 할 모범이셨다. 그리스도의 온유함(참조, 마 11:29)은 영적인 힘으로서, 자신에 대해서 행해지는 악은 조용히 감내하고(마 27:12~14) 다른 사람들에게 행해지는 잘못에 대해서는 강력하게 대처하도록 하였다(요 2:15~16). 온유란 자기 사랑이 아닌 이웃 사랑에서 우러나오는 힘의 완벽한 본보기이다.

관용(에피에이케이아스[ἐπιεικείας: 은혜로움]. 신약성경에서는 사도행전 24장 4절과 이곳에서만 사용된다)은 온유한 태도의 당연한 결과이다. 바울은 온유한 태도로 사역했으며, 이러한 태도는 세상의 기준에서 보면 유약하고 비겁한 것으로 생각될 수 있는 것이다. 그의 적대자들인 거짓 사도들은(11:13) 그의 '호통 소리'를 알고 있었다. 바울은 서신(참조, 고전 4:19)과 디도 같은 대리인을 통해 담대하게 대처했다. 거짓 사도들은 최소한 세상적인 기준에서 봤을 때 바울의 '호통 소리'가 이빨 없는 개가 짖는 것 같다고 간주했다.

10:3~5 '육체의 무기'는 학습, 개인의 영향력, 감동적인 추천서(고전 1:26), 매끄러운 수사적 재능(고전 2:1)과 같은 종류의 것들을 말한다. 바울은 육체의 무기를 무가치하게 여기고 전부 포기했다(빌 3:4~8). 그는 육체대로 싸우지도, 육체의 무기를 사용하지도 않았다.

바울이 사용한 무기는 하나님의 말씀과 기도였으며(엡 6:17~18), 이것은 하나님의 능력이었다. 이는 비록 세상적인 기준으로는 매우 약한 것일지도 모른다. 그러나 하나님을 의지할 때에(고전 2:4~5) 이러한 무기는 복음의 대적자들의 모든 이론, 하나님을 아는 것을 대적하여 교만해진 것들 전부를 무너뜨릴 수 있다. 이 세상의 신이나(4:4) 사탄의 일꾼들도(11:15) 바울이 의지하는 하나님을 아는 지식(혹은 하나님의 능력)에 맞설 수 없다. 그 어떤 '생각'(노에마[νόημα]. 참조, 2:11)도 지혜 있는 자들을 자기 꾀에 빠지게 하시며, 그들의 생각을 헛것으로 아시는 분의 손길을 초월할 수 없다. 바울의 적대자들의 생각도 마찬가지이다(고전 3:19~20. 참조, 욥 5:13; 시 94:11).

바울이 싸우는 목적은 사람들이 순종하도록 만들기 위함이다. 그러나 바울은 결코 사람들을 세상의 방식에 따라서 자신이나 혹은 다른 사람에게 순종하도록 강요하지 않았다(참조, 1:24; 11:20; 눅 22:25).

10:6 바울은 두 가지 차원에서 고린도에서 직면한 이 독특한 상황을 해결하고자 노력했다. 첫째로, 고린도 교회가 그리스도의 대리자인 바울에게 충성을 보임으로써 그리스도께 대한 순종을 증명해 보일 필요가 있었다(5:20. 참조, 7:15). 이렇게 함으로써 그들의 순종은 온전해졌다. 둘째로, 고린도 교인들이 바울의 적대자들을 거부했다고 바울이 확신하게 될 때(참조, 6:14~18), 바울은 교회의 지원 속에서 거짓 사도들의 문제를 직접 다룰 수 있게 될 것이다. 바울은 그리스도께 대한 그들의 불순종을 벌하고자 생각했다. '벌한다'(에크디케사이[ἐκδικῆσαι])는 더 강한 의미로 번역했을 때 '보복'이라고 할 수 있는 단어이다(참조, 고전 3:17). 다른 문맥에서 이 단어는 하나님의 백성을 대적하는 자들에 대한 하나님의 진노를 묘사할 때 사용되었다(민 31:2; 신 32:43; 계 19:2).

B. 거짓 사도들에 대하여(10:7~11:15)

바울이 서신의 앞부분에서 반대자들의 몇몇 비난들을 슬쩍 받아넘긴 바 있는데(3:1, 7~18; 4:2~4; 5:12, 16; 6:14), 그것들이 바울의 직접적이고 핵심적인 주장은 아니었다. 이제 바울은 바로 그가 다루고자 했던 핵심적인 메시지를 언급한다. '바울의 적대자들이 누구였는가' 하는 점은 여기서 단지 잠정적으로만 답변할 수 있는 문제이다. 그들이 유대인이었다는 것은 분명하지만(11:22), 어디서 왔는가 하는 점은 알 수 없다. 그들은 자신들을 그리스도의 사도로 믿었으며(10:7; 11:23), 바울은 이 주장을 거부했다(11:13). 그들은 추천장을 가지고 있었고(3:1), 자기 추천장도 마음껏 남용하고(10:18), 자신들을 소위 '지극히 큰 사도'라고 생각했다(참조, 11:5).

이 거짓 사도들은 예루살렘 총회에서 이방인의 할례와 모세의 율법을 준수할 것을 주장했던 사람들로부터 파송되었을 것이다(행 15:5). 물론 사도들과 장로들은 이들의 주장을 대체로 무시했다(행 15:23~29). 이들은 바울이 거짓 복음이라고 부르는(11:4) 의의 메시지를 전하였다(11:14). 그들은 모세의 율법에 순응하는, 외부적 행동에 기초한 율법적 의를 선포했을 것이다(3:7~15). 궁극적으로 이들은 자기 자신을 섬기고 있었고, 고린도 교인들로부터 물질적인 것을 얻고자 하였으며(2:17), 음란에도 빠져 있었다(12:21). 율법주의와 이기주의는 궁극적 결과로서의 방종과 함께(마 23:25. 참조, 빌 3:2) 동전의 양면처럼 서로 존재하고 있다(마 6:2, 15~16; 23:5~7).

10:7~8 고린도 교인들이 사도의 권위에 대하여 딜레마에 빠지게 된 한 가지 주된 요인은 그들의 피상적인 태도와 천박함 때문이다. 그들은 단지 사물의 겉 부분만 바라봤다. 이들은 외적인 것과 세상의 지혜에만 익숙해져 있었다(참조, 고전 3:1). 그 결과 거짓 사도들은 고린도 교인들 속에서 자신들의 자리를 발견했다. 이 분별력 없는 교회를 회복시키기 위하여 바울은 유쾌하지 못하게 생각했던 일, 즉 자기를 추천하는 일에 관여해야만 했다. 여기서 바울의 목적은 어디까지나 고린도 교인들의 회복에 있었지 자기 자랑에 있지 않았다. 이 목적을 위하여 바울은 그리스도의 사도로서의 자신의 권한을 행사한 것이다. 바울은 이렇게 하는 것을 부끄러워하지 않았다. 그는 적대자들의 '견고한 진', 모든 '이론'과 모든 '위선적인 것'을 해체하고(10:4~5) 믿는 자들을 세웠다.

10:9~11 바울은 그의 사도적 권위에 관해 이미 기록한 말들과(8절) 서신들이 고린도 교인들을 두렵게 만들지도 모른다고 예상했다. 또한 바울은 그의 글(4~6절)을 본 거짓 사도들이 입가에 미소를 띠고, 그가 크게 짖기는 하지만 잘 물지 못한다고 비웃을 것을 예감했다. 바울은 자신의 대외적인 인상이 그다지 대단치 못하다는 사실을 인정했다(참조, 1절). 실제로 그는 여러 면에서 볼 때(참조, 고전 2:1~5) 말에 능숙한 사람은 아니었다(11:6). 만약 거짓 사도들이 하나님께서 바울에게 주신 능력을 단지 그의 말하는 능력만큼 미약한 것으로 인식했다면, 그들은 위험을 무릅쓰고서라도 바울에게 달려들었을 것이다. 반면에 바울의 서신들은 사람들의 육체를 파멸시키기 위해 사탄에게 넘기는 악한 행위들에 대한 매우 뛰어난 책망을 담아냈다(고전 5:5; 참조, 행 13:11; 딤전 1:20). 바울은 앞으로의 행동을 통해 자신이 서신에서 말한 바를 그대로 실천하는 사람임을

보여 줄 것이다.

10:12 바울의 적대자들은 비난받을 소지를 여럿 가지고 있었다. 우선 그들은 부적합한 기준을 가지고 자신들을 평가하였다. 거짓 사도들은 예수 그리스도에 의하여 나타난 하나님의 기준이 아니라, 인간적인 기준에 입각하여 자신들을 다른 사람들과 비교했다. 그들이 아무리 자신들의 지혜를 뽐낸다고 하지만, 결국 지혜가 없는 자가 되어 바보가 될 뿐이었다(참조, 고전 1:20).

10:13~14 거짓 사도들이 비난받을 두 번째 이유가 등장한다. 비록 바울이 당장은 그들의 사도직의 정당성 자체는 인정하더라도, 사실은 이방인의 사도로서 임명된 사람은 그들이 아닌 바울이었다(참조, 갈 2:8). 하나님께서는 바울을 통해 고린도에서 많은 열매를 거두게 하심으로써 바울의 사명을 입증하셨다. "그리스도의 복음으로 너희에게까지 이른 것이라"(참조, 고전 3:6). 거짓 사도들은 자신들의 분량을 벗어나는 행동을 했다. 한계를 벗어난 것이다(참조, 10:15). 그러나 바울은 결코 그렇지 않았다.

10:15~16 셋째로 바울은 거짓 사도들의 주장을 비난했다. 그들은 한계를 벗어나는 행동을 했을 뿐만 아니라, 자신들의 업적을 과장하기까지 했다. 어디까지나 고린도 교회는 바울의 사역의 결과였지, 거짓 사도들이 수고한 결과는 아니었다. 바울은 결코 그의 적대자들처럼 남의 수고를 가지고 분수 이상의 자랑을 하지 않았다. 고린도 교인들에게는 소위 '인도자'는 많이 있었지만 '아버지'가 될 수 있는 사람은 바울 한 명뿐이었다(고전 4:15). 바울이야말로 그들이 본받아야 할 사람이었다(고전 4:16). 바울은

고린도 교인들의 믿음이 자라고 성장하게 됨에 따라, 그들의 지역을 넘어서 스페인에 이르기까지(롬 15:23~24) 이방인들에게 복음을 증거함으로써 행동반경을 넓혀갈 수 있었다. 고린도 교인들은 기도와(엡 6:19~20) 재정적인 후원을 통하여(참조, 고전 16:6; 빌 4:15~17) 바울의 사역에 참여할 수 있었다. 그러나 그 이전에, 우선적으로 자신들의 교회 안에 질서를 세울 필요가 있었다(6절).

10:17~11:1 자기를 자랑하는 것은 궁극적으로는 자기 자신을 피폐하게 한다(참조, 고전 3:21). 바울은 자신의 업적을 정당화함으로써 적대자들을 비판하는 것이 합법적이고도 필요한 일임을 인정했으나, 궁극적으로는 이 모든 것이 어리석은 일이라고 믿었다. 바울은 고린도전서 1장 31절에서와 마찬가지로, 여기서도 예레미야서 9장 24절을 인용해 고린도 교인들에게 이 사실을 상기시켰다. 고린도 교인들이 하나님의 은혜로 영적 생명력을 소유하고 있을 때에도 사람에, 곧 자만감에 계속적으로 현혹된 이유는 무엇일까(고전 1:30; 3:7)? 바울은 분명히 고린도 교인들의 칭찬을 원하지 않았으며 자신을 스스로 칭찬하려 하지도 않았다. 바울은 어느 날 자신이 그리스도의 심판대 앞에 서게 될 것임을 알고 있었다(5:10). 거기서는 단지 주인의 칭찬(눅 19:17)이 중요할 뿐이다. 자기 칭찬이나 사람들의 칭송(참조, 마 6:2, 6, 16)은 허무한 것이다(롬 2:29; 고전 4:5). 바울은 고린도 교인들이 이 문제에 대해서 실수하지 않도록 가르쳐 주어야 했다. 바울이 적대자들을 비판하고 스스로 업적을 상기시키는 것은 자신을 위한 것이 아니었다. 바울은 고린도 교인들을 사랑했다. 고린도 교인들이 이 문제에 대하여 깨우침을 받을 필요가 있었기 때문에 이 '어리석은 일'에 자신을 바쳤던 것이다(12:11). 바보가 됨으로써 그들을 구원할 수 있

다면 그는 기꺼이 그렇게 했을 것이고, 이것이 바로 고린도 교인들에 대한 바울의 사랑이었다.

11:2~4 고린도 교인들이 다른 생각을 가지고 있는 동안 그들은 많은 피해를 받았다. 에덴의 비극이 재현되려는 불길한 조짐이 나타나고 있었다. 다른 서신에서 그리스도를 아담과 비교했듯이(롬 5:14; 고전 15:21~22, 45), 바울은 여기서 고린도 교회를 하와에 비유했다. 불순종하게 하려는 악마의 유혹을 거절하지 못하고(참조, 약 4:7; 벧전 5:9), 하와는 사탄의 말에 굴복했다(창 3:1~6). 뱀은 간계(파누르기아[πανουργία: 사기]. 참조, 4:2)로 하와를 미혹했다. 고린도 교회 안의 사탄의 대리인들도(13~15절) 매우 유혹적이었다. 이들은 추방되어야 마땅했지만(참조, 6:14~15), 오히려 용납되고 있었다(4절). 게다가 하와인 교회가 거짓말에 복종한다면, 그들은 하나님께 불순종하고 그리스도께 불충실하는 죄를 범하게 되는 것이다. 본래 그들은 그리스도께 일편단심의 사랑과 복종(하플로테토스 [ἁπλότητος: 진실함, 일편단심의 단순함]. 참조, 1:12)을 드려야 마땅한 사람들이었다.

바울의 은유법에 의하면 교회는 회심할 때 그리스도와 약혼한 것이다. 하나님의 은혜의 종으로서 바울은 그들의 영적 아버지(고전 4:15)로 행동했다. 그리스도의 재림 시에 혼인이 완전히 이루어질 때까지 그리스도께 대한 전적인 헌신이 계속되어야 한다(참조, 엡 5:25~27). 고린도 교인들은 헌신과 자유의 영에 머물러 있을 때에만 번영할 수 있음에도 이것들을 포기하려는 위험한 지경에 이르렀다. 그들은 매우 위험하게도 다른 복음과 다른 영에 대해 개방적이었다(즉, 율법의 억압. 3:7~18. 참조, 갈 4:17~5:1).

11:5~6 고린도 교인들은 거짓 사도들의 세 가지 주장 때문에 그리스도께 헌신을 바치는 과정에서 동요했다. 첫째로, 거짓 사도들은 최초의 사도들과 교제를 나누고 있었다. '지극히 큰 사도'라는 표현은 거짓 사도들이 자신들을 가리켜 사용한 표현이다. 또한 열두 사도에 대한 그들의 아첨의 말이었다(갈 2:9). 여기서 바울은 이 말을 냉소적으로 사용하고 있다. 거짓 사도들은 열두 사도와 친분을 강조함으로써 자신들을 권위 있게 보이려고 애썼다. 바울은 열두 사도의 명예를 손상시키지 않고 자신의 사도적 위치가 그들과 비슷한 수준임을 확언한다. "나는 지극히 크다는 사도들보다 부족한 것이 조금도 없는 줄로 생각하노라"(참조, 12:11). 바울이 이처럼 주장할 수 있었던 근거가 바로 이어서 언급된다(11:22~12:10).

둘째로, 거짓 사도들은 뛰어난 수사학적 기교를 갈망하는 고린도 교인들의 관심을 자극했다. 바울은 자신이 말에는 부족하여 결코 달변가는 못 된다는 사실을 인정했다(참조, 10:10; 참조, 고전 2:1~5. 만약 그가 말을 잘할 수 있었을지라도 자신의 수사학적 능력을 사용하지는 않았을 것이다). 그의 사도직은 과시용이 아니라 실제적인 것이었다. 바울이 말하는 '내용'이 '방식'보다 중요한 것이다. 고린도 교인들은 바울이 전한 메시지의 내용과 그것이 가져온 변화를 부인할 수 없었다(참조, 고전 4:15; 9:1~2).

11:7~9 셋째로, 거짓 사도들이 고린도 교인들의 마음을 끌었던 것은 자신들을 부양하는 방식이었다. 예수께서는 제자들을 선교 여행으로 파송하시면서, 그들이 양육하는 사람들 가운데서 머물 곳을 구하라고 말씀하셨다(눅 9:3~4; 10:4~7). 이것은 기독교 복음전도자들의 관행이 되어 왔으며(고전 9:4~6; 참조, *Didache* 11:4~6) 고린도의 거짓 사도들도 역시 이 방법을 따랐다. 그러나 바울과 그의 동역자들(예, 바나바. 고전 9:6)은

사역에 대한 보수를 받지 않고 스스로를 부양했다(참조, 고전 4:12; 살전 2:9; 살후 3:8). 때때로 바울은 자신이 사역했던 교회들로부터 자발적인 연보를 받았다(예, 마게도냐의 빌립보 교회. 빌 4:15~16). 그러나 바울은 이것에 대해 매우 불편하게 생각했다(참조, 빌 4:10~13). 가난한 사람들로부터 연보를 받는 것이었기 때문이었다. 바울은 이것을 '탈취'라는 강한 어조로 비판하고 있다(8절). 바울은 가난한 이들에게 누를 끼치고 싶지 않았다.

11:10~12 바울이 이러한 태도를 고집하게 된 것에는 여러 이유가 있었다(예, 고전 9:17~18; 살후 3:9~10). 가장 중요한 이유는, 다른 사람들을 부유케 하기 위하여 가난해지신 그리스도(8:9)를 닮고자 했기 때문이었다. 바울이 고린도에서 이러한 태도를 고수한 직접적인 이유는, 거짓 사도들이 바울이 자신들과 동일한 사역을 하고 있다는 그 어떤 주장도 하지 못하게 하기 위함이다(12절). 이것은 거짓 사도들도 원치 않은 상황이었다. 하지만 바울의 이러한 생각은 직접적인 수혜자인 고린도 교인들에게도 못마땅한 것이었다. 고린도 교인들은 바울이 자신들로부터 연보 받기를 거절하는 것은 그가 자신들을 사랑하지 않기 때문이라고 생각한 것이다. 그럼에도 불구하고 바울은 자신의 입장을 포기하지 않았다.

11:13~15 바울은 "지극히 크다는 사도들"(5절)에 대해서는 온순한 태도를 취하였으나, 거짓 사도들은 맹렬하게 비난했다. 그들은 사실상 사탄의 일꾼(디아코노이[διάκονοι])이면서도 그리스도의 사도로 가장하는 사기꾼들이다. 사탄이 광명의 천사로 가장했듯이, 그들은 사도와 의의 일꾼으로 가장했다(메타스케마티존타이[μετασχηματίζονται: 외양을 바꿈]).

마치 그들은 회칠한 무덤처럼 겉으로는 의롭게 보였지만, 속에는 단지 죽음과 멸망뿐이고(참조, 마 23:27~28), 자신들의 운명('마지막'. 참조, 고전 3:17)이 미리 나타나 보일 뿐이다.

그렇다면 이들 거짓 사도들은 누구였는가? 이 문제에 대해서는 '헬라의 은혜자들'부터 '팔레스타인의 영지주의자'라는 견해에 이르기까지 매우 다양한 답변이 있다(J.J. Gunther, *St Paul's Opponents and their Background*, Leiden: E.J. Brill, 1973). 그러나 몇 가지 요소들을 살펴볼 때 이들이 팔레스타인의 유대인들로서 예루살렘 교회의 교인이었으며, 바울이 거짓 형제들(참조, 갈 2:4)이라고 불렀던 사람들이었음을 알 수 있다. 그들은 예루살렘 총회의 후원 아래 총회의 결정(행 15:20~21)을 알리고 순종케 하기 위하여 파송된 사람들로서 교회의 추천장을 휴대했다(3:1). 이전에 이들은 스스로 대표가 되었음이 확실한데, 그 뒤에는 모세의 율법의 준수를 독려하려는 의도가 숨어 있었다(행 15:24). 고린도에 있던 거짓 사도들은 바로 이러한 목적을 가지고 자유롭게 돌아다니는 무리들일 가능성이 있다. 바울은 이들이 자신들의 권위를 '지극히 큰 사도들'과의 관계 속에서 찾는 것에 대해서는 다투지 않았다. 그러나 사도적 권위를 하나님의 신임보다는 인간적인 조건에서 찾고자 하는 생각과 가치관을 비판했다.

C. 사도의 증명(11:16~12:10)

대부분의 사람들과 마찬가지로, 고린도 교인들이 하나님의 기준이 세상의 기준과는 매우 다른 것이라는 진리를 받아들이는 데는 오랜 시간이 걸렸다. 바울은 고린도전서에서 십자가의 메시지에 대해서 말하면서, 하나님의 지혜가 세상에게는 미련한 것이라고 함으로써(고전 1:18~25) 이 문제를 명확히 하고자 애썼다. 만약 고린도 교인들이 계속해서 세상적인 관점에서 사물을 바라보고자 했다면, 바울은 그들의 시각에 자신을 맞춰 주었을 것이다. 하지만 그런 와중에서도, 바울은 하나님의 인간에 대한 신임은 인간의 위대함이 아니라 인간의 약함의 측면에서 고려되어야 한다는 사실을 인지시키기 위해 여전히 노력했다. 사도의 표는 곧 그리스도의 표이며, 약함과 고난을 내포하는 것이다(13:4; 참조, 사 53:3~4; 막 9:12). 이 단락에서(11:16~12:10) 바울은 자신의 연약함을 재고하면서, 매우 강렬한 반어적 표현을 동원하여 본질적으로는 자신에게 '사도의 추천장이 있다'는 사실을 밝히고 있다(참조, 고전 4:9~13).

11:16~18 바울은 잠언 26장 5절의 충고에 따라 어리석은 고린도 교인들의 부족함에 대해 답변했다. 바울은 이미 앞에서 다소간의 어리석음은 용납하라고 말한 적이 있다(1절). 바울은 여기서 다시 한 번 이것을 언급하고 있다. 바울이 이렇게 말한 것은 스스로 원해서가 아니라 필연적인 이유 때문이었다. 고린도 교인들이 거짓 사도들을 용납하고 환영했기 때문이다. 고린도 교인들은 거짓 교사들의 외적 조건들과 자기 과장에 미혹되어 그들을 받아들였다. 이것은 마치 보석을 질이 아니라 크기만 보고 평가하는 것과 마찬가지이다. 바울은 고린도 교인들과의 논쟁에서 이기기 위하여 '어리석은 시합'을 제안했다. '어리석은 자'라는 말(16~17, 19, 21절; 12:6, 11)은 형용사 아프론(ἄφρον)에서 왔다. 이것은 '무식한'이란 뜻으로, '우둔한'의 의미를 가진 모로스(μωρός)와는 다른 것이다. 고린도후서에서

바울은 자주 '자랑'을 언급했는데, 이것은 오만한 태도에서 비롯된 것이 아니라 사도로서의 자기의 주장을 확언하기 위해서였다. 자랑하는 데 있어서 그는 주의 말씀하는 방식을 따라 말하지 않았다. 비록 마지못해서 하기는 했지만 자신을 자랑하는 방식대로 자신을 방어했다. 주님께서 그러한 방식으로 자신을 방어하신 적은 없었다.

11:19~21상 이 부분에 나타나고 있는 반어법은 다분히 빈정대는 어투이다. 변덕스러운 교회를 바로잡기 위한 바울의 동기에서 비롯된 표현인 것이다. 고린도 교인들은 스스로 지혜로운 자라고 생각하면서도 어리석은 자들을 용납했다. 비록 바울이 고린도 교인들 위에 군림했다고 비난받을 수 있을지도 모르지만(1:24), 거짓 사도들은 그들이 두려워해야 할 사람들이었던 것이다. 그들은 그리스도의 이름으로 고린도 교인들을 착취하고 종으로 삼음으로써 자신들에게 감사를 드리게 만들었다(여기서 '착취한다'고 번역된 헬라어는 기생 동물처럼 '삼킨다'는 의미로, 이것은 7장 2절과 12장 17~18절의 '착취하다'라고 번역된 단어와는 다르다). 예수께서는 율법적인 바리새인들의 욕심 많은 행위를 비판했다(막 12:40). 바울은 자신은 그러한 행동을 할 용기가 없는 사람이라고 말했다. 바울은 고린도 교인들에게 자신이 종이며, 그리스도가 그들의 유일한 주임을 밝힐 뿐이었다(4:5).

11:21하~22 바울은 여기서 고린도 교인들과 거짓 사도들이 매우 중요한 것으로 분명하게 믿고 있는 외적인 자격들을 비교하기 시작한다. 일반적으로 이 부분에서 나타나는 바울의 질문과 답변들은 바울 자신과 거짓 사도들을 나타내는 것이라고 간주되었다. 하지만 이 부분은 바울이 자신

을 소위 '지극히 큰 사도들'이라고 불렀던 열두 사도들에 비교하는 것이라고 볼 수 있다(5절). 거짓 사도들은 자신들의 권위의 근거를 이 열두 사도들에게 두었으며, 자신들을 그들과 동일시하기도 했다. 이러한 해석은 비교의 구도(참조, 5절; 12:11)를 강화해 주며, 바울이 앞서 자신과 열두 사도에 대해 언급한 것(고전 15:10)과도 조화를 이룬다. 또한 13절에서 거짓 사도들을 비난한 후에 곧바로 23절을 그들에게 적용하는 데서 오는 어색함도 제거해 준다. 그러므로 이 질문들은 열두 사도의 대리인임을 자처하는 거짓 사도들이 과연 어떤 사람들인지를 나타내 보이는 것이다. 동시에 인간적인 관점에서 바울 자신과 열두 사도와의 비교를 통해, 자신이 거짓 사도들에 비해 얼마나 우월한지를 설명하는 구절이라고 할 수 있다.

히브리인이라는 것은 조상에 관한 표현이지만, 이 문맥(이스라엘인과 함께)에서는 언어적 특성을 나타내고 있다. 히브리인이란 말은 이곳을 제외하면 신약성경 중에서 두 차례 더 등장할 뿐이다(행 6:1; 빌 3:5). 사도행전 6장 1절에서는 셈족어를 사용하는 유대인과 헬라어를 사용하는 유대인들이 명백히 구별되고 있다. 바울은 비록 다소 출신이지만, 팔레스타인을 고향으로 두고 있는 셈족어를 사용하는 유대인 가문에서 성장했다.

한 명의 이스라엘인으로서 바울은 자신의 가계가 베냐민 지파에 속함을 밝혔다(빌 3:5). 그도 한 사람의 아브라함의 후손으로서 8일 만에 할례를 받았다(빌 3:5. 참조, 창 17:9~14). 더욱 중요한 사실은 그가 믿음으로 아브라함의 후손이 되었다는 것이다(참조, 롬 4:16). 인간적인 기준에서 볼 때 바울의 추천장은 나무랄 것이 없었다(참조, 빌 3:4~6).

11:23 만약 바울이 이 구절에서 자신을 열두 사도가 아닌 거짓 사도들과 비교하는 것이라면(21절하~22절 참조), 여기 '그리스도의 일꾼'이라는 표

현은 바울이 이미 거절한 바 있는 거짓 사도들이 스스로에게 붙인 칭호이다(13절). 바울은 이 표현을 논쟁을 위해서 사용하고 있는 것이다. 바울은 '수고'의 양에 대해서 날카롭게 지적하고 있다. 사실 수고의 양이라는 것은 그 기준 자체가 애매하다(바울은 고린도전서 3장 13절에서 그리스도인의 섬김은 질이 중요하며, 이에 대해서는 하나님께서 평가하신다고 하였다). 바울은 이러한 양을 중심으로 한 비교는 불합리하다는 것을 스스로 알고 있었다("정신 없는 말을 하거니와 나는 더욱 그러하도다". 참조, 5:13). 그러나 고린도 교인들이 이러한 비교에 몰두하고 있으므로 바울은 마지못해 여기에 관여해야만 했던 것이다.

사역의 강도와 범위에 있어서 그 어떤 사도나 그들의 모임조차도(참조, 고전 15:10) 바울의 섬김에 필적할 수 없었다. 한 가지 특기할 만한 사실은 바울이 성취한 것들의 목록의 초점이 그가 거둔 승리나 사역의 경험에 있지 않고 그의 패배에 있다는 것이다. 그는 에베소에서의 사례처럼 하나님의 능력으로 놀라운 일을 행할 때는 언급하지 않았으며(참조, 행 19:11), 대신 무력하게 땅에 내동댕이쳐진 것과 같은 경험들을 나열했다. 바울은 고난과 죽음 속에서 하나님의 영광을 드러내기를 원하셨던 주님처럼(요 13:31) 자신의 고난과 약함을 자랑했다(참조, 갈 6:14).

이 부분에 나타나고 있는 자세한 바울의 사역들을 보건대, 사도행전에서 발견할 수 있는 그의 생애에 관한 자료가 얼마나 단편적인 것에 불과한가를 알 수 있다. 이 서신의 기록은 사도행전 20장 2절에서 누가가 언급한 것과 일치하고 있다. 바울의 수난에 대한 누가의 기록에 의하면, 단지 한 차례의 투옥(빌립보)과 한 번의 매 맞음(역시나 빌립보에서, 행 16:22), 및 한 번의 죽을 뻔함(루스드라에서 돌로 맞음. 행 14:19)만 언급되어 있을 뿐이다. 그러나 고린도후서에서 바울은 이와 같은 종류의 사건을 수

도없이 언급했다. 아마도 이러한 사건들은 바울이 공식적인 전도여행(행 13~20장)을 떠나기 전에 발생했거나, 누가가 굳이 기록할 필요를 느끼지 않았기 때문에 사도행전에서 삭제했을 것이다.

11:24 이 구절은 이스라엘이 구원을 받을 수만 있다면 차라리 자신이 저주받기를 원한다는 로마서 9장 3절에서의 바울의 진술이 결코 거짓말이 아님을 보여 준다. 바울은 동료 유대인들을 사역하는 과정에서 회당의 형벌(사십에 하나 감한 매)을 다섯 차례 겪었다. 서른 아홉 대의 매를 맞는 동안 죽는 경우도 있었는데, 미쉬나에 의하면 매를 때리는 사람은 희생자의 죽음에 아무런 책임이 없었기 때문이다.

11:25~26 이방인들에게 보냄을 받은 사도가 동족 유대인들에게 매를 맞았다. 또한 로마인들도 비록 바울이 로마 시민이라는 이유 때문에 불법적으로 다루지는 않았지만 태장을 가했다(행 16:37). 칭송 받아 온 로마의 평화도 바울을 보호하지는 않았다. 루스드라의 로마법과 질서도 바울을 향하여 돌을 던지고 그를 거의 죽게 내버려 둔 군중들의 소요를 멈추게 하는 데는 매우 무력했다(행 14:19). 로마의 도로와 바닷길도 바울에게 평안한 여행길을 제공하지 않았다. 바울은 순회 전도(바울은 끊임없이 움직였다)를 하면서 배의 파선(참조, 행 27:27~44. 이 사건은 바울이 고린도후서를 기록한 이후에 벌어졌다), 강의 위험, 익사의 위협이나 무자비한 환경에 노출되었고, 언제나 끊임없는 위험에 직면했다. 또한 강도들(참조, 눅 10:30), 동족인 유대인의 습격 및 이방인의 공격을 언제나 경계해야만 했다(예, 행 14:19; 16:19). 그는 모든 곳, 즉 시내와 광야에서, 그리고 바다에서(참조, 25절. "깊은 바다") 위험에 봉착했다. 심지어 고린도와 같은 곳

에서는 교회 내에서도 거짓 형제들의 부추김을 받은 공격의 위험에 직면했다.

11:27 위험 속에서 살아난 것 외에도 바울은 자신의 사도적 사역을 완수하기 위하여 헤아릴 수 없는 결핍을 견뎌 냈다. 바울이 사역에 대한 보상을 거절하기로 결정한 것은 결코 쉬운 일이 아니었다(참조, 7~9절). 생계로 인해 다른 사람들에게 짐을 지우지 않기 위해서(살후 3:8) 밤낮으로 일했지만(참조, 살전 2:9), 바울은 기본적인 수요조차 충족시키지 못한 때가 많았다. 그는 밤에 잠자지 못하여 주리며, 목마르고, 여러 번 굶고, 춥고, 헐벗었다.

고린도후서의 앞부분에서 바울은 죽음에 이르게 하는(4:10~12) 핍박을 받고 있으며(4:9), '매 맞음과 갇힘과 요란한 것', '수고로움, 자지 못함, 먹지 못함'에 직면하고 있다고 했다(6:5). 여기에(23~27절) 나타난 고난의 목록은 앞에서 나열한 것보다 더욱 완성된 형태의 것이다.

11:28~29 바울의 이러한 육체적인 고통과 결핍으로부터 느꼈던 아픔을 온전히 이해하기란 어렵다. 육체적인 고통이 이렇게 큰 것이었지만, 사실상 바울의 사역에 있어서 영적인 투쟁이 그에게는 더욱 무거운 짐이었다.

이 구절들은 바울이 사역 중에 격은 고난들의 목록들 중 가장 심각했던 것들에 대하여 언급하고 있다. 자신이 아닌 타인에 대한 염려가 그를 무겁게 내리 눌렀다. 고린도전서 12장 25에서 바울은 '교회는 서로 간에 관심을 가지는 다양한 구성원들로 이루어진 몸'이라고 길게 설명했다. 여기서 그는 매일 경험했던 염려에 대해 이야기하고 있다. 이러한 염려는 고상한 영혼의 소유자인 바울을 괴롭혔던 고린도 교회만을 위한 염려가 아니라, 그의 사역을 통하여 세워진 모든 교회를 향한 것이었다.

고린도전서 12장에서 바울은 "만일 한 지체가 고통을 받으면 모든 지체가 함께 고통을 받고"(고전 12:26)라고 말했다. 여기서 바울은 염려가 자신의 삶 속에서 얼마나 예민하게 나타나고 있는지를 보여 주는 것이다. 그는 육체적으로(참조, 빌 2:26), 혹은 더욱 그럴듯하게 영적으로(고전 9:22) 어려운 처지 가운데서(참조, 고전 8:12; 롬 14:15) 연약한 자들과 함께 하였다. 만약 누가 죄를 범하면, 바울은 죄를 범한 자와 자신을 동일시하여 죄가 가져오는 결과 속에서 아픔을 함께 나누었다("누가 약하면 내가 약하지 아니하며"). 다윗은 하나님의 손 아래에서 죄를 지은 자신의 상태를 '여름 가뭄에 마르는 것'에 비교했다(시 32:4). 이것은 바울이 형제가 실족했음을 알았을 때 그 죄를 지은 형제와 똑같이 느끼는 내적인 뜨거움(안타까움)을 나타내는 비슷한 표현이 될 것이다("누가 실족하게 되면 내가 애타지 아니하더냐").

11:30 바울은 고린도 교인들과 거짓 사도들이 가지고 있는 좋고 나쁨의 기준점을 서로 뒤바꿨다. 그가 당한 고난의 목록은 고린도 교인들과 거짓 사도들이 기대했던 것과는 거리가 멀었다. 바울은 자신의 능력을 자랑하지 않고 약한 것을 자랑했던 것이다(11~13장에서 바울은 약함에 대하여 자주 언급하였다[11:21, 29; 12:10; 13:4, 9; 11:30 12:5, 9~10; 13:4]). 그러나 바울에게 있어서 이것은 어디까지나 '자랑'이었으며, 결코 반어적인 표현이 아니었다. 그리스도께서 "간고를 많이 겪었으며 질고를 아는 자"였듯이(사 53:3), 바울 역시 그러했다(23~27절). 예수께서 "우리의 질고를 지고 우리의 슬픔을 당하"셨듯이(사 53:4), 다른 의미에서 바울도 역시 그러했다. 바울의 자랑은 그가 고난의 종과 같다는 사실이었던 것이다. 이것은

거짓 사도들과 육적인 고린도 교인들의 입장에서는 별로 대단치 않은 것으로 보였지만, 실로 위대한 주장이었다(고전 3:3).

11:31 바울이 앞에서 나열한 고난들은 매우 심한 것들이어서, 그 중 어느 한 가지만으로도 보통 사람들을 죽게 만들 수 있었다. 바울 역시 사람이었지만 이 모든 고난들을 견뎌 냈다.

바울은 자신이 고린도 교인들에게 신뢰받지 못한다는 사실을 알고 있었다(참조, 1:12~18). 이러한 이유 때문에 바울은 자신의 진실성을 강조하여 "내가 거짓말 아니하는 것을 아시느니라"고 말했다(참조, 1:18; 11:11). 진실에 대한 그의 맹세는 앞서 기술한 고난들에 적용될 뿐만 아니라, 다메섹의 사건(32~33절)과 그의 환상 체험(12:1~6)에 대한 설명에도 적용된다.

11:32~33 바울은 자신이 다메섹에서 탈출한 사건을 기록했는데, 이 사건은 그가 그리스도인이 된 직후에 발생했으며(참조, 행 9:19~25), 사도로서 그의 사역 중에 얻게 되는 전형적인 체험이었다. 이것은 그와 하나님과의 관계에서 발생한 변화를 요약해서 설명하는 사건이었으며, 그의 처지와 거짓 사도들의 처지를 날카롭게 대조시키는 것이었다. 거짓 사도들처럼 바울도 추천장을 가지고 예루살렘에서 다메섹으로 가고 있었다(행 9:2). 그러나 하나님께서 그를 치셨고, 바울은 부활하신 그리스도를 만났다. 그가 다메섹으로 갈 때에는 거대한 인간적 권위와 열정을 가지고 떠났으나(행 9:1), 다메섹에서 나올 때에는 자신의 연약함을 깊이 느끼면서 떠났다. 그는 유대인들과 이방인들로부터 죽음의 위협을 받았으나(행 14:5), 하나님의 손에서 동료 그리스도인들을 통하여 구원을 받았다. 바울의 다

메섹 입성보다는 다메섹에서의 탈출이(광주리를 타고 성벽을 내려가는 탈주) 그의 사도적 삶을 상징적으로 보여 준다(참조, 고전 4:9~12). 회심 전의 사울 같은 거짓 사도들과 바울의 이러한 모습은 서로 얼마나 다른 것인가?

12:1 고린도 교인들이 중요하게 생각한 것은(참조, 11절) 환상과 계시였다. 바울은 이것을 두 번째 비교 기준으로 삼았다. 외적 추천장들과 마찬가지로(11:22~23) 환상과 계시라는 추천장을 나열하는 것도 교회를 세우는 데 있어서(10:8) 무익한 일이라고 믿었다. 그러나 바울은 자신에 대한 비판을 없애고 자유롭게 사역할 수 있게 되기를 바라는 마음으로 자신의 환상과 계시를 이야기했다. 또한 바울은 서신의 수신자들이 부적절한 외적 추천장으로부터 참된 사도적 추천장에 주의를 돌리도록 유도하였다. '그리스도의 종'(11:23)을 구별해 주는 표지는 '고난의 종'이신 그리스도(사 53장)를 얼마나 닮았는가 하는 것이다. 만약 누군가가 '환상과 계시'를 자랑한다면, 그는 연약함과 겸손도 함께 보여야 마땅하다(9~10절).

12:2~4 바울이 자신을 그리스도 안에 있는 한 사람이라고 간접적으로 표현했다. 이는 그가 자신의 위대한 체험을 타고난 가치나 영적 우수성의 결과가 아니라, 그리스도 안에 있었기 때문이라고 생각했음을 보여 주는 것이다. 그리스도 안에 있는 모든 사람이 언젠가 하늘에서 그리스도의 임재를 경험하게 될 것을 예견하는 것이다.

이 사건이 일어난 시기는 AD 42~44년경이었을 것이다. 이때는 바울의 전도여행이 사도행전에 기록되기 전이었다. 바울은 예수께서 낙원이라고 부르시는(눅 23:42; 참조, 계 2:7), 그리스도와 성도들의 거처인 셋째 하늘에 이끌려 갔다(이 말은 데살로니가전서 4장 17절의 하르파조 [ἁρπάζω]에서 왔으며, 성도들이 구름 속에 끌어 올려지는 것을 묘사할 때 사용되었다). 그는 시공간의 의식을 상실했다("그가 몸 안에 있었는지 몸 밖에 있었는지 나는 모르거니와"). 바울이 들은 것을 다른 사람에게 말하는 것이 금지되었는데, 이것은 아마도 바울 자신에게만 해당되는 말이었기 때문일 것이다(참조, 행 9:16). 그러나 이 경험은 "우리가 잠시 받는 환난의 경한 것이 지극히 크고 영원한 영광의 중한 것을 우리에게 이루게" 한다는 확신을 가져다 주었다(4:17).

12:5~6 바울이 강조하고자 하는 것은 자기 자신이 아니라 그리스도였다. 그는 오직 한 사람(참조, 2절. "그리스도 안에 있는 한 사람"; 3절. "이런 사람")에 대해 자랑했다. 바울은 고린도 교인들의 외적이고도 세속적인 경향을 유감스럽게 생각했다(참조, 고전 14:20). 그는 이러한 것들을 진심으로 자랑할 수도 있었다(6절; 참조, 고전 14:18; 빌 3:4). 외적인 것을 자랑함으로써 바울은 고린도에 있는 다른 사람들의 주장이 의심스럽다는 것을 암시할 수도 있었던 것이다. 그러나 바울에게 중요했던 것은 자신의 성취가 아니라 자신을 통하여 이루시는 하나님의 사역과 그가 전하는 복음이었기에 그렇게 하지는 않았다.

12:7~9 바울이 이 사실을 잊지 않게 하시려고 하나님께서는 계속해서 그의 약함을 상기시키셨다. 지금까지 그의 육체의 가시가 무엇인가에 대하여 많은 설명이 있었다. 이에 대한 설명들은 끊임없는 유혹, 완고한 적대자들, 만성적 질병(안염, 말라리아, 편두통, 간질 등), 언어장애 등 다양하다. 바울이 안고 있던 육체의 가시가 무엇이었는가에 대하여 아무도 확

실하게 말할 수 없다. 그러나 육체적 고통이었을 가능성이 높다(사탄은 질병을 통하여 역사하기 때문이다. 참조, 고전 5:5; 10:10). 바울은 이 가시가 효율적인 사역에 장애물이 된다고 생각했으며(참조, 갈 4:14~16), 가시의 제거를 위해 하나님께 반복해서 기도했음을 알 수 있다(8절). 그러나 바울은 고통의 경험으로부터 고린도후서를 관통하는 교훈, 즉 하나님의 능력(내 능력, 8절; 그리스도의 능력, 9절)은 인간의 약함 속에서 가장 잘 나타나며(참조, 4:7) 찬양 받으실 분은 오직 하나님 한 분뿐이시라는 사실(10:17)을 배웠다. 문제를 해결해 주시는 대신 하나님께서는 문제 속에서 은혜를 베푸셨다. 이 은혜는 매우 충분한 것이었다(아르케이[ἀρκεῖ: 만족케 할 만큼 적당한, 너무 자만하지 않게]. 7절에서 처음 부분과 마지막 부분에 두 번 사용).

12:10 하나님의 은혜는 바울의 시각에 변화를 가져왔다. 바울이 자연스럽게 혐오할 수밖에 없는 사역에서의 경험들을 초자연적으로 환영할 수 있게 되었다. 이 경험들 속에 나타나는 그리스도의 능력의 증거로 바울이 아닌 하나님께 영광을 돌릴 수 있기 때문이었다. 바울은 자기 자신을 바라보지 않게 되었을 때 오직 그리스도만 볼 수 있었다. 바울이 약할 그 때에 그리스도께서는 당신의 능력으로 바울을 영적으로 강하게 만들 수 있었다('능력'으로 번역된 9절의 뒤나미스[δυνάμις]는 10절에서 '강하다'로 번역된 뒤나토스[δυνατός]와 관련이 있다).

D. 대면을 위한 예비적 충고(12:11~13:10)

바울은 고린도 교회를 방문했을 때, 고린도 교인들이 잘못에 대한 회개(하나님께 대한 순종을 포함하여)와 함께 바울과 그의 동료들을 그리스도의 종으로 인정함으로 충성의 마음을 보여 주기를 기대했다.

12:11 자랑은 끝났다. 바울은 고린도 교인들이 그에게 요구하던 역할, 즉 바보의 배역을 감당해 냈다. 고린도 교인들이 바울에 대한 거짓 사도들의 중상과 비방을 막아 주지 못하고 수동적인 구경꾼이 되었기에, 바울이 할 수 없이 스스로를 방어해야만 했던 것이다. 바울은 지금까지 제시한 '추천장'이 보여 주듯이, 자신이 열두 사도에 견줄 수도, 심지어 더 나을 수도 있다는 사실을 알았다(참조, 11:5). 그러나 이러한 비교는 어리석은 노력이다. 이러한 추천장들은 궁극적으로는 그 자신의 것이 아니라 하나님의 것이기 때문이다. 바울은 아무 것도 아니었다. 그가 앞에서 고린도 교인들에게 "내가 모든 사도보다 더 많이 수고하였으나 내가 한 것이 아니요 오직 나와 함께 하신 하나님의 은혜로라"(고전 15:10)라고 쓴 것은 분명 옳은 것이다.

12:12 하나님의 은혜를 통하여 성취된 초자연적인 역사들은 바울의 사도성에 관한 모든 의심을 불식시키기에 충분한 것이었다. 표적(세메이오이스[σημείοις: 의미를 강조하는 기적들]; 예, 요한에게서 발견할 수 있는 일곱 표적), 기사(테라신[τέρασιν: 경탄케 만드는 진기한 사건들]), 능력(뒤나

메신[δυνάμεσιν: 초자연적인 능력으로부터 오는 놀라운 일들]) 이 모든 것들은 '사도의 표'였다(참조, 행 2:22, 43; 히 2:4). 사도행전에는 고린도에서 행해진 기적적인 표적과 기사들이 기록되지 않았으나, 이러한 일들이 있었음은 확실하다("내가 너희 가운데서… 행한"). 바울은 고린도에서의 사역을 전후로 해서 놀라운 능력들을 수행했다. 빌립보에서는 악마에 사로잡힌 여종을 깨끗케 하였으며(행 16:18), 에베소에서는 수없이 많은 이적을 행했다(행 19:11). 물론 가장 큰 이적은 바울에 의해 세워지고 하나님으로부터 생명을 받은 고린도 교회 그 자체였다(고전 3:6). 바울이 보인 모든 인내도 놀라운 것이었으며, 이 또한 하나님의 능력의 결과였다(행 18:9~11). 이 모든 증거들이 바울을 참 사도로, 그의 적대자들을 '거짓 사도'로 증명하고 있다(11:13).

12:13~15 바울과 다른 참 사도들과의 유일한 차이점은 바울이 스스로를 부양하고 고린도 교회로부터 후원을 받지 않았다는 것이다. 또한 바울은 그들에게 폐를 끼치지 않기 위하여 자신의 연보를 받는 방식을 변경하지 않았다(13~14, 16절). 그의 절박한 세 번째 방문도 역시 다르지 않을 것이다(참조, 13:1; 서론의 '바울과 고린도 교회의 만남 및 바울의 서신' 7번 참조). 영적인 어린아이를 가진 아버지처럼 바울은 그들에게 경제적 부담을 지우지 않고 양육하려고 했다. 바울이 앞서 언급한 다른 이유들 때문에(참조, 11:10; 고전 9:17) 물질적 후원을 거절하기는 하였으나, 그렇다고 해서 그들에 대한 사랑이 부족했던 것은 아니었다. 바울은 고린도 교인들로부터 동일한 가치를 지닌 보답을 기꺼이 받았다(참조, 6:11~13).

12:16~18 바울은 고린도 교인들로부터 그들에게 베푼 사랑만큼의 보

답을 받지 못한 것은 참을 수 있었다. 그러나 그들이 부정한 자화자찬으로 바울 자신과 동역자들을 비난하는 것은 견딜 수 없었다(오히려 그 반대라면 가능한 일이다). 거짓 사도들은 교회로부터 후원을 받지 않으려는 바울의 의도가 단지 그의 물질욕과 모금에 대한 속내를 위장하는 수단에 불과하다고 떠들어 댔다. 디도가 여기에 관여되었으며, 바울의 추천으로 디도와 함께 동행한 두 형제 중 한 사람도 역시 그러했다(참조, 8:22). 바울은 분명한 질문을 던졌다. 믿을 수도 없는 이러한 주장을 뒷받침하는 증거들은 무엇인가? 디도나 형제의 잘못된 행동이 있었다면, 그것을 암시하는 것은 무엇인가? 바울의 행동은 한결같이 깨끗하지 않았는가? 그들 중 누가 고린도 교인들을 착취한 적이 있는가(참조, 2:11; 7:2)? 바울은 이러한 주장에 대한 증거 부재가 거짓된 사도들의 비판을 잠재우게 되기를 원했다(비록 바울과 고린도 교회와의 지금까지의 관계에서 좋은 결과를 가져온 경우는 거의 없었던 것이 사실이다).

12:19~21 이 서신을 관통하는 바울의 변증의 배후적 동기는 결코 자기 보존이 아니었다. 바울을 판단하시는 이는 하나님이며, 인간의 법정은 아니다(5:10; 고전 4:3~4). 바울은 하나님의 심판이 불가피해지기 전에 교회 내의 무질서를 바로잡고자 하는 소망에서, 고린도 교인들을 위한 관심을 가지고("너희의 덕을 세우기 위함이니라") 이 부담스러운 서신을 기록한 것이다(13:2). 어린아이의 아버지의 경우처럼 바울이 시행해야 할 형벌은 역시 그도 슬프게 만들게 될 것이다(21절). 이것이 바로 그가 이미 계획되었던 세 번째 여행을 취소한 이유였다(1:23~2:4). 그들은 바울의 앞선 편지들에 대해서 좋은 반응을 보였지만(7:8~13), 거짓 선지자들이 들어와서 예전의 파당을 재현시키려고 했다.

바울이 언급한 여덟 가지 죄들(20절)은 교회 분열의 과정 속에서 발생될 수 있는 것들이며, 21절의 세 가지 죄들은 불일치가 가져오는 해이해진 도덕성에서 생겨나는 것들이다(갈 5:19 '세 가지 죄들' 주해 참조). 거짓 선지자들의 율법적인 경향은 고린도후서 12장 21절에 기록된 육체적 죄들을 억누를 수 있을 것처럼 생각되지만, 안타까운 사실은 율법주의와 비도덕성은 밀접한 관계인 경우가 많다는 것이다(참조, 빌 3:3, 19; 요 8:3~7).

13:1~3 바울의 두 번째 고린도 방문은(2:1) 바울에 대한 반대와(참조, 2:5~11) 교회 내의 많은 사람들이 하나님의 뜻과 반대로 살고 있는 상황 때문에(12:21) 매우 보잘것없는 경험이 되고 말았다. 바울은 당시에도 죄의 결과를 경고했고, 이 서신에서도 경고한다. 예수께서 신명기 19장 15절을 잘못된 형제들에게 적용하셨던 예를 따라서(마 18:16), 바울은 회개치 않은 자들을 치리할 것을 약속했다. 그들이 원했던 사도적 권위의 증거가 주어지게 될 것인데, 막상 그렇게 되면 그들은 이것을 피하려고 할 것이었다(참조, 고전 5:5). 비록 바울은 약했지만 그가 섬기는 그리스도는 약하지 않으셨다(참조, 10:4).

13:4 그리스도의 역설은 곧 바울의 역설이었다. 그리스도께서는 버림받으셨을 때 하나님의 능력을 가지고 계셨다(마 26:53). 그러나 연약함을 따라 십자가로 나아가셨다. 마침내 그리스도의 부활하심 속에 그 무한하신 능력이 나타났다(엡 1:19~21). 그리스도께서 무덤 속에 계셨듯이 바울은 '연약함'의 길로 나아갔다. 그러나 그 길에 예수께 생명이 있었던 것처럼, 바울에게도 하나님의 능력의 광채가 발현되었다(참조, 12:12; 마 4:23). 바울은 그리스도의 부활 속에 나타난 그 능력이 섬김을 가능케 하는 것이었

으므로, 형벌을 주는 목적보다는 건설적인 목적으로 이 능력을 사용하고 자 하였다(참조, 10절; 10:2~6).

13:5~7 이 서신 전체를 통해서 바울은 자신과 자신의 사역을 엄정한 시험대 앞에 내던지고 있다. 이제 바울은 그를 시험했던 척도를 고린도 교인들에게 제시하면서, "너희 자신을 시험하라"고 도전하고 있다('너희 자신'은 헬라어 본문에서 강조의 뜻을 가지고 있다). 바울의 질문에 대해서는 고린도 교인들이 그리스도인인가 아닌가 하는 칭의의 문제와 관련지어 해석한 것이 보통이다. 그러나 본문의 이 질문은 그들이 믿음 안에 있다는 것과(참조, 고전 16:13), 그리스도의 뜻에 복종함으로써 그리스도께서 그들 속에 계시다는 것을 나타내 보였는가 하는 점과 관련이 있다. 즉, 오히려 실천적인 성화에 관한 질문인 것이다. 시험을 견디기 위해서는 옳은 것을 해야 한다. '버리는 것'은 불순종한 것의 결과이며, 결국 하나님의 채찍을 맞게 될 것이다. '버림 받다'(5~6절)는 헬라어로는 아도키모이(ἀδόκιμοι)이다(참조, 고전 9:27. 아도키모스[ἀδόκιμος: 인정받지 못하다])

고린도 교인들이 바울의 행위에 대하여 무슨 의심을 가졌든지(참조, 1:17; 2:17; 7:2), 바울의 냉정한 평가가 그들로 하여금 바울의 정당함을 인정하도록 만들 것을 믿었다. 바울은 그들이 하나님께 인정받기를 원했고, 바울 자신도 하나님께 인정받고 있음을 그들이 알기를 기대했다. 여전히 바울의 관심은 자신이 아니라 고린도 교인들의 평판이었다.

13:8~10 바울은 자기 자신이 하나님의 뜻인 진리를 거스르는 것으로는 아무것도 할 수 없음을 알고 있었다. 다메섹 도상에서의 경험은, 예수 그리스도처럼 그도 기꺼이 다른 사람을 위하여 사용되어야 함을 바

울에게 가르쳐 주었다(참조, 8:9; 12:15). 바울은 연약함 속에서 강하게 되었으며(12:8, 10), 고린도 교인들 역시 그러했다(9절). 바울은 고린도 교인들이 잘되는 것에 관심이 있었다(참조, 빌 2:20~21). '온전'(카타르티신[κατάρτισιν])은 '회복'으로 번역될 수도 있다. 이 명사는 신약성경에서는 오직 이 본문에서만 사용되며, 고린도후서 13장 11절의 "온전하게 되며"나, 다른 구절(마 4:21)에서 사용된 그물 수선과 관련된 동사 카타르티젠테(καταρτίζενθε)의 의미에 가깝다.

결론으로서 고린도 교인들의 길이 회복되기를 간구하는 것은 매우 적절하다. 이렇게 함으로써 바울은 사랑하는 자를 징계하는 고통을 감소시키고(참조, 2:2), 오히려 그들의 기쁨과(1:24) 그들을 세우기 위하여(10절) 함께 일할 수 있게 되었다.

Ⅴ. 결론(13:11~14)

  고린도 교인들은 바울의 경고에 대하여 적극적인 반응을 보였는가? 그렇다. 바울은 고린도에서 문제들이 해결 됨에 따라 자신의 사역을 확대할 수 있었다. 이 서신을 보낸 후 그는 고린도를 방문하여 석 달을 체류하면서 로마서를 기록했다. 로마서에서 그는 "이제는 이 지방에 일할 곳이 없고"라고 했다(롬 15:23). 바울의 호소는 고린도 교인들의 주의를 끌었다. 그들이 순종하는 태도를 가지게 된 것이다.

A. 마땅한 행위(13:11~12)

13:11~12 바울의 마지막 호소는 하나가 되라는 것이었다. "온전하게 되며"(참조, 9절. "온전하게 되는 것"), "마음을 같이하며"(참조, 빌 2:2), "평안할지어다"라고 말한 이 하나됨은 사랑(참조, 14절)과 평강을 주시는 하나님께 의지할 때에만 가능한 것이다. 그러한 하나됨은 거룩한 입맞춤으로 표현되었다(참조, 롬 16:16; 고전 16:20 주해 참조; 살전 5:26; 벧전 5:14).

B. 문안과 축복(13:13~14)

13:13~14 바울이 고린도후서를 쓸 때 그와 함께 있었던 마게도냐의 성

도들이 문안했다. 마지막으로 바울은 삼위일체의 하나님의 이름으로 축복하며, "그리스도의 은혜와 하나님의 사랑과 성령의 교통하심"이 고린도 교인들에게 임하기를 기원했다.

참고문헌

- Barrett, C.K. *The Second Epistle to the Corinthians.* Harper's New Testament Commentaries. New York: Harper & Row, 1973.
- Bruce, F.F. *1 and 2 Corinthians.* London: Oliphants, 1971.
- Gromacki, Robert G. *Stand Firm in the Faith: An Exposition of II Corinthians* Grand Rapids: Baker Book House, 1978.
- Hanson, Richard P. C. *2 Corinthians.* London: SCM Press, 1954.
- Hering, Jean. *The Second Epistle of Sain Paul to the Corinthians.* London: Epworth Press, 1967.
- Hodge, Charles. *An Exposition of the Second Epistle to the Corinthians.* Reprint. Grand Rapids: Baker Book House, 1980.
- Hughes, Philip Edgcumbe. *Paul's Second Epistle to the Corinthians.* The New International Commentary on the New Testament. Grand Rapids: Wm. B. Eerdmans Publishing Co., 1962.

- Kent, Homer. *A Heart Opened Wide: Studies In II Corinthians*. Grand Rapids: Baker Book House, 1982.
- Moule, H.C.G. *The Second Epistle to the Corinthians*. Fort Washington, Pa.: Christian Literature Crusade, 1976.
- Plummer, Alfred. *A Critical and Exegetical Commentary on the Second Epistle of St. Paul to the Corinthians*. The International Critical Commentary. Edinburgh: T. & T. Clark, 1915.
- Schelke, Karl. *The Second Epistle to the Corinthians*. New York: Herder & Herder, 1969.
- Tasker, R.V.G. *The Second Epistle of Paul to the Corinthians: An Introduction and Commentary*. Grand Rapids: Wm. B. Eerdmans Publishing Co., 1958.
- Thrall, Margaret E. *The First and Second Letters of Paul to the Corinthians*. London: Cambridge Press, 1965.